BIBLIOTHÈQUE CONTEMPORAINE

ALPHONSE KARR

SOUS LES POMMIERS

PARIS
CALMANN LÉVY, ÉDITEUR
RUE AUBER, 3, ET BOULEVARD DES ITALIENS, 15
A LA LIBRAIRIE NOUVELLE

1882

OEUVRES COMPLETES

D'ALPHONSE KARR

———

SOUS LES POMMIERS

CALMANN LÉVY, ÉDITEUR

ŒUVRES COMPLÈTES D'ALPHONSE KARR
Format grand in-18

AGATHE ET CÉCILE . . . . 1 vol.	MENUS PROPOS . . . . 1 vol.
L'ART D'ÊTRE MALHEUREUX . . 1 —	MIDI A QUATORZE HEURES . . . 1 —
A L'ENCRE VERTE . . . . 1 —	NOTES DE VOYAGE D'UN CA-
AU SOLEIL . . . . 1 —	SANIER . . . . 1 —
BOURDONNEMENTS . . . . 1 —	ON DEMANDE UN TYRAN . . . . 1 —
LES CAILLOUX BLANCS DU	LA PÊCHE EN EAU DOUCE ET
PETIT POUCET . . . . 1 —	EN EAU SALÉE . . . . 1 —
LE CHEMIN LE PLUS COURT . . 1 —	PENDANT LA PLUIE . . . . 1 —
CLOTILDE . . . . 1 —	LA PÉNÉLOPE NORMANDE . . . . 1 —
CLOVIS GOSSELIN . . . . 1 —	PLUS ÇA CHANGE . . . . 1 —
CONTES ET NOUVELLES . . . . . . 1 —	. . . . . . PLUS C'EST LA MÊME
LE CREDO DU JARDINIER . . . . 1 —	CHOSE . . . . 1 —
LES DENTS DU DRAGON . . . . . . 1 —	LES POINTS SUR LES I . . . . 1 —
DE LOIN ET DE PRÈS . . . . 1 —	POUR NE PAS ÊTRE TREIZE . . 1 —
DIEU ET DIABLE . . . . 1 —	LA PROMENADE DES ANGLAIS . 1 —
ENCORE LES FEMMES . . . . . . 1 —	PROMENADES AU BORD DE LA
EN FUMANT . . . . 1 —	MER . . . . 1 —
L'ESPRIT D'ALPHONSE KARR . . 1 —	PROMENADES HORS DE MON
FA DIÈSE . . . . 1 —	JARDIN . . . . 1 —
LA FAMILLE ALAIN . . . . 1 —	LA QUEUE D'OR . . . . 1 —
LES FEMMES . . . . 1 —	RAOUL . . . . 1 —
FEU BRESSIER . . . . 1 —	ROSES NOIRES ET ROSES
LES FLEURS . . . . 1 —	BLEUES . . . . 1 —
LES GAIETÉS ROMAINES . . . . . 1 —	LES SOIRÉES DE SAINTE-
GENEVIÈVE . . . . 1 —	ADRESSE . . . . 1 —
GRAINS DE BON SENS . . . . 1 —	SOUS LES ORANGERS . . . . 1 —
LES GUÊPES . . . . 6 —	SOUS LES POMMIERS . . . . 1 —
HISTOIRE DE ROSE ET DE JEAN	SOUS LES TILLEULS . . . . 1 —
DUCHEMIN . . . . 1 —	SUR LA PLAGE . . . . 1 —
HORTENSE . . . . 1 —	TROIS CENTS PAGES . . . . 1 —
LETTRES ÉCRITES DE MON	UNE HEURE TROP TARD . . . . . 1 —
JARDIN . . . . 1 —	UNE POIGNÉE DE VÉRITÉS . . . 1 —
LE LIVRE DE BORD . . . . 4 —	VOYAGE AUTOUR DE MON
LA MAISON CLOSE . . . . 1 —	JARDIN . . . . 1 —

Coulommiers. — Imp. Paul BRODARD

SOUS LES POMMIERS

PAR ALPHONSE KARR

PARIS

CALMANN LÉVY, ÉDITEUR

ANCIENNE MAISON MICHEL LÉVY FRÈRES

3, RUE AUBER, 3

—

1882

Droits de reproduction et de traduction réservés

SOUS LES POMMIERS

I

VOYAGE EN NORMANDIE

A nous... Français... la République ?

A nous ce gouvernement si grand, si noble, si juste, si heureux, si puissant, si parfait que, selon Jean-Jacques Rousseau, « il ne convient pas à des hommes », et que, « s'il y avait un peuple de dieux, il se gouvernerait démocratiquement ! »

A nous la République ? — Nous n'en sommes pas dignes.

On ne saurait trop le répéter pour abréger et empêcher de se renouveler des essais impuissants, désastreux, inutiles : nos défauts comme nos qualités, nos vices comme nos vertus, nos idées comme notre tempérament nous rendent le régime républicain impossible.

Pour les soi-disant républicains, « la République n'est pas un but, c'est une échelle. » Nos révolutions n'ont jamais été faites par « des opprimés brisant le joug d'un tyran et recouvrant leur liberté, mais par des esclaves capricieux qui aiment à changer de maîtres. » Il nous faut un roi, ne fût-ce que pour le chansonner. Quand nous ne le trouvons pas d'une seule pièce, nous acceptons de la monnaie, fût-ce du billon. Je nous comparerai encore et toujours, parce que l'image est souverainement juste, à ces sauvages qui, chaque matin, déclarent leur dieu pour la journée le premier être ou le premier objet qui frappe leurs yeux en sortant de leur case. Ça peut être un puissant lion, ou un oiseau magnifique ; mais, faute du puissant lion ou de l'oiseau magnifique, ils acceptent ou adorent, pour vingt-quatre heures, un âne sauvage, un chacal, un serpent, un crapaud.

Voyez les voyages triomphants de l'avocat de Cahors ; on l'attend, on l'accueille, on l'acclame comme un roi. Qu'était-il cependant lors de son récent voyage en Normandie? Il n'était plus président d'une Chambre qui n'existait plus. Il n'était même pas député, car son élection n'était pas validée et avait quelques chances de ne pas l'être; d'ailleurs, la nouvelle Chambre n'existait pas encore. Non, ces honneurs, cet enthousiasme, c'était pour un simple commis voyageur en tournée pour placer un article assez démodé, sa propre personne.

Et il vous a traités comme vous méritez de l'être; il vous a présenté les amorces les plus grossières.

« Havrais, vous a-t-il dit, on a prétendu que j'étais allé en Allemagne chercher des ordres et des conseils. Je n'y suis allé que pour vous et pour votre port qui a toujours été la presque unique préoccupation de ma vie. Je suis allé étudier les ports de Brême, de Hambourg, de Stettin, etc., pour voir s'il y avait quelque part un progrès qu'on put apporter au Havre. Havrais, je vous aime; que puis-je faire pour vous! Vous voulez que le Havre soit préfecture de la Seine-Maritime? Le Havre le sera, en dépit des Rouennais. Vous voulez des chemins de fer, des ponts, des tunnels; vous aurez tout cela. Et j'ai une idée : « Les petits cadeaux « entretiennent l'amitié. » Vous manquez complètement de monuments, les Rouennais en ont à revendre. Je ferai apporter ici, pas leur cathédrale ou l'église de Rouen, c'est clérical, mais leur palais de justice; on le démolira proprement, on numérotera les pierres, et on le reconstruira sur la place de la Mâture.

» — Vive la République! Vive Gambetta!

» — Il faut nous occuper de nos intérêts.

» — Vive la République! Vive Gambetta! »

(Parenthèse.) Et personne ne peut dire que nous avons fait deux révolutions, que nous avons subi une invasion, des guerres désastreuses, nous avons perdu deux provinces et dix milliards, des milliers de Français sont morts par le feu, la mitraille et la misère, pour que l'avocat Gambetta vienne dire en Normandie, au Havre : « Enrichissons-nous. »

Nous voici à Louviers.

« Habitants de Louviers, les ennemis de la République ont dit que j'étais allé en Allemagne pour demander des ordres et des conseils. Vous ne l'avez pas cru, n'est-ce pas? Je vais vous dire, à vous que j'aime particulièrement, habitants de Louviers, ce que je suis allé faire en Allemagne. J'étais préoccupé assez tristement de la prétention qu'avaient émise les Allemands, après la guerre, de nous enlever le sceptre de la mode. J'étais allé en Allemagne pour étudier la question de leurs fabriques de drap et leur montrer mon elbeuf... »

Ici, M. Arnault le tire par la manche et lui dit à demi-voix :

— Mais ça n'est pas ça. Vous confondez !

Un sourd murmure se fait entendre dans l'auditoire. L'avocat se reprend :

« Oui, je leur ai montré mon habit de drap d'Elbeuf (Murmures), et je leur ai dit : « Voyez comme » ce drap est supérieur aux vôtres (Murmures), et » cependant ce n'est que du drap d'Elbeuf. Que » serait-ce si vous voyiez le drap de Louviers? »

» — Vive la République ! Vive Gambetta! »

Le tour est fait à Louviers. Nous allons à Caen.

« Habitants de Caen, je vous aime. Je parie qu'on vous a dit que j'étais allé en Allemagne pour prendre des ordres et des conseils. A vous seul je vais dire la vérité sur ce voyage à propos duquel on a fait bien des caen-caen ! »

Une voix :

« — Qu'il a d'esprit ! »

« — Il s'agissait de vérifier par moi-même si le mets national que les Allemands appellent Sauerkraut, au lieu de dire simplement choucroute, comme nous disons, et dont ils sont si fiers peut-être en comparaison avec quelques-uns des mets de la cuisine française, car vous ne l'ignorez pas, grisés par leur succès, ils ont osé dire qu'ils allaient nous enlever non seulement le sceptre de la mode, mais aussi la spectre de la cuisine. Eh bien, je suis allé manger de la choucroute — que Trompette me pardonne — dans un de leurs meilleurs cabarets, de la choucroute bien allemande. La choucroute allemande n'est pas digne de dénouer les cordons des souliers de la tripe à la mode de Caen, je ne crains pas de le dire, ne fût-ce que pour montrer que je n'ai peur de personne.

» — Vive la République ! Vive Gambetta !

» — Habitants de Caen, vous aurez un chemin de fer. »

Une voix :

« — Mais nous en avons un.

» — Vous en aurez deux. »

Nous voici à Bayeux :

« Je suis sûr, mes amis, qu'on vous a dit sur mon voyage en Allemagne une botte de bêtises ; la vérité est que rien ne m'échappe des intérêts de la France La vigne est malade; le vin, sans diminuer beaucoup, se fait beaucoup sans raisin; le monde sait ma tendresse pour les marchands de vin, vous avez lu dans les journaux le banquet qu'ils m'ont donné à Paris; cependent j'avoue que quelques-uns d'entre eux traitent sans respect la boisson du peuple et du travailleur; le vin peut disparaître ou devenir rare, cher, malsain, par quoi remplacera-t-on le vin? Généralement, on veut que ce soit par la bière, la bière a des partisans nombreux, ce n'est pas tant au vin qu'à la bière que nos hommes politiques, républicains d'aujourd'hui, doivent ce qu'ils savent et leurs meilleures inspirations; il est vrai qu'on émaille les bocks de bière de petits verres d'absinthe : la bière, boisson belge, boisson anglaise et, disons-le un peu bas, boisson allemande, qui pis est!

» Je veux lutter contre la bière et la remplacer par une boisson française : *le pommier*, la vigne normande, l'arbre du paradis et du fruit défendu, c'est-à-dire de la science et de l'intelligence, dont Ève emporta quelques pepins; par le cidre en un mot.

» — Vive la République! Vive Gambetta!

» — A bas la bière, cette boisson amère dont l'empereur Julien fit là critique dans des vers célèbres.

» — Je protégerai le cidre de toute ma puissance,

aidez-moi à être puissant; plantez de nouveaux pommiers et cerclez des tonneaux. Je veux que le cidre ait *la pomme* sur la bière. »

Cris d'admiration :

»— Que d'esprit ! Vive Gambetta ! Vive la République ! »

A Pont-Lévêque :

» J'ai longtemps médité sur la question des fromages. Le fromage est le dessert de l'homme riche, et souvent, trop souvent le rôti et le *fricot* du peuple, du travailleur, du pauvre. Je ne suis pas de ceux qui se désintéressent de questions dont ils ne comprennent pas l'importance. Je me suis occupé d'une insurrection contre deux fromages, deux fromages envahisseurs : le fromage de Gruyère, dont je ne dirai pas grand mal, parce que c'est un fromage républicain, un fromage saint. Je ferai remarquer seulement son affinité avec le macaroni, c'est-à-dire avec les Italiens dont nous devons nous défier, comme de tout « bienfaicté », mais je traiterai sans ménagements, avec passion, avec une haine républicaine, le fromage de Brie, qui règne encore dans le monde, et cela parce qu'il règne comme tous les préjugés, les dynasties, etc.

» Le fromage de Brie a été déclaré le roi des fromages par Talleyrand; des rois, il n'en faut plus.

» — A bas les rois !

» — Je me suis dit : « Le fromage de Pont-l'Évê-

» que n'est pas assez connu. Il faut faire arriver
» une nouvelle couche fromagère, et je suis allé en
» Allemagne faire des conférences sur le fromage
» de Pont-l'Évêque; le Pont-l'Évêque sera un jour
» prochain le président des fromages. »

» — Vive Gambetta ! »

» — J'ai dit quelques mots du fromage de Livarot...

(*Murmures.*)

» Mais en ne lui donnant qu'une place secondaire, à une assez grande distance du Pont-l'Évêque. Si le Pont-l'Évêque est le président des fromages, le livarot n'en sera que le Farre, le Constans, le Cazot.

» — A bas Constans, à bas le livarot ! »

A Vire, la patrie d'Olivier Basselin et du vaudeville, l'avocat génois s'est montré jovial, il leur a chanté une chanson et laquelle? la fameuse chanson de Saumur; ce n'est pas bien pour M. Grévy. Il a promis aux habitants de fonder à Vire, patrie du vaudeville, une académie qui « enfoncerait » l'Académie française; il est allé en Allemagne, c'est vrai, mais une femme de ses amies avait oublié son mouchoir dans une auberge, il est allé le chercher.

A Yvetot, il a rappelé que Henri IV, la veille de la bataille d'Arques, disait à Yvetot, où il avait couché : « Si je suis battu demain, je ne serai plus roi de France, mais je resterai roi d'Yvetot. » Je ferai de même, a dit M. Gambetta; si je suis invalidé, je reviendrai parmi vous, sous les pommiers d'Yvetot; les orangers de Saint-Sébastien m'ont attiré trop d'avanies.

» — Vive Gambetta! »

A Falaise, il a rappelé que c'est de Falaise qu'est parti Guillaume le Conquérant, c'est de Falaise qu'il veut partir lui-même pour conquérir un pouvoir dont l'exercice ne lui sera doux que par le bien qu'il pourra faire à la ville de Falaise qu'il aime.

« Je le disais encore, il y a peu de jours, à M. de Bismarck : « Vous avez agi prudemment, lui disais-» je, de ne pas aller à Falaise, » etc., etc.

C'est ainsi que ce voyage en Normandie n'a été qu'une marche triomphale.

Elle a été cependant terminée par un incident qui a, un moment, inquiété les amis et les admirateurs du président provisoire.

Dans une des stations, — je ne sais plus laquelle, — un M. de... Moisy — je ne suis pas bien certain du nom — a porté un toast à l'illustre Gaudissart.

Ce toast se terminait par ces mots :

« A vous, le grand esprit, le grand cœur; à vous, le vaillant, le brave! Je porte un toast à vous, Gambetta! » (Textuel.)

Maître Gambetta a humé l'encens, a répondu par un sourire épanoui et une « chaude poignée de main ».

1.

Mais le lendemain il a appris que c'était une gageure, que M. de Moisy s'était plaint à ses amis d'avoir un toast à porter après tant d'autres toasts. Comment ne pas répéter ce qui aurait été dit vingt fois?

Mais, tout à coup, il s'est écrié :

« Ευρεκα, — j'ai trouvé ! — Je ferai à M. Gambetta un compliment, un éloge que personne ne lui a jamais fait avant moi et ne lui fera jamais après moi. »

Un pari s'était engagé, et il avait dit :

« Au grand esprit, au grand cœur, au vaillant, au brave, etc. »

C'était une plaisanterie un peu forte: M. Gambetta s'en est trouvé offensé et a envoyé des témoins à M. de... Moisy. Les témoins du voyageur avaient annoncé qu'on se battrait, cette fois, à trente-quatre pas, vu la gravité de l'affaire. Les témoins de M. de Moisy ont accepté et le combat et la distance à trente-quatre pas. Mais, au dernier moment, une discussion s'est élevée sur le choix des armes. On se battrait à trente-quatre pas, c'était convenu ; mais serait-ce au pistolet? serait-ce à l'épée? Je n'ai pas su qui était pour l'épée, qui pour le pistolet. Mais ce que je sais, c'est que personne n'a voulu céder, et que les témoins se sont séparés sans pouvoir tomber d'accord, en déclarant « l'honneur satisfait ».

II

LES GRENOUILLES

Peut-être est-ce la faute de mon tempérament, de mon caractère, de mon âge ; mais il arrive assez fréquemment que beaucoup de mes contemporains m'ennuient, me choquent, me répugnent. Alors, dans la solitude que je me suis faite, dans mon jardin au bord de la mer bleue, je fais ma société des grands morts.

Nous sommes à une de ces époques de folie régnante, où il est plus agréable de lire que de vivre ; la lecture est une absence agréable et salutaire des lieux et des temps où l'on se trouve mal à l'aise.

Un des avantages que je tire de la société des morts, c'est de ne pas pousser le dégoût de ce que je vois et entends jusqu'à l'injustice, de ne pas croire que ce siècle est pire que tous les autres et a donné naissance à de nouveaux monstres, à de nouvelles sottises, à de nouvelles turpitudes. Ce temps-ci est une de ces crises qu'a traversées plusieurs fois déjà la société humaine et dont je veux espérer qu'elle se tirera encore, tout en me plaignant tout bas d'être né précisément à une de ces époques de folie furieuse.

C'est à l'étude des histoires anciennes autant qu'à l'observation des évènements contemporains que j'ai dû de trouver un jour cette grande vérité et le bonheur de la traduire en un aphorisme qui a été accepté par beaucoup de gens, à cause de sa forme facétieuse et paradoxale qui leur a caché la vérité qu'ils n'aiment guère :

« Plus ça change, plus c'est la même chose. »

Aujourd'hui, en attendant que le jour me permette de travailler au jardin, j'ai convoqué Cicéron, Sénèque, Aristophane et quelques autres.

Les anciens distinguaient soigneusement « le peuple » de la populace, de la foule, de ce que celui qu'on appelle si plaisamment le fondateur de la troisième république appelait « la vile multitude », et cette distinction a longtemps sauvegardé leur société.

Le tyran-roi, dit Cicéron, serait sans contredit le monstre le plus horrible, le plus hideux, le plus en abomination aux dieux et aux hommes, et, s'il n'y avait pas la tyrannie de la foule, — mais celle-ci l'emporte, — rien n'est si tyrannique, si monstrueux, si cruel, que cette énorme bête féroce *immanis bellua*, qui prend la ressemblance et usurpe le nom du peuple, *populi speciem et nomen imitatur*.

Appelez peuple, dit Lelius, dans le traité de *la République*, la société dont tous les membres participent à des droits et à des devoirs communs, et il n'est pas d'État auquel je refuse plus obstinément le nom de République qu'à celui où la multitude est la souveraine maîtresse.

Ne laissez jamais la puissance au nombre, dit Scipion : *Ne valeant plurimum plurimi*. Voulez-vous, dit Sénèque, savoir quel est le plus mauvais parti à prendre? consultez la foule : *Turba argumentum pessimi*.

Le peuple, c'est l'universalité de la nation, c'est le membre d'une société où chacun travaille, élève une famille, se soumet aux lois qu'il a contribué à faire, qu'il a acceptées, parce qu'elles garantissent des droits égaux à tous; ne songe pas aux conquêtes, mais est prêt à risquer sa vie pour défendre sa femme, ses enfants, sa patrie qui est la grande famille.

— Eh bien!... et les grenouilles?

— Nous y arriverons tout à l'heure.

La vile multitude de M. Thiers, l'*immanis bellua* de Cicéron.

La populace n'est que la fange et l'écume du peuple; elle se compose des fainéants, des bavards, des avides, des envieux, des affamés, des chenapans, des fripouilles et conséquemment des voleurs, à l'occasion des assassins.

Des ambitieux, enivrant de promesses ces hordes immondes et les payant de quelques jours de curée après la bataille, ont fini par donner exclusivement le nom de peuple à ce qui, précisément, doit être exclu du peuple.

Mais d'où vient que de temps en temps une partie du vrai peuple, enivré à son tour par les bavardages intéressés des ambitieux et des avides, étourdi par les clameurs des chenapans et des fripouilles, permet que l'on confonde avec ces chenapans et ces fripouilles, et leurs intérêts et leur nom ?

Et les grenouilles ?

Nous y voici.

Les philosophes et les poètes ont de tout temps comparé le peuple aux grenouilles. Si je n'étais autorisé par de si grands exemples, je ne me permettrais pas de risquer cette irrévérence.

Le bon La Fontaine lui-même ne donne-t-il pas une leçon aux peuples dans sa fable des Grenouilles qui demandent un roi? Jupiter leur donne un roi débonnaire, pacifique, qui les laisse libres. Les grenouilles se « rendent familières, »

Jusqu'à sauter sur l'épaule du roi.

Le bon sire le souffre...

—Donnez-nous, dit ce *peuple*, un roi qui se remue.

Le monarque des dieux leur envoie une grue,

qui les croque, qui les tue, qui les gobe à son plaisir.

On connaît peut-être un peuple auquel il arriva la même chose il y a vingt ans, — vingt siècles pour la mémoire des Français. Jupiter, se lassant, donna à couver à son aigle, pour le peuple, un œuf de grue, d'où le Mexique et Sedan, la Commune, ce qui s'ensuivit et ce qui s'ensuivra.

Avant La Fontaine, Phèdre et Esope se sont permis la même comparaison.

Ovide raconte l'histoire d'une peuplade inhumaine, qui repousse Latone fugitive, penchée sur l'eau d'un étang pour calmer sa soif et celle de ses deux jumeaux; non seulement ils lui défendent de boire, mais ils troublent l'eau de leurs pieds, en adressant des injures à la mère de Diane et d'Apollon. Latone demande au ciel leur punition. Ils sont précipités dans l'étang et changés en grenouilles; sous cette forme, ils veulent continuer à injurier la fille de Cérès, mais de leur cou gonflé il ne sort qu'une voix rauque et inintelligible et des sons qu'Aristophane plus tard exprime par cette onomatopée : *prekekekex, coax coax*.

Préoccupés de cette comparaison entre les grenouilles et... je ne dirai pas le peuple, mais la populace, l'*ignobile vulgus*, la vile multitude, la foule, *turba*, etc., les naturalistes qui ont leurs idées, leurs préjugés, leurs partis-pris et même leurs gaietés, ont cherché, trouvé et même imaginé d'autres rapports et d'autres similitudes.

Aristote, je crois, Pline, à coup sûr, voyant les hordes populaires paraître subitement comme les grenouilles pendant les pluies d'orage et disparaître avec la même rapidité au retour du soleil, a imaginé, a cru que les grenouilles naissaient du limon et de la fange, et au bout de six mois se résolvaient en limon et en fange, pour renaître plus tard de la fange et du limon, etc., et toute l'antiquité et une partie des modernes à la suite ont adopté cette « observation ».

Les Français, plus que tout autre peuple, doivent souffrir patiemment qu'on les compare aux grenouilles, puisqu'il est reconnu que les premiers rois français, habitant en Germanie, portaient en armoiries l'écu d'argent à trois Raynes ou grenouilles de *sinople* (vert); aucuns disent même que c'étaient trois crapauds de *sable* (noir). Crapauds ou grenouilles, on retrouve cette forme dans les armoiries postérieures des rois de France au moins autant que celle de la royale fleur du lis.

Les membres d'une fraction de l'Assemblée nationale avaient reçu et accepté le nom de « crapauds du marais », à l'époque où l'on s'honorait du titre de sans-culotte et où l'on portait de petites guillotines en breloques de montres.

Puisque, après de tels précédents et de telles autorités, il est incontestablement acquis qu'on peut, sans lèse-majesté de peuple, comme La Fontaine après plusieurs anciens, comparer le peuple aux grenouilles, du moins dans certaines circonstances, je me permettrai, « sous toutes réserves », comme on dit aujourd'hui lorsqu'on veut propager sans péril une médisance ou une calomnie, de donner une suite ou plutôt un commentaire à l'œuvre des fabulistes grecs, latins et français.

Aristote et Pline et d'autres, chez les anciens, disent que rien n'est si facile à prendre que les grenouilles et qu'il suffit d'un bout de chiffon rouge, ῥάκω ἐρυθρῷ, dit Aristote, —*purpureo panno late qui splendeat*, dit Horace — pour exciter la convoitise l'avidité des grenouilles qui se jettent follement sur cette amorce et avalent sans défiance et l'appât et l'hameçon.

Eh bien, les grenouilles n'ont pas changé depuis la plus haute antiquité jusqu'à nos jours, et probablement ne changeront jamais. Duméril et Biberon, deux illustres naturalistes, nos contemporains, dans leur *Erpétologie générale*, toutes les « maisons rustiques », tous les traités et manuels de pêche, etc., signalent chez les grenouilles la même facilité à se laisser prendre à l'appât d'un haillon, d'un chiffon, d'une loque rouge.

Les grenouilles, disions-nous, comme les peuples, les peuples comme les grenouilles, n'ont pas changé depuis le commencement des temps.

Les uns et les autres se prennent aussi naïvement au même appât, ῥάκω ερυθρῳ, que les pêcheurs de grenouilles, comme les pêcheurs d'hommes, ne se sont même pas donné la peine de perfectionner. On n'a ni dépassé ni atteint la pourpre de Tyr, et l'on pourrait citer parmi nos contemporains quelques pêcheurs, les uns vulgaires coquins, les autres immondes sélérats, qui se sont contentés et se contentent de tremper leurs chiffons dans le vin ou dans le sang, et n'en prennent pas moins les imbéciles grenouilles.

Ouvrez Salluste : « Sous prétexte de bien public, — *bonum publicum simulantes*, — chacun combattait pour son propre et unique intérêt. »

Ouvrez Pétrone : « Les déclamateurs s'écrient : Ces blessures, c'est pour votre liberté que je les ai reçues, cet œil, c'est pour vous que je l'ai perdu (*Hæc vulnera pro libertate publica excepi, hunc oculum pro vobis impendi*).

Ouvrez Tacite : « Jamais personne n'a tenté d'usurper la tyrannie sans que ce soit au nom de la liberté. »

Ouvrez Commines : La guerre faite à Louis XI par le comte de Charolais, le duc de Berry, etc., s'appelait « la guerre du bien public » ; mais les agresseurs reconnaissaient que tout s'arrangerait et irait suffisamment bien pour le peuple aussitôt que le roi aurait donné la Normandie au duc de Berry, et au comte de Charolais Abbeville, Amiens, etc.

Ouvrez les mémoires de la régence d'Anne d'Autriche, les mémoires du cardinal de Retz, etc., vous verrez le fameux conseiller Broussel, si populaire, si « héros » quand on le mit à la Bastille, se mazariner quand on lui promet en secret pour son fils le gouvernement de cette même Bastille, etc., etc.,

Mais pourquoi remonter si haut ? Rappelez-vous avant-hier, rappelez-vous hier, voyez aujourd'hui, toujours les mêmes grenouilles amorcées, affolées, capturées par le même chiffon rouge.

Toujours les mêmes promesses et les mêmes déceptions, tous les amis du peuple le conduisant à la misère, à la prison, à la mort.

Remarquez les clameurs de la foule, comme les coassements des grenouilles, cela a toujours la même mesure, ça se chante, ça se coasse sur le même air, ça a trois syllabes, c'est une condition rigoureuse : en 1830, « Vive la Charte ; » en 1848, « des lampions ; » en 1852, un gamin, en abrégeant le nom de Napoléon, rendit possible le coup d'État, qui eût échoué en quatre syllabes qu'on n'eût pu mettre sur l'air, mais qui réussit en trois, en deux fois trois : « Poléon, —nous l'aurons. »

M. de Girardin contribua à la guerre de Prusse, en se penchant hors de sa loge à l'Opéra et en criant sur l'air des lampions : — A Berlin !

Le même cri, ou du moins la même mélopée, comme le « Brekekekex coax » des grenouilles qui n'a pas changé.

Rien n'est si « actuel », comme on dit dans les

journaux, que la lecture d'Aristophane ; il livre d'avance au ridicule et au mépris nos tribuns, nos ambitieux, nos avides d'aujourd'hui ; il se moque de leurs dupes, les uns et les autres sous des noms grecs.

Je ne veux emprunter aujourd'hui quelques citations qu'à la comédie des Grenouilles (Βατραχοὶ).

Je ne vais faire que citer, en laissant à nos lecteurs le soin facile des applications :

« Arrogant dans les paroles ampoulées que sa large bouche ouverte à deux battants (στωμα αθυρυτον) lance drues et serrées.

» Un jus de caquetage (Ξυλον στωμυλματων).

» Tu as enseigné à pratiquer le bavardage (λαλιαν), tu as persuadé aux marins de discuter contre leurs chefs, eux qui autrefois n'ouvraient la bouche que pour demander et mâcher la galette et le biscuit, et chanter rapapaï pour virer au cabestan et hisser les voiles en mesure.

» Tu as rendu les hommes pervers, bouffons et flâneurs de place publique (boulevardiers), αγοραιους, d'honnêtes, laborieux et généreux qu'ils étaient, et cela en lâchant le robinet (κρουνον) de ta faconde ornée de grelots (κωδωνοφαλαροπωλους).

» Vous avez rendu les rois dignes de pitié en les couvrant de haillons (ελεινοι). »

Voulez-vous l'opportunisme ? Voici ce qu'en dit Aristophane :

« Serre tes voiles excepté les plus hautes, jusqu'à ce que tu te sentes poussé par un vent doux et égal. »

« O volubilité de la langue et finesse des narines.

» Un homme prêt à tout, qui, dans les dangers sait se tirer d'affaire en disant : On dit que je suis de *Ceos*, mais c'est une erreur, je suis de *Cos* ; et plus tard : Moi de Cos ! vous avez mal entendu, je suis de Ceos. »

Voulez-vous une allusion à la fête de Victor Hugo ?

Dionusios : — encore votre monotone et éternel *Brekekex coax*.

Βατραχοί, — les grenouilles, — pourquoi le varier ; notre chant est aimé des Muses à la lyre mélodieuse (μουσαι ευλυροι), et le dieu Pan lui-même le joue sur son chalumeau, et Apollon est charmé de nous (προσεπιτερπεται).

Voulez-vous des conseils, — aussi bons contre nos maîtres d'aujourd'hui que contre les Cléons du temps d'Aristophane — et, je le crains, aussi inutiles, le suffrage dit universel ?

Instruisons les insensés (ανοητους). Ils sont le grand nombre (εισι πολλοι).

Et le peuple qui se paye de phrases qui doivent au creux leur sonorité,

Entre, et demande : Où est la marmite ? (που εστιν η ξυτρα ;)

Et, enfin, car le papier va me manquer :

Je crains de voir cet homme fourbe, menteur et bouffon, monter sur le trône (εις τον θαξον).

« Qu'y a-t-il par là ? — Des ténèbres et de la boue.

« Par grâce, Hercule, enseigne-moi l'hôtellerie où il y a le moins de punaises (κορεις ὀλιγιστοι). »

C'est pourquoi je traduis pour vous, ô Français, ce qu'Aristophane disait aux Athéniens.

III

LE DUEL

Le duel est redevenu depuis quelque temps un peu à la mode.

On se bat presque fréquemment; mais il faut constater aussi que ces combats sont le plus souvent assez inoffensifs, et qu'il était réservé à l'époque où nous sommes de voir inventer le duel à *trente-cinq* pas, qui n'avait jamais eu lieu auparavant, par ou pour un homme dont la « folie furieuse », l'amour obstiné d'un pouvoir usurpé, et peut-être bien aussi, disent ses anciens amis, ses ennemis d'aujourdhui, le soin de ses petites affaires, ont fait tuer tant de milliers d'hommes par la continuation insensée et criminelle d'une guerre devenue impossible.

On a dit et écrit contre le duel tout ce qu'ont pu fournir la raison et l'éloquence humaines. Rien peut-être cependant n'a été dit d'aussi triomphant que l'anecdote que voici.

B..., qui vient de passer deux mois au lit, sort, pour la première fois, appuyé sur le bras d'un ami, et il lui raconte son affaire. A la suite d'une discussion, dit-il, C... me donne un soufflet.

Il n'y avait pas d'arrangement possible, et j'ai dû lui envoyer mes témoins et exiger une *satisfaction*.

— Et... cette satisfaction... vous l'avez obtenue?

— Oui, nous nous sommes battus, j'ai été blessé, et je sors aujourd'hui pour la première fois... Mais qu'est-ce que je vois, n'est-ce pas C...? Oui, c'est bien C... qui vient de passer à côté de nous et qui m'a regardé... d'une façon. Ah çà! faudra-t-il que je lui donne *encore* une *leçon?*

Les rois ont accumulé en vain les lois, les édits contre le duel.

* *

Nous avons aujourd'hui sur ce sujet une loi qui a le plus grand défaut que puisse avoir une loi : elle est obsure et amphibologique; celui qui a tué un homme en duel est accusé de meurtre avec préméditation; mais l'accusé peut répondre, ce qu'on ne peut nier, que, s'il a tué, c'est à son corps défendant, et que l'homme qu'il a tué voulait le tuer lui-même. Si bien que la sérénité même de cette loi lui fait produire des effets ridicules. Vous blessez votre adversaire, vous êtes cité devant le tribunal correctionnel, sous la prévention de coups et blessures; et vous êtes certain d'avance d'être condamné à l'amende et à la prison.

Mais si vous le tuez, vous êtes mené en cour d'assises, où le ministère public, conformément à la loi, demande contre vous la peine de mort ou celles des travaux forcés, et le jury effrayé vous acquitte sans hésiter.

Cette absurdité légale, qui a longtemps été seule dans nos codes, a aujourd'hui son pendant.

Grâce à la quasi-abolition de la peine de mort pour les assassins, presque toujours remplacée par la déportation, les condamnés préfèrent, sans hésiter, la peine infligée aux assassins à la peine infligée aux voleurs, qui est la réclusion, et vous voyez chaque jour les voleurs réclusionnaires épier l'occasion d'ajouter à leur dossier un petit assassinat qui leur procure l'aggravation de peine, légitime objet de leurs désirs.

Un autre vice de la loi sur le duel est la poursuite des témoins *comme témoins*. Ces poursuites n'ont pas empêché un seul duel; seulement elles ont rendu le choix des témoins plus difficile et moins sûr. Des hommes posés, raisonnables, refusent de s'exposer à des poursuites judiciaires, et les adversaires sont obligés de s'adresser le plus souvent à des « petits jeunes gens », quelquefois pas jeunes, mais avides de la notoriété qu'un duel, un procès, une petite condamnation doit leur procurer. Et le duel a lieu sans aucune des garanties que peuvent donner l'expérience, la fermeté, la raison de témoins sérieux; c'est ce qui faisait dire à mon vieux maître d'armes Grisier : « Les témoins ont tué plus de monde que les épées. »

Le bon sens devrait indiquer une tout autre législation à ce sujet : à peu de chose près le contraire.

Les témoins, lorsqu'il serait établi que leur intervention a consisté d'abord à épuiser tous les moyens de conciliation et d'arrangement, et ensuite lorsque, soit la gravité de l'offense, soit la haine des adversaires, rendent le combat inévitable, à en établir les chances scrupuleusement, rigoureusement égales, les témoins, en ce cas, ne devraient recevoir que des louanges et des remerciements du tribunal. Ils ne seraient punis, et devraient alors l'être sévèrement, que s'ils avaient manqué à un de ces deux devoirs de leur situation.

Les poursuites contre les témoins comme témoins rendent les duels beaucoup plus dangereux et plus fréquents.

Il n'y a pas bien longtemps encore, c'était réputé une obligation, de bon goût et de dignité, non seulement de ne pas ébruiter ni un duel ni ses préliminaires, mais encore de faire de part et d'autre, adversaires et témoins, tous ses efforts pour éviter la publicité.

Aujoud'hui, la mode est venue : 1° de raconter dans les journaux la querelle et l'offense; 2° la provocation et la réponse; 3° de donner un récit détaillé et un procès-verbal du duel.

Chacune de ces pièces est signée des témoins, qui se mettent ainsi en vue sur un théâtre avec des poses héroïques et tapageuses, et qui ont intérêt à ce que l'affaire devienne sérieuse, occupe plus longtemps et avec plus d'intensité l'attention publique.

Le duel est ainsi annoncé, affiché comme un spectacle; on doit un duel au public mis dans la confidence de la querelle; et les témoins, qui ne risquent de blessure qu'à leur vanité et n'exposent que la peau de leurs clients, se gardent de *reculer*, quand lesdits clients seraient les plus aises de voir l'affaire s'arranger par des concessions mutuelles adroitement déguisées, et qui, au moment du combat, ont souvent au fond du cœur plus de haine contre leurs témoins, qui n'ont pas su ou n'ont pas voulu éluder le duel, que contre leur adversaire, qui éprouve les mêmes sentiments.

Il est des circonstances dans la vie où les offenses sont si graves que les deux hommes qui les ont faites ou subies ne peuvent plus supporter l'existence de leur ennemi, où chacun trouvera au moins dans sa propre mort la fin de son humiliation et du supplice de voir l'autre.

Mais cette cause de duel ne se présente pas une

fois sur cinq cents duels; dans les autres cas, on se bat... pour s'être battu, pour la galerie, parce qu'on doit au public un duel annoncé et affiché.

Vous voyez aussi qu'on se bat en général avec peu d'acharnement et du plus loin possible, que les blessures, quand il y en a, se bornent le plus souvent à des égratignures dont les combattants, et surtout les témoins, se plaisent à exagérer la gravité dans les comptes rendus et procès-verbaux donnés aux journaux.

C'est ce qui a fait imaginer le duel au pistolet.

⁂

En effet, dans le combat au sabre ou à l'épée, nous voici deux adversaires en présence; allez, messieurs, il n'y a que deux chances, un des deux sera tué ou blessé, lui ou moi.

Dans le duel au pistolet, il y a trois chances : lui, moi, ou personne, et cette chance, qui est la plus fréquente, séduit naturellement les témoins tout haut, les combattants tout bas, et fait adopter le combat au pistolet pour des querelles où il ne s'agit que de montrer une certaine résolution et dans lequel il suffit de ne pas se « suriner » pour s'être conduit honorablement. On met dans les journaux que les adversaires ont « échangé, DEUX balles avec le plus grand courage », ce qui fait croire aux lecteurs à *quatre* coups de pistolet;

quelle fermeté, quelle bravoure! Tandis qu'il serait plus vrai et plus correct de constater l'échange d'UNE balle.

C'est très bien... mais il arrive aussi que ce duel, plus facilement accepté à cause de ses airs innocents et *sainte-nitouche*, a de loin en loin des résultats imprévus, terribles, funestes.

Si, sur vingt duels au pistolet, dix-neuf n'ont eu d'autres résultats pour les combattants qu'une certaine émotion, et quelquefois un rhume de cerveau, il arrive aussi que sur ces vingt duels un a amené la mort d'un des deux adversaires pour une querelle qui, à cause précisément de son peu de gravité, avait fait reculer témoins et combattants devant la chance anodine, mais certaine, d'une égratignure faite par l'épée, — à cause de cette troisième chance blanche du pistolet sur laquelle on s'habitue à trop compter.

Loin de moi la pensée de supprimer entièrement le duel; lui seul maintient encore aujourd'hui un restant de civilisation et de politesse dans certaines classes de la société. Il est d'ailleurs des offenses, des blessures au cœur et à l'homme que la loi est d'autant plus impuissante à guérir que, faite par des « porte-jupes » et non par des « porte-glaives », elle se montre d'une bénignité, d'une froideur contre certains crimes, l'adultère, par exemple, qui rendent le malheureux qui vient recourir à elle pour venger son outrage ridicule même aux yeux des juges qui l'écoutent en souriant et condamnent le coupable avec les plus grands égards.

Mais s'il s'agit de borner le duel aux cas où il est inévitable, nécessaire, je dirai même légitime, il est des moyens plus efficaces que les condamnations des combattants et des témoins, plus efficaces que les édits les plus sévères des rois qui ont toujours été bravés, parce qu'ils offraient l'occasion de montrer de l'intrépidité contre deux dangers : l'adversaire et la loi. Je vais essayer de les mettre en lumière :

1° Les lois frappant de la peine réservée aux duellistes les auteurs des actes qui, dans nos mœurs, rendent le duel nécessaire.

2° Invitation aux journaux de ne pas raconter, du moins avec détails, les rencontres de ce genre, défense expresse et sévère d'annoncer les provocations, les abouchements et pourparlers de témoins, etc.

3° Quand vous voyez des gens se trouvant ou se disant offensés échanger de terribles et bruyantes menaces, puis se tenir satisfaits d'avoir tiré chacun en l'air un coup de pistolet sans résultats, ou d'avoir donné ou reçu avec l'épée une piqûre ou une égratignure qui se guérit avec un peu de taffetas d'Angleterre ;

Quand vous pensez qu'il n'était pas impossible cependant qu'une des deux balles tirées cassât la tête d'un des combattants, comme il arriva à Dulong tué par Bugeaud, à Dujarrier tué par Beauvallon, etc., ou qu'une des épées perçât les poumons ou le cœur d'un des adversaires, comme cela arriva en 1831 à Dovalle, et comme cela est arrivé à d'autres,

La raison vous dit qu'il est absurde, criminel, cruellement ridicule, de s'exposer à être tué ou à tuer un autre pour une querelle, pour une offense, pour une haine si peu sérieuses qu'elles pouvaient se satisfaire et s'éteindre par une égratignure telle qu'un chat pourrait la faire, ou par le bruit innocent de deux coups de pistolet dans l'air.

De là mon article 3, qui a l'air féroce et qui, au contraire, aurait pour résultat de réduire le duel aux cas excessivement rares où rien ne pourrait l'empêcher, c'est-à-dire de le supprimer presque totalement.

Article 3. — *On ne se battra qu'à mort.*

Si l'un des deux combattants est blessé assez grièvement pour ne pas pouvoir continuer le combat, on attendra sa guérison pour le recommencer, et son adversaire se tiendra en prison à la disposition du blessé.

Tout duel où l'on n'accepterait pas et n'exécuterait pas ces conditions serait déclaré crime contre l'honneur et serait sévèrement puni, tant à l'égard des combattants qu'à l'égard des témoins — et puni de peines infamantes, de la privation du port d'armes et de toute fonction publique;

4° Un tribunal d'honneur, nommé légalement, remplaçant les maréchaux du temps de Louis XIV, déciderait souverainement de la nécessité et des conditions de la rencontre. — Après avoir épuisé les moyens de conciliation, s'il s'en trouve dans l'affaire qui lui serait soumise, il devrait établir la plus entière égalité de chances entre les combattants, — le duel se rapprochant alors de ce qu'on appelait jadis « le jugement de Dieu »; — ils n'oublieraient pas, en « pesant » les adversaires, comme on pèse les jockeys avant la course, ce que disait Montaigne, que, de son temps, il était réputé peu honorable et contraire à la vertu guerrière de se rendre trop expert à l'escrime et de passer pour tel; dans certains cas, ils balanceraient la grande supériorité d'habileté d'un de combattants en donnant une plus grande part au hasard.

*
* *

De ce temps-ci, mon ami, le marquis du Hallays qui, dans sa jeunesse, avait été un duelliste « fameux », expia dans la seconde moitié de sa vie ce qu'il y avait eu d'excessif dans la première. Pendant assez longtemps, il a constitué à lui seul un tribunal d'honneur; il mettait pour condition à son arbitrage que son jugement serait considéré comme en dernier ressort et sans appel. Un petit nombre de fois il lui est arrivé de dire : — Eh bien, il n'y a plus à s'occuper que du choix des armes. Mais combien de fois il a empêché des duels en déclarant soit que les torts étaient mutuels, véniels, et que l'affaire se terminerait par une poignée de mains, soit en décidant que tel ou tel des adersaires devait et ferait des excuses à l'autre, qui les accepterait de bonne grâce !

5° Un emplacement, hors la ville, serait réservé pour le théâtre des duels à mort, rendus tristement inévitables; le terrain resterait toujours en bon état, l'entrée permise seulement aux combattants, aux témoins et à un magistrat spécial. A cet emplacement clos seraient annexés des chambres, des lits, une infirmerie, une pharmacie, un médecin et un chirurgien, toujours un cercueil tout prêt que l'on ferait contempler aux adversaires avant une dernière et suprême tentative de conciliation.

Ce projet ne sera pas réalisé; mais je maintiens que sa réalisation aurait pour résultat certain de supprimer presque entièrement le duel et que, s'il en arrivait mort d'homme, de très loin en très loin, ce ne serait que dans des circonstances où les combattants auraient des *raisons* sérieuses, réelles, je dirai presque *raisonnables* de jouer leur vie contre celle d'un autre et de les exposer toutes les deux.

Quand un combat a lieu, amené pour une des

passions qui seules triomphent de l'amour instinctif de la vie, à savoir : la faim, l'amour, la haine de l'oppression et l'orgueil, on se bat pour tuer ou pour être tué, on se bat pour se battre. Quand on se bat par vanité, pour la galerie, on se bat pour s'être battu, et on s'en passe facilement.

En dehors de mon projet, que je soutiens humain et salutaire, je veux dire un mot d'une question qui a été quelquefois soulevée dans les duels ordinaires et sur laquelle je fus, il y a longtemps, invité à donner mon opinion, dans un livre sur le duel qu'après celui du comte du Châteauvillard publia le baron de Bazancourt, très forte lame et gaucher dangereux, mais toujours cependant malheureux sur le terrain.

Il arrive que, après un engagement plus ou moins long, un des combattants, fatigué, essoufflé, demande ou fait demander par ses témoins une suspension de combat de quelques minutes de repos; les témoins de l'adversaire accordent après avoir consulté leur client.

Il y a là, selon moi, deux fautes : la première est que la question ne devrait être discutée et résolue qu'entre les témoins, et ne doit jamais arriver à l'adversaire de celui pour qui l'on demande la suspension, parce qu'il n'a pas son libre arbitre, ne peut absolument pas refuser et a fait, d'ailleurs, abnégation de toute volonté entre les mains de ses témoins.

La seconde est celle-ci :

Deux hommes qui se battent apportent au combat des conditions, des avantages, des désavantages divers. Voyez les récits épiques de tous les combats, depuis l'*Iliade* et l'*Énéide* jusqu'à la *Jérusalem délivrée*, la *Henriade* : « L'un était plus robuste, l'autre plus souple. Celui-ci tenait inébranlable au sol comme un rocher; l'autre voltigeait autour de lui comme un oiseau de proie, etc., etc. »

En effet, de deux hommes placés en face l'un de l'autre sur le terrain, l'un a plus de forces, l'autre plus de légèreté. Celui-ci possède une habileté à l'escrime qui rendrait la défense impossible à son adversaire, si celui-ci n'avait plus de vigueur, ou plus de souplesse, ou plus de sang-froid, ou *plus d'haleine*. Serait-il juste d'enlever à l'un des combattants une de ses qualités ou de ses avantages?

Ne peut-il pas arriver que A... en face de B.... et sachant que celui-ci est un très exercé et très habile tireur d'épée, tandis que lui est inhabile, peu « entraîné » et en tout cas très inférieur en escrime, examine ses propres ressources et ses conditions de salut en face d'un adversaire aussi supérieur, et se dise : — Je suis vigoureux, alerte, souple, j'ai *beaucoup d'haleine*, je n'ai qu'un moyen d'égaliser les chances, en amenant une situation où ce que j'ai soit en valeur contre ce qu'il a : je vais essayer de le fatiguer, de l'essoufler; sans quoi je suis inévitablement perdu, il m'embrochera comme un poulet!

Et alors est-il juste par une suspension du combat de priver l'un d'eux de ses avantages, l'*haleine* due souvent au sang-froid, en laissant à l'autre ses avantages d'habileté au complet? Ce serait aussi juste que si l'on disait à l'habile tireur d'épée: — On vous supprime telle ou telle parade, telle ou telle attaque, telle ou telle feinte.

S'il est permis à celui qui a de l'haleine de s'en faire une arme et un moyen de défense, c'est à celui qui sait qu'il a l'haleine courte de s'efforcer de hâter, de brusquer le dénouement; il y a une escrime de tête et de jugement qui doit conduire l'escrime de la main et de l'épée.

Il n'est pas indifférent d'établir sur tous les points des règles fixes qui enlèvent, à l'occasion, toute hésitation aux témoins sur leurs devoirs, parce que ces hésitations peuvent avoir des résultats funestes.

C'est ainsi que, sous l'Empire, M. de Pène fut dangereusement blessé et faillit être tué parce que les témoins eurent la faiblesse de permettre que l'adversaire de M. de Pène, blessé par lui, fût remplacé immédiatement par un de ses témoins, qui se trouva frais et reposé en face d'un homme fatigué et ému par un premier combat; les témoins de M. de Pène eussent dû s'opposer fermement, inexorablement à cette injustice déloyale, et, si les adversaires s'y opiniâtraient, un des témoins de M. de Pène devait prendre la place contre le remplaçant du blessé.

Car les devoirs des témoins vont jusque-là ; c'est pourquoi on a grand tort d'accepter ce rôle aussi légèrement qu'on le fait d'ordinaire, et pour « *paroitre* », comme dit le baron de *Fœneste* de d'Aubigné.

IV

QUELQUES ALINÉAS

Sophie Perowski, qu'aujourd'hui certains journaux proclament sérieusement « une des personnifications les plus glorieuses du parti nihiliste », avait montré de bonne heure le dégoût de la vie de famille; elle n'avait pas seize ans lorsqu'un jour elle demanda à son père, alors ministre, un passeport pour s'en aller à l'étranger rejoindre un groupe de conspirateurs avec lesquels elle était déjà en relations. Naturellement le père refusa le passeport et lui fit une mercuriale en lui rappelant l'autorité des parents. Les parents, dit-elle, sont des ennemis, quand ils ne partagent pas nos opinions. Elle s'évada depuis, et on trouva au bord de la Newa des vêtements à elle qu'elle y avait déposés pour faire croire à un suicide et empêcher les recherches et les poursuites.

On assure que le nouvel empereur hésita à laisser pendre une femme, et que les ministres durent insister pour qu'il n'arrêtât pas à son égard le cours de la justice, et lui firent jeter au feu une note destinée à la condamnée. « Sophie Perowski, disait cette note, tu n'as pas eu pitié de mon père, j'ai pitié du tien et non de toi, en te faisant grâce de la vie. »

*
* *

L'Italie et la France, et je pense aussi d'autres pays, s'efforcent d'empêcher l'invasion du phylloxera et le consignent à leurs frontières respectives avec des rigueurs puériles qui font un tort certain et assez grave à plusieurs industries que ces gouvernements ont un faux air de protéger en les ruinant. Tout transport de végétaux, de fruits, de légumes est interdit d'abord de France en Italie et ensuite, par représailles, d'Italie en France. Or le phylloxera n'attaque et n'a jamais attaqué que la vigne. C'est une perte considérable pour les cultivateurs et les pépiniéristes des deux pays. On ne laisse passer ni un oranger ni un orange, ni un arbre, ni une plante, et j'ai vu des femmes rapportant quelques roses de Nice être obligées à Vintimiglia de les jeter avant de passer frontière. Cette question de la contagion du phylloxera valait la peine d'être étudiée avant de décréter ces prohibitions à la fois arbitraires, inutiles et ridicules.

Sous le règne autocrate de maître Gambetta, je ne me préoccupe pas des noms des ministres ses commis, et j'avoue, sans en être embarrassé, que je n'ai pas présent en ce moment celui de M. le ministre de l'agriculture; mais je suis certain qu'il n'est entré au ministère que comme appartenant à la coterie opportuniste et qu'il n'a eu à faire preuve que d'une soumission absolue au dictateur.

Depuis que je vois des ministères, du reste, j'ai dû constater souvent que l'ignorance, la vanité avait fait toujours considérer le ministère de l'agriculture comme un des « petits ministères », que l'on réserve à des comparses, tandis que, dans une société ordonnée suivant les règles du bon sens, il devrait être le premier et celui autour duquel graviteraient les autres. Je n'ai vu en France qu'un seul ministre de l'agriculture méritant ce nom, mais on ne le laissa au pouvoir que quelques mois; c'était au temps de Cavaignac: l'honnête et intelligent Tourret.

*
* *

Comme pour le phylloxera, divers États s'occupent en ce moment d'opposer quelque résistance au torrent révolutionnaire et anarchiste dont les nihilistes sont la plus franche et la plus vraie expression. Il s'agirait de mettre un terme à cet abus qui fait servir chaque pays d'asile, d'antre, de bouge, de nid et d'aire aux scélérats et aux assassins des autres pays.

Peut-être faut-il attribuer l'état violent, fébrile, dangereux où se trouve aujourd'hui la plus grande partie du monde civilisé, à une seule et même cause. L'abandon des professions utiles, humbles, médiocres, honnêtes, et l'encombrement des professions dites libérales, où tant de jeunes gens se ruent avec impétuosité, enivrés par des exemples de trop de champignons triomphants et vénéneux, et ne trouvant pas de place où ils puissent satisfaire de nouveaux et enragés besoins, de sorte qu'ils ne peuvent plus vivre que par le bouleversement et les révolutions.

La société est aujourd'hui hydrocéphale. A la tête trop grosse et congestionnée affluent tumultueusement tous les sucs vitaux et les humeurs âcres, ce qui doit amener la paralysie des membres.

Le czar assassiné au nom de la liberté avait fait pour la liberté plus que n'a jamais fait aucun empereur, roi, sultan, etc. L'affranchissement des serfs lui assure une grande place dans l'histoire. Peut-être y eut-il un peu de hâte dans l'exécution de ce noble projet; peut-être négligea-t-il une légitime compensation pour la noblesse, atteinte dans sa fortune par cette émancipation; peut-être ignorait-il ce que le prince de Ligne écrivait à Catherine II rêvant aussi une émancipation : « Ne

dégelez pas trop brusquement un peuple froid. »
La perfection n'appartient guère aux choses humaines.

L'homme, de quelque nom pompeux qu'il se décore,
J'en juge par moi-même, est un triste animal ;
On fait beaucoup de mal, très peu de bien : encore
Le peu qu'on fait de bien, on ne le fait que mal.

Pour juger du pas immense qu'a fait la liberté dans ces climats du Nord, il n'y a pas besoin de remonter bien haut pour retrouver le pouvoir absolu sans limites, et, comme tout despotisme arrivant au grotesque sinistre, dont Shahabaam, le sultan de *l'Ours et le Pacha*, n'est que l'exacte personnification.

*
* *

Voici ce que me racontait un jour un de mes meilleurs amis dont le père a occupé une position royale en Valachie, où lui-même a été ministre.

— J'étais à Paris, mon père m'écrivit : « Milosh Obrenowicht est à Paris, c'est un homme très remarquable et qui a joué un grand rôle en Serbie et y a occupé une haute position ; tu iras le saluer. »

Milosh Obrenowicht, ancêtre du prince actuel de Serbie, Milosh ou Milan Brenowicht, me reçut avec beaucoup de bienveillance et me questionna sur mes études que je faisais alors à Paris. — Je vois, me dit-il, que vous apprenez beaucoup de choses, et de choses nouvelles; vous aurez ce qu'on appelle une brillante éducation; mais faites-vous votre place en France et ne retournez pas en Valachie; vos idées nouvelles, qui sont peut-être bonnes, vous rendent tout à fait impropre à occuper chez nous une position dirigeante. Vous avez déjà un peu perdu et vous perdrez tout à fait cette fermeté qui est là une condition indispensable de gouvernement. Je vais vous donner un exemple de la façon dont il faut s'y conduire.

Quand j'étais prince de Serbie, j'avais été choqué de l'avidité de certains de nos prêtres. Une circonstance surtout m'avait fâché : ils exigeaient pour enterrer, même les plus pauvres, une somme à défaut de laquelle ils laissaient le cadavre sans sépulture; je publiai une sorte d'ukase, par lequel j'ordonnais d'enterrer gratuitement les pauvres.

Un jour, comme je me promenais, une pauvre femme m'aborda et me dit :

— Père, il faut que tu viennes à mon secours : mon pauvre mari est mort depuis trois jours, et le prêtre ne veut pas l'enterrer.

— Et pourquoi le prêtre ne veut-il pas enterrer ton mari?

— Parce que je ne puis lui payer le prix de la cérémonie.

— Et si tu payais, il l'enterrerait ?

— Certainement,

— Quelle est cette somme ?

. . . .

— La voici. A quelle heure aura lieu la cérémonie ?

— A neuf heures.

— J'y serai.

Et en effet, le lendemain, à neuf heures, j'accompagnai avec mes aides de camp et avec les parents du mort le pauvre diable à sa dernière demeure. Quand on eut descendu la bière dans le trou, comme on allait la recouvrir de terre, j'arrêtai d'un geste les fossoyeurs, je fis signe à la veuve et je lui dis :

— Quel est le prêtre qui a refusé d'enterrer gratuitement ton mari ?

— Père, dit-elle, c'est celui-là.

Je fis saisir le prêtre et on l'enterra vivant avec le mort dans la même fosse.

Et ajouta Milosh, avec cette voix douce et caressante des Slaves :

— Depuis ce temps les pauvres furent enterrés gratis.

*
* *

L'esprit révolutionnaire n'est pas, du moins jusqu'ici, descendu au cœur du peuple russe ; de toutes parts sont arrivés, au nouvel empereur, de la part des paysans et des serfs émancipés, des témoignages de regrets pour le czar assassiné et de sympathie pour son fils. Plusieurs districts de pay-

sans se sont cotisés pour acheter et envoyer à
l'église qu'on va bâtir sur le lieu du crime, une de
ces brillantes et souvent très riches images dont
sont ornées les églises et toutes les demeures des
particuliers. Les paysans d'un gouvernement assez
éloigné du côté de Moscou, ont écrit à Alexandre III qu'ils s'étaient imposé un jour de jeûne en
signe de deuil, et qu'ils renouvelleraient ce jeûne
dans un an, à l'anniversaire de la mort d'Alexandre II, pensant que tous les Russes devaient faire
pénitence pour le crime de quelques-uns.

Ceux d'un autre district ont écrit qu'ils avaient
jusque-là répugné à envoyer leurs enfants à l'école,
malgré l'ordre de l'empereur défunt, mais que, leur
ancien maître leur ayant dit qu'obéir au czar mort
était le plus grand hommage qu'ils puissent lui
rendre, ils envoyaient dès à présent, et enverraient
désormais, leurs enfants à l'école, etc.

*
* *

Beaucoup de gens se plaignent de leurs enfants,
parce qu'ils en attendent ce qui ne leur est pas dû.
Ce n'est pas à leurs parents que les enfants doivent
rendre l'amour, la sollicitude qu'ils en reçoivent,
mais aux enfants qu'ils auront un jour à leur tour,
et dont ils auront aussi à leur tour l'injustice de se
plaindre.

On ne se rappelle souvent ce qu'on doit à ses parents que pour l'exiger de ses enfants. Il faut dire cependant qu'il est cruel de voir ces êtres chéris se diriger invinciblement et gaiement, au mépris de nos avis, vers les récifs sur lesquels nous avons naufragé et dont nous revenons à demi noyés. N'avoir pas d'enfants cependant est une triste condition : faute de ces êtres pour lesquels on se remet à vivre et en qui l'on revit, on se cramponne fatalement aux choses qui nous quittent et qu'il est sage de quitter le premier. Nos contemporains sont pour la plupart partis, nous jouons dans la vie le rôle de ces vieilles femmes qui s'obstinent à hanter les salons qu'elles ornaient dans leur jeunesse, et où, appliquées aux murs, elles jouent le rôle de tapisseries, que les danseurs et les danseuses n'hésitent pas à déclarer trop épaisses et encombrantes; puis on arrive enfin à n'avoir plus à aimer,

A n'aimer plus que soi, sot, laid et triste amour.

*
* *

Dernièrement, je reçus avec grand plaisir une lettre d'un vieil ami que j'avais perdu de vue depuis une douzaine d'années : c'était un gai et spirituel compagnon, un ennemi irréconciliable du convenu, du vulgaire et du poncif. Quand on a été séparés ainsi pendant longtemps, il faut faire ce qu'on appelle au théâtre une nouvelle « exposition », comme pour les drames « à époques »; il me donnait donc

des nouvelles de sa famille, d'une femme que j'ai connue, jeune, jolie, distinguée, mondaine, et qui est naturellement devenue... aussi distinguée, mais moins jeune et un peu dévote; de ses fils que j'avais laissés enfants et qui, après avoir plus ou moins brusquement « jeté leur gourme », ce que je lui avais reproché de prendre un peu trop au tragique, sont aujourd'hui des hommes. Quant à mes fils, me disait-il, tous deux sont mariés, et « le ciel a béni leur union ». Ces mots terminaient la page, et je dus m'y arrêter un instant pour déplier la lettre, dont les feuillets minces et un peu fripés par la hâte que j'avais mis à l'ouvrir refusaient de se séparer. Pendant ce temps-là, j'étais en proie à une mauvaise et fâcheuse impression. Cette phrase banale, ce poncif, me contrariait, m'inquiétait. Autrefois, M. X*** eût été complètement incapable de la commettre. Il n'était nullement de ceux qui, au lieu de parler et d'écrire avec des mots et d'en faire des combinaisons personnelles, parlent et écrivent avec des phrases toutes faites, ne font que des centons et achètent leur style au Temple et à la friperie...
— Mais je réussis enfin à séparer les deux feuillets si obstinément adhérents, et je pus compléter la phrase, ce qui me rassura tout à fait : Quant à mes fils, tous deux sont mariés; le ciel a béni leur union... ils n'ont d'enfants ni l'un ni l'autre.

*
* *

A propos de Tunis : Je me rappelle un dey d'Alger qui, ayant vu la ville bombardée et en partie brûlée par Louis XIV, fut curieux, la guerre finie, de savoir ce que cette opération avait pu coûter à la France ; la somme était énorme. Quelle folie, s'écria-t-il, faute de s'entendre ! pour la moitié de cet argent, si l'on m'en avait parlé, je me serais avec plaisir et probité chargé de brûler ma ville moi-même.

*
* *

Voulez-vous avoir un serviteur fidèle, dévoué, toujours là, qui vous aime et que vous aimiez ?... prenez l'habitude de vous servir vous-même.

*
* *

La soi-disant République a emprunté en les exagérant jusqu'à l'absurde tous les abus qu'elle avait tant reprochés aux royautés et aux empires, et a réalisé ce que je disais dès février 1848 : « Elle attaque les abus non pour les renverser, mais pour les conquérir. » De même, tout ce qu'on a jamais dit et écrit contre le fanatisme religieux peut, aujourd'hui, se dire et s'écrire contre le fanatisme irréligieux. L'irréligion a ses dogmes, ses pratiques, une sorte de liturgie ; son intolérance, son absolutisme, son inquisition, ses persécutions, ses sycophantes, ses tartuffes et ses jésuites... en appliquant à ce nom tous les sens mauvais et funestes qu'on y a jamais attachés.

*
* *

Pour nos maîtres actuels, le temps des *moyennes et petites* sottises semble passé.

Voici l'ère des *grosses* sottises.

En attendant les *grandes* sottises avec bouquet final, « gloire » et apothéose, lumière électrique, etc., dans les drames du boulevard.

On me racontait l'autre jour une petite anecdote qui n'est peut-être pas vraie, mais qui est possible, vraisemblable même, et très amusante, ce qui me fera par mes lecteurs pardonner de la leur répéter avec les restrictions convenables.

Un ancien compagnon de brasserie de M. Gambetta est, dit-on, allé le trouver, et lui a dit :

— Tu es heureux, tu es riche, et tu laisses dans une triste pauvreté, s'ennuyant comme une croûte de pain derrière une malle, un ami qui a partagé gaiement avec toi la mauvaise fortune : il faut faire quelque chose pour moi.

— Volontiers, dit M. Gambetta, que veux-tu faire ? Que veux-tu être ? Que sais-tu faire ?

— Je répondrai d'abord à la dernière question,

je sais jouer au besigue, aux dominos, et je rends six points au billard quand tu voudras, à toi et même à M. Grévy. L'infâme monarchie n'a créé aucune position pour ces supériorités qui ont fait de toi le successeur de Charlemagne, de Louis XIV et de Napoléon Ier. Ce que je veux faire ? Le moins possible, je suis paresseux avec délices. Ce que je veux être ? Rien de bien brillant ni d'offensant pour l'envie, je veux émarger au budget.

— Veux-tu être sous-préfet ?

— Pourquoi pas préfet ?

— Eh bien, préfet .

— Non... c'est aujourd'hui un des plus petits métiers ; on dépend de tout le monde. On est au bout du télégraphe comme un valet à la sonnette, et, quand on est renvoyé, on n'a pas même les huit jours traditionnels ; j'en ai fait, pour ma part, destituer deux sans quitter mon café.

J'avais bien pensé à un ministère, depuis qu'un ministre n'a rien à faire qu'à venir prendre tes ordres le matin, en buvant le vin blanc avec toi pour tuer le ver ; mais l'exemple de ce pauvre Farre m'a effrayé ; tant qu'il n'y a qu'à émarger, c'est facile ; mais il peut arriver et il arrive des jours où il faut montrer ce qu'on sait faire et aussi ce qu'on ne sait pas faire, et on reçoit des avanies.

Il y a bien les inspections, beaux-arts, présidences de comices, etc., mais ça vous oblige à une tenue qui m'ennuie et me fatigue; j'ai examiné tout cela, et je vais te demander quelque chose de facile et ne te coûtant rien. Tu me feras inviter aux banquets, aux réunions que tu présideras, je me mettrai auprès de toi, tu me frapperas amicalement sur l'épaule, en me disant bonjour à l'oreille, ou tu me donneras familièrement un coup de point dans le dos, en m'appelant, si tu veux, mais tout bas, imbécile ou... cochon; l'assemblée verra que je suis ton intime, on me croira un grand crédit, et cela me suffira pour qu'on achète ma protection et qu'on m'ouvre un œil partout.

*
* *

J'ai un ami retiré, solitaire dans un château des Landes. Profession : malade. Mais malade d'une maladie qui n'attaque ni le bon sens, ni l'esprit, ni le cœur. Je reçois quelquefois de lui des lettres qui sont une bonne fortune.

J'en ai reçu une hier.

Avez-vous vu, me dit le comte ***, la motion de M. Laroche-Joubert, l'illustre papetier? Il veut imposer les titres de noblesse. Les princes payeraient tant, les ducs tant, les marquis tant, les comtes tant, etc. Cela m'a d'abord un peu effrayé. Heureusement il ne s'est pas montré trop exigeant. 4 000 francs pour mon titre de comte, ça n'est pas exorbitant, et, la motion du papetier n'ayant pas été prise en considération, j'ai fait vœu de donner ces 4 000 francs aux pauvres.

Seulement la sottise est opiniâtre, et ce projet reparaîtra un jour. Je m'y prends donc d'avance pour le compléter au nom de l'équité et de la logique.

Il s'agit d'égalité, de ramener tous les hommes à la taille des petits, de frapper toute supériorité, toute distinction. Pourquoi alors s'arrêter en route ?

Nos domestiques nous disent parfois : Il est venu un *homme* ou il est venu un *monsieur*; une *femme* ou une *dame*. On dit d'un paysan ou d'un papetier enrichi : C'est aujourd'hui un *monsieur*.

Monsieur est donc aussi une distinction et un titre. Pourquoi cette distinction et ce titre seraient-ils privilégiés? Si l'on paye 4 000 francs pour être comte, 2 000 pour être baron, etc., je demande qu'on paye 1 000 francs pour s'intituler « monsieur » 500 francs pour être désigné par la dénomination « le sieur un tel ». Le titre « d'homme », seul, sera, du moins jusqu'à nouvel ordre, gratuit et obligatoire.

V

UNE MESURE A PRENDRE

Quelques mots d'une affaire qui a bien sa gravité :

Il s'agit de la criminelle tentative de déraillement qui vient d'avoir lieu sur le chemin de fer de la Méditerranée, entre Saint-Raphaël et Cannes. Deux hommes ont été tués, et c'est par un hasard presque invraisemblable que le train entier n'a pas été broyé et tous les voyageurs réduits en purée.

Deux jours après, des pierres lancées au passage d'un train ont blessé un voyageur, et on m'assurait hier qu'une nouvelle tentative de déraillement avait eu lieu pendant la nuit.

C'est à des ouvriers piémontais qu'on attribue ces crimes.

Parlons un peu des ouvriers italiens, piémontais, etc., qui sont en si grand nombre qu'ils formeraient facilement une armée dans notre région méditerranéenne.

Ce sont des hommes vigoureux, durs et ardents au travail, et sobres pendant six jours de la semaine ; ils peuvent exécuter de rudes travaux qui rebuteraient nos Français du Midi : on les emploie utilement dans les chemins de fer, pour creuser, percer, déblayer, etc.

Lorsqu'on construisit la voie ferrée arrivant à Nice, nos ouvriers niçois, y compris ceux qui travaillaient à mon jardin, apprenant que les Piémontais gagnaient quatre francs par jour, nous quittèrent tous et allèrent s'enrôler dans les brigades de la voie ferrée ; mais pas un seul ne finit la semaine, et ils nous revinrent l'oreille basse.

Ça, c'est le bon côté des Piémontais, mais il y a un envers. Ces hommes, si sobres pendant six jours, s'enivrent volontiers le septième ; ils ont le vin mauvais et, en jouant à la morra, échangent fréquemment des coups de couteau. Tant que ça se passe entre eux, on les regarde ; mais leur couteau s'égare quelquefois à l'adresse des ouvriers français.

Ce n'est pas tout : je veux croire que cette multitude d'ouvriers piémontais n'est attirée chez nous que par l'attrait d'un travail qu'ils ne trouvent pas chez eux. Cependant on ne peut nier que sur les frontières des deux pays les habitants des deux pays, qui passent de l'un à l'autre, ne sont pas toujours l'élite de l'un ni de l'autre ; il en est au moins un certain nombre qui ont des raisons moins innocentes de s'absenter de chez eux ; c'est ce qu'exprimait très bien le bon sens populaire, lorsque le Var servait de limite naturelle entre la France et l'Italie. Les Niçois disaient de certains Français qui venaient chez eux, comme les habitants de Saint-Laurent en France disaient de certains Italiens qui leur arrivaient : Ce sont des gens qui ont passé le Var pendant la nuit.

Il serait peu avantageux, il serait, de plus, cruel, de repousser par delà la frontière ces rudes ouvriers ; mais il serait urgent, il serait nécessaire de prendre des précautions contre ceux d'entre eux qui présentent très fréquemment des dangers. Il faudrait ne permettre leur séjour en France que sur la vue de papiers constatant leur identité. Partout où ils forment une agglomération, l'autorité locale devrait ne pas les perdre de vue. Chaque dimanche, un brigadier de gendarmerie et un agent de l'autorité devrait assister à leur paye, sur le chantier, rectifier leurs papiers, les passer en revue, ne permettre leur passage d'un chantier à un autre qu'avec un congé du chantier qu'ils quittent, et au moindre désordre, au moindre acte de violence, reconduire le coupable à la frontière.

VI

ARBRE DE CRACOVIE

On proposait à Louis XIV des agrandissements à je ne sais quel palais; mais, objecta-t-il, mes ancêtres et prédécesseurs, François Ier, Henri IV et mon père, s'en sont contentés.

— Ah! sire, s'écria un courtisan, vous me parlez là de jolis rois auprès de Votre Majesté!

Le roi répondit par un sourire satisfait et bienveillant.

Je dirai de même de la « renommée » des anciens en la comparant à celle de notre temps, quelque chose comme une trirème athénienne à côté de nos grands vaisseaux cuirassés; quelque chose de joli, de plaisant, cette renommée dont ils parlaient avec tant d'emphase et de peur! et dont nos poètes, même des XVIIe et XVIIIe siècles, ont parlé d'après eux, et en les traduisant.

Corneille l'appelle la *Nymphe aux cent voix*.

Voltaire dit :

Ce monstre composé d'yeux, de bouches, d'oreilles,
. . . .
Du vrai comme du faux la prompte messagère.

Et Jean-Baptiste Rousseau :

>............ Monstre affreux
> Tout couvert d'oreilles et d'yeux,
> Et messagère indifférente
> Des vérités et de l'erreur.

Tout cela est dans Virgile ; mais seul Virgile, le poëte, le *vates*, qui s'élève si haut qu'il voit au loin et prédit l'avenir, seul Virgile a prévu et prédit ce qui deviendrait un jour la renommée, quand, changeant son nom usé, elle s'appellerait « la presse ».

« Le mouvement et la mobilité sont sa vie et sa force, elle acquiert des forces en courant... d'abord petite et craintive, elle ne tarde pas à s'élever dans les airs... la terre irritée contre les dieux l'enfanta après les géants [1]. »

Cela ne peint-il pas le rôle de la presse s'attaquant aux dieux, aux puissants, aux rois ?

« Ce monstre est couvert de plumes : » ne doit-on pas s'étonner d'entendre ainsi parler à une époque où l'on écrivait avec un stylet sur des ta-

---

1. Mobilitate viget, viresque acquirit eundo.
    Parva motu primo, mox sese adtollit in auras.

    ... Illum terra parens ira irritata deorum
    Progenuit........

Monstrum horrendum ingens cui quot sunt corpora plumæ.

blettes enduites de cire? n'est-ce pas une étrange prédiction des plumes et de l'encre qui n'étaient pas encore inventées?

« Et sous chaque plume un œil, une oreille, une bouche, une langue. » Peut-on mieux peindre ce qu'on appelle aujourd'hui les « reporters »?

« La nuit, elle vole à travers les airs et fait entendre le bruit strident de ses ailes. Jamais le doux sommeil n'abaisse ses paupières. Elle jette l'épouvante dans les villes, faisant pleuvoir, avec quelques vérités, des multitudes de mensonges et de calomnies [1]. »

La nuit! Virgile prévoit que les journaux s'imprimeront la nuit; que c'est la nuit que reporters, journalistes, imprimeurs, plieuses, etc., prépareront la pâture du lendemain, et que c'est avant le jour que les « porteurs » commenceront, en même temps que les porteurs de pain, à distribuer cet autre pain devenu un besoin.

Sur les médailles antiques, la Renommée est représentée par un Mercure monté sur Pégase, — à peine la poste et le piéton; — sur les médailles modernes, c'est une femme fort retroussée, sonnant d'une double trompette; c'est mieux, mais qu'est-ce encore cependant?

---

[1]. Tot vigiles oculi subter...
   Tot linguæ, tot ora sonant, tot subrigit aures...
   Nocte volat stridens... Magnas territat urbes.
   Tam ficti pravique tenax quam nuntia veri.

A la porte des Tuileries, sur les Champs-Elysées, est un marbre de Coysevox; la Renommée est sur un cheval ailé, peu soucieuse de cacher ses jambes et ses cuisses, et sonnant dans une trompette; celle de Pradier, sur l'arc de triomphe, souffle aussi dans une trompette.

Les écrivains, poètes, etc., ont cru commettre une poétique et hardie figure en donnant à la Renommée cent yeux, cent oreilles et cent bouches. Comptez combien de feuilles il sort seulement, à Paris, des presses chaque matin. Un journal, figure moderne de la Renommée, qui n'aurait que cent bouches, que mille bouches, n'arriverait pas à payer son papier.

*
* *

Qu'étaient-ils, il y a cent ans, les nouvellistes, dont on se plaignait déjà, à côté de nos journalistes et reporters d'aujourd'hui? On se rassemblait autour du petit canon du Palais-Royal pour régler à faux sa montre sur le temps vrai, au moment de l'explosion; et là on échangeait les nouvelles et les bruits.

Au Palais-Royal encore, il y avait un arbre, un marronnier, sous lequel se réunissaient les colporteurs de nouvelles en cours; il était alors fort question de la Pologne; par un jeu de mots plaisant, on appelait cet arbre, sous l'ombrage duquel naissaient comme des champignons, la plupart malsains, tant de bavardages, de cancans, de potins, de « ramages », de billevesées, de mensonges et de *craques*, l'arbre de Cracovie.

Catherine II disait un jour au prince de Ligne :

— Excepté Voltaire, qui a été mon protecteur et m'a mise à la mode, vos gens en *iste* m'ont ennuyée.

— Ah! madame, répondit le prince, heureux les temps où il n'y avait ni déistes, ni encyclopédistes, ni nouvellistes, où il n'y avait de gens en *istes* que les ébénistes!

Du temps de Catherine II et du prince de Ligne, on n'avait pas encore les communistes, les socialistes, les nihilistes, les naturalistes, les positivistes, les impressionnistes, les séparatistes, les opportunistes et une multitude d'autres gens en *iste* que nous avons acquis depuis... sans compter le scrutin de *liste*.

On a raconté qu'un particulier se rendait tous les matins sous l'arbre de Cracovie et pariait un petit écu contre la véracité de chaque nouvelle qu'on y apportait et débitait. Au bout de l'année, il avait fait une petite fortune.

Grâce à la *presse* aujourd'hui, nous vivons tous dans la maison de verre que faisait semblant de désirer ce Romain.

Que dis-je, de verre? il faut dire de verre grossissant.

Et verre grossissant n'est pas encore cela. Comme c'est la *presse* qui se charge de construire ces maisons de verre, elle y met beaucoup de parti pris et de fantaisie. Elle y emploie les verres de couleurs diverses selon que tel ou tel journal a à loger des amis ou des adversaires. Dans beaucoup d'églises italiennes, au dôme de Milan, par exemple, le vitrage supérieur est de verre jaune au travers duquel la lumière pénètre déguisée en rayons de soleil, quelque temps qu'il fasse au dehors. Les photographes éteignent la lumière trop diffuse au moyen de verres bleus qui donnent le jour triste et blafard des temps de pluie.

Mieux encore, on emploie ces verres concaves ou convexes, qui élargissent ou allongent démesurément et grotesquement les figures ; aucune idée, aucune action, aucun homme ne sont représentés, ni vus au naturel, ni tels qu'ils sont. Les lecteurs de journaux oublient que, à bien peu de chose près, les journaux sont des avocats, et les prennent pour des juges.

Je vous défie d'imaginer un homme, si honnête, si vertueux, si intelligent, si dévoué, si grand ; une action si noble, si utile, si loyale qui ne soient quelque part attaqués, diffamés, amoindris.

Je vous défie d'inventer un si sot et si immonde coquin ou scélérat, un crime si odieux, si cruel, si monstrueux, si bête, qui ne trouve non seulement des défenseurs, mais des panégyristes.

Avec la presse, ce prétendu sacerdoce, exercé comme elle l'est, puissance énorme, despotique, absurde, qui périra faute de s'imposer elle-même des limites et des lois, de même qu'avec le suffrage dit universel, pratiqué, sophistiqué, trop aveugle et pas assez sourd, aucun gouvernement, aucune société n'est possible.

Nos maîtres d'aujourd'hui le sentent et le savent.

*
* *

Toutes ces libertés qu'ils ont demandées pour renverser les gouvernements précédents, ils ne songent aujourd'hui qu'à les supprimer ou, pour le moins, à les restreindre ; le *scrutin de liste* est simplement la confiscation du vote ; quant à la liberté de la presse, ils cherchent des combinaisons pour arriver à ce que cette liberté ne soit exercée que par eux et leurs amis.

C'est une entreprise ardue et périlleuse ; on voudrait et on n'ose pas encore frapper seulement les adversaires.

A essayer de mettre des entraves à la presse en général, on irrite ses ennemis et on aliène ses amis. Voyez quelle indignation soulèvent l'interdiction et la censure à propos de la guerre de Tunisie. En principe général et en bonne logique, il y a un intérêt sérieux à ce que les projets, les plans, les marches ne soient pas divulgués, trahis ; à ce que les actes et les faits ne soient pas dénaturés, et cette prohibition faite aux journalistes « reporters » d'écrire d'Afrique sans autre règle que leur fantaisie et le mot d'ordre de la coterie qu'ils représentent ne pourrait soulever aucune objection raisonnable, si nous étions réellement en république, si les chefs du gouvernement inspiraient une confiance méritée, si le ministre de la guerre était le plus illustre et le plus habile des généraux ; si les choix étaient dictés par le mérite, le talent, la bravoure, au lieu de l'être par des opinions politiques professées, affichées ou jouées ; si le gouvernement actuel s'était acquis une réputation légitime et incontestable de sincérité et de véracité !

On comprendrait alors de quelle importance est le secret dans les opérations militaires ; on redouterait les lumières que des bavardages pourraient donner à l'ennemi ; les découragements que des bruits, des rumeurs, des exagérations pourraient inspirer à nos soldats ; on se défierait de l'émulation intéressée qui existe entre les journaux et entre leurs « reporters » pour se procurer et donner le premier des nouvelles fraîches, des primeurs ; on remarquerait que beaucoup, pour s'attirer l'avantage sur ce point et publier les nouvelles les premiers, n'ont rien imaginé de mieux que de les inventer, et que deux lignes imprudentes et mensongères peuvent jeter un trouble terrible dans les esprits et dans les affaires.

A peu près tous les grands capitaines ont haï les « nouvellistes ». Le législateur Charondas, celui qui se perça de son épée parce qu'il avait enfreint lui-même par précipitation une loi portée par lui qui défendait, sous peine de mort, de se présenter armé dans les assemblées du peuple, Charondas, dit Plutarque, par une autre loi, défendit de nommer personne sur le théâtre, excepté les adultères et les « nouvellistes ».

* * *

Il est à remarquer que les précautions comminatoires prises à l'armée de Tunisie contre les « reporters » et les indiscrétions ne font que répéter, en les adoucissant cependant, les menaces que, selon Suétone, Jules César prononça la veille d'une bataille contre le roi Juba.

Il faut dire que César passait pour ne pas abuser les soldats, il ne niait pas ou ne dépréciait pas les forces des ennemis; loin de là, il les grossissait, les exagérait jusqu'à l'absurde, ce qui faisait douter de la vérité parfois inquiétante; en tout cas, il n'abaissait pas le danger, mais élevait jusqu'à la hauteur du danger et même au-dessus le courage et l'enthousiasme de ses soldats.

Alors comme aujourd'hui, on était en Afrique; des bruits alarmants sur l'innombrable armée de Juba avaient répandu au moins de l'inquiétude dans l'armée romaine. César assemble ses soldats et leur dit : — Vous vous questionnez tous bas les uns les autres et vous accueillez sottement tous les bruits. Je vais, moi, vous dire la vérité; la vérité, la voici : D'ici à peu de jours, le roi numide Juba sera devant nous avec dix légions, trente mille chevaux, cent mille hommes de troupes légères et trois cents éléphants. Est-ce assez, êtes-vous contents? Moi je sais que vous les battrez et que les États de Juba seront dans quelques jours une province romaine.

Cette énumération étonna d'abord les soldats, puis, après un peu de réflexion, les fit rire par son exagération.

César ajouta :

— Pensez que j'en sais toujours plus long que ceux qui vous racontent de sottes histoires; ne faites donc de questions qu'à moi. Quant aux faiseurs d'histoires et aux « nouvellistes », je les mettrai sur une vieille carcasse de navire, et ils iront aborder où les poussera le vent.

« *Vetustissima nave impositos quacumque nave in quascumque terras jubebo avehi.* »

SUÉTONE.

Le représentant du gouvernement en Afrique n'a-t-il pas annoncé qu'il ferait embarquer les indiscrets au port le plus voisin?

4.

VII

LA MOELLE DES LIONS

On mange trop de moelle de lion. La France meurt d'une indigestion de moelle de lion, ce que je vais prouver si vous me prêtez une bienveillante attention.

— Édouard, les hirondelles sont revenues, l'aubépine fleurit dans les haies, c'est aujourd'hui dimanche; viens-tu à la campagne, au-devant du printemps? Nous mangerons une bonne omelette au lard et du pain bis, et nous boirons un petit vin rose un peu pointu, mais qui ne vaut pas la peine d'être travaillé et sophistiqué.

— Où? à Belleville?

— Non! Belleville et Romainville n'existent plus. Ces riantes campagnes où l'on allait cueillir le lilas, et danser sur l'herbe; le lilas, les grisettes, le lait, la gaieté, l'amour, n'existent plus; le nom de Belleville et de Romainville, qui voulait dire tout cela, signifie aujourd'hui discours insensés et furieux, menaces de guerre civile, provocations à l'assassinat ; au milieu des « frères égarés » brillent Paule Minke, Louise Michel et autres tricoteuses, libres penseuses, pétroleuses, etc. ; non, pas à Belleville, mais à Saint-Ouen, à Neuilly, à Saint-Maur.

— Je ne peux pas, j'ai affaire.

— Affaire ! un dimanche.

— Oui, Gambetta va prononcer un grand discours.

— Qu'est-ce que c'est que ça, un *grand* discours ? Est-ce un discours qui dure longtemps ?

— Peut-être. Mais c'est surtout un magnifique discours, qui fera beaucoup d'effet.

— Et..... ça t'amuse ?

— Il ne s'agit pas de s'amuser. On est citoyen.

— C'est vrai qu'il ne s'agit plus de s'amuser... On ne s'amuse plus, si ce n'est à ennuyer les autres. J'espérais que ça te passerait. Mais déjà, l'année dernière, tu as refusé de dîner chez moi le jour du baptême de ma petite, pour aller à Belleville, où Gambetta faisait « un grand discours ».

— D'abord, les baptêmes, n'en faut plus.

— Et, dimanche dernier, tu as encore été au banquet des marchands de vin ; tu as encore entendu un grand discours de Gambetta ?

— Oui, certes.

— Et, au banquet des marchands de vin, a-t-il dit la même chose qu'à la réunion de Belleville ?

— Pas tout à fait la même chose, et même il a dit le contraire; mais c'est pour le bien de la chose, etc. . . . .
. . . .

En effet, maître Gambetta subit en ce moment une crise très sérieuse; j'en reviendrai, si vous le permettez, à la similitude des grenouilles. La grenouille, de même que le crapaud, bufos, au sortir de l'œuf s'appelle *têtard* et a une queue. Pour devenir l'animal « parfait », une vraie grenouille, il faut que le têtard perde sa queue. La vie des révolutionnaires se compose de deux phases : de faire une queue que l'on a soin, aux jours de péril, de faire marcher devant; puis, quand on est assez fort, se débarrasser de la queue. On se rappelle avec quelle indignation maître Gambetta protestait contre l'opinion qu'on émettait qu'il songeait à se débarrasser de sa queue. Pour les révolutionnaires, comme pour les grenouilles, crapauds, bufos et autres batraciens, c'est une crise périlleuse.

De temps en temps, on annonce un « grand discours », un moyen discours, un petit discours, etc.; c'est toujours aussi creux et aussi sonore; la théorie de cette faconde est signalée par Tacite : Tibère, dit-il, s'exprimait en mots obscurs, entortillés, indécis [1].

---

1. Verba obscura, perplexa, eluctantia.

Et Tite-Live dit d'un ambitieux en travail : — Il sondait les amis de son père par des discours équivoques.

Comment un peuple qui a passé si longtemps pour le peuple le plus spirituel du monde ne comprend-il pas encore que ces harangueurs se moquent impudemment de lui, que ce sont en 1830, en 1848, en 1852, en 1870, en 1881, les mêmes rôles joués par de nouveaux histrions, applaudis, soutenus par leurs complices et par ceux qui ont pris des actions dans l'entreprise, sifflés ensuite, vilipendés, menacés... par ceux qui n'ont pas eu leur part. Je m'arrête à « menacés », parce que leur haine est une concurrence d'affaire et ne dépasse guère les menaces; il n'y a plus aujourd'hui de « fanatiques » qui veulent bien mourir, — Flourens et Delescluze, les deux derniers, sont morts en 1871, — mais seulement des « affamés », des altérés, des vaniteux qui veulent vivre et bien vivre.

*
* *

Comment ce peuple n'a-t-il pas encore compris que les paroles des orateurs de balcon et de taverne ne sont que des bruits et des sons : *verba et voces, prætereaque nihil*, que ça ne prouve rien, n'engage à rien, ne garantit rien, n'annonce rien, ne signifie rien. Que Mᵉ Gambetta dise : « Nourrissons-nous de la moelle des lions, » comme il l'a dit l'autre jour, comme il disait en 1870 : « Nous avons fait un pacte avec la mort, » et : « Nous avons juré de mourir jusqu'au dernier, » ce qui n'a empêché ni lui ni ses associés de tenir leur précieuse peau hors de portée de toute atteinte, sans avoir même l'esprit de s'exposer une seule pauvre petite fois à une apparence de danger, tandis qu'ils envoyaient tant de malheureux sans vêtements, sans chaussures, sans armes, sans munitions, à une mort certaine et fatalement inutile, excepté à eux qui gardèrent le pouvoir et « émargèrent » quelques mois de plus.

Un discours, un « grand discours » de Me Gambetta, comme de tout autre parleur de balcon, de taverne, de brasserie, ne peut avoir d'autre importance, même dans les meilleurs jours, qu'un morceau de chant ou un morceau de violon, de piano, de violoncelle, avec mademoiselle Nilsson, Sivori, Planté ou Seligmann, ou tout autre virtuose sur l'affiche. Les paroles ne comptent pas, on n'écoute que la musique, et, si l'air est pour le moment à la mode, on l'applaudit et même on le fait *bisser* jusqu'à ce que la mode passe. Quand c'est à la mode, ça ne se critique pas, c'est creux, c'est vide, c'est incorrect ; peu importe, c'est à la mode. Quand ce n'est plus à la mode, ça ne se critique plus, ça n'existe plus, ça n'a jamais existé. Un discours, même un grand discours, de Me Gambetta, c'est le boniment du dentiste ou du marchand d'orviétan en plein vent. Quand la Providence, dans un but souvent impénétrable, croit devoir créer un charlatan, elle fait naître le même jour les deux douzaines de naïfs, de niais, de jobards qui doivent former son cercle et l'écouter.

Il serait cependant assez curieux cette fois d'examiner ce que c'est que cette moelle de lion dont M. Gambetta conseille à son auditoire de se nourrir, une grasse nourriture qui doit faire d'eux, comme elle a fait de lui, autant d'Achilles ; en effet, Pélée, le père d'Achille, le confia tout enfant au centaure Chiron, qui le « nourrissait de la moelle des lions [1], et à Phœnix, car, dit Cicéron au livre III de l'*Orateur*, autrefois on ne séparait pas la science de bien dire de la science de bien faire, et Homère fait raconter à Phœnix qu'il accompagnait son élève pour continuer à lui enseigner à la fois les exercices de la guerre, la valeur, l'éloquence et la vertu ; ce n'est que plus tard, ajoute Cicéron, qu'on vit ce malheureux divorce entre la langue et le cœur, cette distinction absurde, dangereuse, condamnable, qui crée séparément un mode pour apprendre à parler et un autre pour enseigner à penser [2]. »

1. Vetus illa doctrina et recte faciendi et bene dicendi magistra... vivendi præceptores atque vivendi... oratorem verborum, actorem rerum.
2. Discidium linguæ atque cordis,... alii dicere, alii sapere docerent, etc.

En quoi consistait « la moelle des lions » dont nos politiciens d'aujourd'hui se sont nourris dans leur jeunesse? L'absorption d'une multitude de demi-tasses de café, de verres de bière et d'absinthe gagnés ou perdus au billard, au besigue ou aux dominos, dans la lecture des journaux et la récitation de la paraphrase desdits journaux, avec « variations brillantes » sur ces articles; ajoutez quelques contre-danses à Mabille, des études intermittentes, bien juste pour se mettre à même de franchir les obstacles et les barrières irlandaises placés devant les examens, et par suite l'art effronté de parler longtemps sans rien dire. Cela a bien l'air, en ces temps de fraudes et de sophistication, d'être de la fausse moelle de lion, comme on fait du faux vin, du faux lait, du faux beurre, etc.

Ce qu'il faut entendre, aujourd'hui, par « se nourrir de la moelle des lions », c'est élever haut ses prétentions et ses appétits, c'est faire de la société actuelle comme des armées du Pérou et de la Bolivie, où tout le monde est général, mais n'a à commander aucun soldat.

Tout le monde parle ; ceux qui ont l'air d'écouter, d'être l'auditoire et « l'assemblée » sont eux-mêmes des orateurs qui attendent leur tour et reproduisent dans leur mémoire l'improvisation qu'ils préméditent.

Il y a quelques centaines de places rétribuées; une armée de cent mille hommes monte avec une certaine discipline à l'assaut de ces places. Les premiers arrivés s'en emparent et ferment les portes sur le nez de leurs compagnons d'armes, ceux-ci continuent l'assaut, s'occupent d'enfoncer les portes, y parviendront, jetteront leurs anciens chefs par les fenêtres, prendront leurs places, et fermeront à leur tour les portes au nez de ceux qui les suivaient, lesquels frapperont à leur tour aux portes. Leur armée étant recrutée de ceux qui ont été jetés par les fenêtres, ils reviennent à la *rescousse* et à l'assaut, et toujours comme cela.

D'où cette quantité de nuances, de drapeaux, de dénominations aujourd'hui, socialistes, radicaux, démocrates, intransigeants, anarchistes, nihilistes, communistes, patriotes, opportunistes, etc., comme en 1791-92-93, les jacobins, les babouvistes, les brissottins, les carmagnoles, les sans-culottes, les dantonistes, les dissidents, les fédéralistes, les feuillants, les hébertistes, les maratistes, les montagnards, les nihilistes, car le mot n'est pas nouveau, et nous le retrouverons un jour dans une liste complète que j'ai eu la patience de faire des dénominations sous lesquelles les divers partis se désignaient eux-mêmes et désignaient leurs adversaires : les niveleurs, les septembriseurs, les terroristes, etc., etc. Ce tout ne représentant sous divers noms que les mêmes ayant faim, ayant soif, les avides, les vaniteux, les fous, etc., selon qu'ils se trouvent plus ou moins près, plus ou moins loin de la porte à enfoncer.

La couleur rouge est, de toutes les couleurs, celle qui présente le plus de nuances, parce qu'elle forme deux branches, l'une se dirigeant vers le bleu, l'autre vers le jaune ou l'orange.

Et les bourgeois naïfs se laissent prendre aux nuances douces et tendres, — le rose, le carmin, le nacarat, — sans penser que ça tourne bien vite au rouge du vin, au rouge du feu, au rouge du sang.

Je me suis laissé entraîner à une longue préface pour ce que je veux démontrer, à savoir que la France meurt d'une indigestion de « moelle de lion ».

Ce que je ferai dans un autre chapitre, finissant celui-ci par une anecdote en forme d'apologue pour faire voir, sous une forme de plus, le jeu que jouent et que nous font jouer nos « messieurs » d'aujourd'hui.

Un enfant avait laissé tomber dans un puits la baguette de son tambour; il avait essayé en vain de persuader au jardinier de descendre la lui chercher; alors il jeta une cuiller d'argent; comme on cherchait cette cuiller, il dit : elle est peut-être tombée dans le puits. On haussa les épaules. Le lendemain, il y jeta une cafetière d'argent.

— Où est la cafetière?

— Peut-être dans le puits.

— Allons donc!

Le troisième jour, il y jeta le bol à punch et dit : — Il me semble que je vois briller quelque chose dans le puits. Cette fois on y descendit, et avec un grand étonnement on en retira le bol, la cafetière et la cuillère; et l'enfant cria à Joseph : —Joseph, pendant que tu es dans le puits, remonte-moi les baguettes de mon tambour.

Je ne vous ferai pas l'injure de vous expliquer la similitude : on jette tout le mobilier de la France dans le puits pour en faire retirer le joujou ou l'objet de l'appétit de nos maîtres.

Il n'est pas toujours aisé de laisser une fortune à ses enfants, mais on peut leur laisser un héritage plus sûr, plus à l'abri des événements, un état, une profession, et surtout sa propre profession, dont la pratique et les secrets, s'il y en a, entrent sans efforts et involontairement dans leur tête, dans leurs habitudes dès leur première enfance. On leur lègue, avec ce qu'on a acquis d'habileté et d'expérience, sa réputation de probité, ses connaissances, ses relations, etc., et votre fils commençant là où vous avez fini, si vous avez été un bon ouvrier en ceci ou en cela, a toutes les chances de devenir un ouvrier excellent, si vous avez plusieurs fils et que vous donniez votre état à celui qui y montre le plus de dispositions; un second prendra le métier de son oncle, de son cousin, de son parrain.

En vraie République, il ne faudrait pas enseigner,

comme on le fait, que tous peuvent parvenir à tout, et que l'égalité consiste à être tous la même chose, tous bacheliers, tous avocats ou médecins, tous gouvernement, mais en ceci qu'un bon laboureur, un bon charpentier, un bon ajusteur sont socialement les égaux d'un bon avocat, d'un bon écrivain, d'un bon homme d'État, — tandis qu'un avocat ordinaire, un écrivain médiocre, un homme d'État à la douzaine sont loin d'être les égaux du bon laboureur, du bon charpentier, du bon ajusteur ; que l'égalité se fait par un même degré d'excellence ou d'habileté dans la profession où le hasard de la naissance ou les circonstances vous ont placé.

La giroflée qui croît sur les vieux murs mêmes d'une prison, ouvre au soleil ses petits encensoirs d'or et exhale des parfums, ne le cède à aucune fleur cultivée en terre à grands frais.

Au lieu de cette saine logique et républicaine façon de voir, la folie régnante consiste en ceci, que chacun veut sortir de sa sphère, ou du moins en fait sortir ses enfants, que le pays entier se rue sur deux ou trois professions dites libérales — encouragé par l'exemple d'un certain nombre de champignons souvent vénéneux s'arrondissant subitement en une nuit sur des détritus et du fumier.

Si le laboureur a deux fils, il gardera auprès de lui pour l'aider et lui succéder le moins intelligent et fera étudier l'autre pour qu'il devienne monsieur l'avocat, ou du moins « monsieur le huissier »; il aspire l'*h* par respect. Je me rappelle à ce sujet un jeu de mots latin dont la traduction ne peut donner que le sens. Il est plus facile et moins fatigant de parler que de labourer : *facilius orare quam arare.*

Après de grands et ruineux sacrifices, voici le fils avocat et médecin, après avoir passé plus de temps à la brasserie, au café, à Mabille qu'aux cours de ses professeurs; il attend des causes ou des malades; mais il n'y en a pas pour tout le monde; que faire? que devenir? Retourner auprès de son père, il n'a plus les bras à l'estomac, il a acquis de nouveaux besoins dont il est l'esclave; il est misérable, mécontent, désespéré.

Mais tous n'arrivent même pas là. Les gouvernements, justement inquiets de l'encombrement des professions dites libérales, ont pensé décourager les aspirants en augmentant graduellement les difficultés des carrières et les conditions d'admission. Seulement, dans leur aveuglement, ils ont placé les difficultés, les barrières à franchir, non pas au départ, mais à l'arrivée. Si bien que ceux des concurrents qui ne peuvent franchir les dernières tombent éclopés, meurtris, épuisés, ayant passé de longues années, ruineuses pour leur famille, à n'acquérir que des besoins nouveaux qui ne leur permettent plus de retourner « à la maison », et ils vont se ranger à la suite des médecins sans malades et des avocats sans causes, recrues pour l'armée toujours grossissante de gens qui ne peuvent plus vivre que par le désordre et les révolutions. Édouard, le Mirabeau du café de Suède, Alfred, dit « la Jeunesse des écoles », se rappellent qu'ils ont souvent déserté les leçons de leurs professeurs pour aller « manifester » là ou ailleurs, et donner des leçons aux gouvernements ; ils se font orateurs de brasserie, journalistes à la suite, ou adoptent des métiers obscurs, bizarres, pernicieux, scandaleux, « hommes ou agents d'affaires », demandant pour des affaires qui n'existent pas des employés avec cautionnements.

Une des institutions modernes les plus éclatantes, les plus puissantes, les plus triomphantes, c'est le café et la brasserie ; c'est là qu'on se nourrit de la vraie moelle des lions, c'est là qu'on boit sans soif, avec la bière et l'absinthe, les doctrines les plus absurdes, les plus délétères; c'est là qu'on apprend à parler de tout et sur tout, à l'abri du souci importun, fatigant et vulgaire d'étudier les questions et les choses; c'est là qu'on attend, en les aidant de son petit mieux, les bouleversements, les révolutions qui seuls, en mettant tout sens dessus dessous, peuvent faire venir les derniers rangs à la surface, et permettent, en agitant l'eau des bas fonds et la vase, à la fange inerte de devenir écume flottante.

Sur le chemin conduisant à cette situation, il y a eu assez longtemps deux voies, deux buts : être avocat ou médecin ; ce sont encore deux voies, mais ce ne sont plus des buts, ce sont des étapes, où les deux routes se confondent en une seule. Je ne serai pas décidément un érudit et éloquent avocat, je ne serai pas décidément un savant habile et un célèbre médecin ; ensemble : nous serons hommes politiques, députés, préfets, ministres, présidents de la République. Voyez celui-ci, regardez celui-là, ils étaient hier ce que nous sommes aujourd'hui ; pourquoi ne serions-nous pas demain ce qu'ils étaient hier ?

Ce sont ceux-là qui se répandent dans les tavernes, dans les cabarets, qui se glissent dans les ateliers, qui provoquent des réunions publiques ou privées, distinction puérile toujours éludée, et qui en forment le cadre ; c'est là qu'on invente une langue barbare qui déguise le vice et le crime et leur donne des « noms de fleurs et d'oiseaux ».

C'est là que les incendiaires s'appellent des « frères égarés », que les assassins sont des patriotes, des grands citoyens, des héros. C'est là que l'ouvrier fainéant, inhabile, vaniteux, « poseur qui ne travaille pas », est appelé « travailleur » et est amené à s'en prendre de sa misère, causée par la paresse et le vice, à « l'infâme capital », au « salariat », aux « castes », au « juste milieu », au « cléricalisme », aux « jésuites » auxquels, entre parenthèses, on prend tout, et d'abord et surtout le « jésuitisme ».

De même que des femmes hystériques s'en prennent de leur laideur ou de leur précoce et facile déshonneur à « la société », aux « institutions », « à l'esclavage et à l'exploitation de la femme », c'est là que des folles furieuses rappellent, en les reproduisant, les tricoteuses et les furies de la guillotine de 93, dépassant les hommes les plus scélérats dans l'ivresse du crime; c'est là que les Louise Michel, les Paule Minke, jalouses l'une de l'autre et cherchant à se dépasser, de femmes qu'elles étaient, deviennent des monstres, comme la Scylla dont parle Ovide, sauf la beauté qu'elles n'ont pas à perdre. — « Cette Scylla, dit-il, autrefois si belle, subit une cruelle métamorphose; « ses cuisses, ses bras, ses jambes ont disparu ; elle les cherche et ne trouve à leur place que des gueules béantes de chiens hurlants qui la pressent dans une affreuse ceinture [1]. »

Tel ou tel café, telle ou telle brasserie, avec l'aide des autres tavernes, arrive au pouvoir. Le plus audacieux, c'est presque toujours le plus

---

[1] ... Corpus quærens femorum, crurumque pedumque,
Cerbereos rictus pro partibus invenit illis.
Statque canum rabies, subjectaque tera ferarum,
Inquinibus truncis uteroque extante coercet.

pauvre, le plus besoigneux; celui qui a le plus de besoins est accepté pour chef. C'est la règle. Tacite explique l'audace de Sylla par son dénuement. — *Sylla inops, unde præcipua audacia.* Ajoutez à son lot cette sorte de faconde facile, redondante, bruyante, propre aux charlatans. Comme il se sent médiocre, il s'entourera de plus médiocres et de nuls. Lekain a fait dans ses Mémoires un aveu curieux : « J'étais de petite taille, dit-il, et j'avoue aujourd'hui que je n'ai jamais laissé débuter au Théâtre-Français un acteur plus grand que moi. »

Voyez aujourd'hui le président du conseil, M. Ferry, un des plus médiocres journalistes; voyez M. Farre, ministre de la guerre... Il y a quelques jours, je rencontrai un colonel retraité de mes amis ; je lui demandai : « Avez-vous connu le général Farre.

— Oui certes, me dit-il; j'étais à Rome avec lui, et, quand il est parti, nous l'avons bien regretté.

— Ah !

— Oui, c'était notre plus grande distraction dans la ville éternelle que de nous moquer de lui et de lui « faire des scies » ; il était colonel du génie et si malheureux dans les opérations qui le regardaient qu'il ne put jamais nous donner une écurie où la pluie ne tombât pas.

Voyez M. Cazot... voyez tels ou tels dont je ne retiens pas même les noms, tant leur rôle est effacé, subordonné, tant ils sont de simples figurants. Chose remarquable, dans ces ministères qui se suivent, le ministre de la marine est toujours menacé et considéré comme sur le point de donner sa démission, parce que la marine ne fournit pas facilement de sujets convenables pour ce rôle de comparses.

Voyez M. Grévy, président de la République, nommant son frère inconnu hier, et, ce qui est bien pis, connu aujourd'hui, gouverneur de notre si importante colonie d'Afrique; écoutez les *potins* que l'audace de ce choix fait courir; l'opinion ne repousse rien d'énorme, parce que la présence de ces gens-là au pouvoir dépasse l'énormité. On a fait la guerre de Tunis, dit-on, parce que Monsieur, frère du président, se trouvait à l'étroit dans son royaume d'Afrique. On a fait la guerre de Tunis, dit un autre, parce que M. Gambetta, ayant dû renoncer à envoyer cueillir des lauriers... roses sur les rives de l'Eurotas, a cherché une autre occasion d'acquérir la gloire militaire, objet de ses désirs. On rapproche ce « cancan » de ceci que l'or manque depuis quelque temps dans certaines succursales de la banque de France, à Nice par exemple; on n'en frappera qu'après la guerre de Tunis, parce qu'alors on remplacera la tête de la République par le profil de M⁰ Gambetta couronné de lauriers. Tout le monde dit : — Ce qui manque d'ordinaire à la guerre, cette terrible folie, c'est la gaieté, c'est le comique. Eh bien, nos maîtres ont trouvé moyen de l'y introduire cette fois. On fait la guerre à Paul, et on dit : Nous avons fait la paix avec Jean, c'est fini, couronnons-nous de lauriers.

On fait du bey de Tunis une sorte de Shahabaam, et c'est à qui dans ce vaudeville jouera les rôles de Lagingeole et de Triste-à-Pattes; on dépense des millions, on fait tuer de jeunes soldats, et les journaux opportunistes disent : « Nos pertes sont peu sensibles » (textuel). Demandez aux mères.

Il y a un proverbe allemand qui s'applique très congrument au rôle devenu vraiment difficile que joue notre gouvernement : « Il n'est pas aisé de gouverner la poudre, quand on y a mis le feu. »

Revenons à mon texte. La vie est en France plus chère et plus difficile, les métiers corrects ne nourrissent plus une famille, tout le monde se jette dans les hasards du jeu : jeu des affaires, jeu de la politique, etc.; les conditions, les examens, les barrières, les baccalauréats, sont rendus tous les jours plus ardus, plus escarpés, parfois complètement inutiles aux carrières, dont ils défendent l'entrée, comme celle du jardin des Hespérides. On surmène les jeunes intelligences; cent candidats qui arrivent à franchir les derniers obstacles y arrivent éclopés, fourbus, poussifs; beaucoup tombent d'un côté ou de l'autre d'une des barrières; tout cela va fatalement grossir l'armée incessamment révolutionnaire. Les parieurs des courses de chevaux savent combien est mortelle pour leurs écuries l'imprudence de faire courir des poulains trop jeunes. Plus de jeunesse dans la vie, plus de gaieté dans la jeunesse.

La mode est aujourd'hui de mener les jeunes filles aux cours publics, aux conférences, etc., sans songer que la jeune fille ne doit quitter la maison de sa mère que pour entrer dans la maison de son mari.

Plus de jeunes hommes, plus de jeunes filles, tous bacheliers et bachelières et par suite plus d'hommes et plus de femmes.

Ce qui manque surtout, c'est un « caractère »; s'il s'en présente un, par grand hasard, on s'en inquiète, on le soupçonne, on le craint, on le repousse et on l'écarte.

Et on dit effrontément aux Français : « Nourrissons-nous de la moelle des lions. »

Et la France meurt d'une indigestion de moelle de lion.

VIII

HUMBLE REMONTRANCE

J'ai été très heureux de l'hommage récemment rendu à Victor Hugo par la population parisienne, et, si je n'ajoute pas que j'y ai « applaudi des deux mains », c'est que je ne puis en conscience accepter cette phrase vicieuse adoptée par la plupart des journaux, du moins jusqu'à ce qu'on m'ait fait comprendre comment on s'y prendrait pour applaudir d'une seule main.

C'est en effet un procédé injuste et odieux d'attendre la mort des grands hommes pour leur rendre justice et de voir les contemporains léguer à leurs enfants, à la postérité, le payement de leur dette et remettre les légitimes honneurs dus aux hommes de génie à une époque où l'on peut être certain que cela ne leur fera aucun plaisir.

Cette postérité pour qui l'on s'évertue,
C'est ce gamin qui joue aux billes dans la rue,
Dont les cris importuns m'empêchent de trouver

> Ces beaux vers qu'à lui seul je prétends réserver.
> Jouez aux osselets, jouez à la toupie,
>   Vénérés galopins,
> Un jour, vous vengerez ma muse qu'on oublie
>   De mes contemporains ;
> Car je n'écrirai plus lorsque vous saurez lire.
> Vous pourrez, sans danger, moi mort, louer ma lyre,
> Et vous vous servirez de mes défunts talents
> Pour vexer à leur tour les poètes vivants.

Peut-être eût-il fallu choisir une autre date pour la fête et « l'expurger » de toute politique ; mais enfin on doit à Hugo un si grand nombre de vers qui sont des plus beaux qui existent dans la langue française, les *Feuilles d'automne*, les *Chants du crépuscule*, les *Rayons et les Ombres*, — et aussi *les Châtiments*, une « imprécation » digne de Juvénal et ne laissant plus le satirique latin seul au sommet.

Au sujet de cette fête, quelques personnes ont été injustes pour le grand poète ; je ne quitterai pas aujourd'hui la plume sans le défendre et le disculper des reproches qu'on lui a faits, qu'on lui fait encore, tout en reconnaissant qu'il a fourni lui-même un prétexte à l'envie, en faisant de son caractère et de son génie une appréciation erronée.

Il n'est d'exemple d'un triomphe semblable que dans l'histoire de Voltaire à la représentation d'*Irène*, et encore Voltaire était allé au-devant de l'ovation en se montrant au théâtre, tandis que la manifestation parisienne est venue trouver Victor Hugo chez lui.

Voltaire, dans son émotion, s'écria : — Vous m'étouffez sous les roses! et, en effet, il en mourut.

Il n'y avait pas moins de roses à la fête de V. Hugo; mais ses narines et son cerveau, plus robustes, plus accoutumés aux parfums par l'habitude d'un encens souvent suave, parfois un peu épais, gros et violent, lui ont permis d'aspirer celui-ci sans douleur ni danger, et vous le verrez encore longtemps parmi vous. Je dis : *Vous* le verrez, parce qu'il survivra à tous ses contemporains comme à tous ses amis.

Et quand on le croira mort, il lui arrivera ce qui, selon le Coran, arriva au roi Salomon. « Il était mort, et il régnait encore. Il resta un an entier appuyé sur son bâton royal. Pendant ce temps, les génies que Dieu lui avait soumis continuaient à exécuter les travaux souvent pénibles, toujours merveilleux qu'il leur avait imposés. Mais un ver de terre ayant rongé le bâton, en mettant une année entière à cette opération, seulement alors Salomon tomba, et sa chute apprit aux démons et aux génies qu'il n'existait plus, et ils reprirent leur liberté. »

Le bâton royal sur lequel restera appuyé Victor Hugo, c'est la belle langue française; le vers qui ronge ce sceptre, ce bâton, c'est le patois incorrect mêlé d'argot et d'anglais, que s'efforcent de mettre à la mode certains reporters des journaux, certains sportmen, les filles, les « gommeux », certains réalistes et naturalistes, et les avocats politiques et orateurs de brasseries ; espérons cependant qu'ils en ont pour plus d'un an ; d'ailleurs je suis convaincu qu'il y a une planète, un monde meilleur, un paradis qui donneront une hospitalité immortelle aux beaux vers comme aux bonnes âmes.

De tout temps, et partout, on a recommandé de respecter le malheur — j'y ajoute le devoir de respecter au moins autant le bonheur, comme plus rare, plus délicat et plus fragile, et je me détourne et traverse le chemin pour ne pas effaroucher et déranger un oiseau qui a trouvé à picorer sur une touffe d'herbe ou un papillon posé sur une fleur choisie.

C'est pourquoi j'ai attendu jusqu'ici pour présenter à Victor Hugo, au sujet d'un petit discours qu'il a prononcé le jour de la fête, une « humble remontrance », comme le Parlement en adressait quelquefois aux rois de France, qui ne les écoutaient guère, comme fera plus que probablement Victor Hugo.

L'assemblée était composée à peu près totalement de Parisiens et d'ouvriers.

Il eût été bien beau d'entendre le grand poète leur dire dans son plus riche langage quelques vérités entrées nues dans sa tête et en sortant magnifiquement vêtues, comme en disait Franklin, par exemple, lui avec une concision lacédémonienne et sans ornement, et comme toutes fraîches sorties du puits, par exemple :

« Ceux qui vous disent que vous pouvez devenir heureux et riches autrement que par le travail et l'économie, sont des coquins qui vous trompent et veulent vous exploiter. »

Il eût été bien beau d'entendre le poète dire :

— Silence à la faconde creuse des orateurs de taverne; le poète voit de plus haut et voit plus loin. Il vient vous défendre contre vos amis mortels et contre vous-mêmes.

Et se citant lui-même, s'écrier comme Lucrèce Borgia :

— *Vous êtes tous empoisonnés.*

Mais j'ai et je vous apporte le contrepoison.

J'ai vu, en Suisse, un magnifique exemplaire de la Bible allemande de Luther : c'est une suite d'admirables gravures; une de ces gravures représente l'ange qui, une étoile au front, verse l'absinthe dans la mer, d'après le texte de l'*Apocalypse :* « et le troisième ange sonna de la trompette, et il tomba sur les eaux une grande étoile; cette étoile s'appelle Absinthe, et le tiers des eaux fut empoisonné, et beaucoup de gens moururent ».

O peuple français! tu absorbes avec l'absinthe une foule de mensonges, de billevesées, de saugrenuités, de haines, d'envies, et toi, que la Providence avait voulu rendre heureux entre les peuples presque jusqu'à l'injustice, tu es devenu un peuple triste, morose, malheureux et méchant.

Dans la Bible de Luther, la mer, où l'ange verse l'absinthe, devient noire et trouble et semble de l'encre ; c'est l'encre vénéneuse, l'encre *curare* dont se servent les avocats de plume concuremment avec le « débagoulement » des avocats de langue.

Viens à moi, peuple français, viens te désaltérer dans ma coupe d'or, de l'eau fraîche, saine, limpide, savoureuse, fortifiante du puits de la Vérité, et tu redeviendras le peuple gai, spirituel, brave, galant, généreux, chevaleresque que tu étais autrefois.

Amenez-moi vos forts au billard, vos politiques du besigue, vos hommes d'État en domino, vos Mirabeau du bock, et je vous les démasquerai, et je vous empêcherai d'être leurs dupes.....

. . . .

Malheureusement ce n'est pas ce qu'a fait et ce que fait Victor Hugo ; pourquoi ? je le dirai quand j'en serai à sa défense contre les critiques et les malveillants.

L'assemblée était, nous l'avons dit, composée presque entièrement de Parisiens et d'ouvriers. Victor Hugo a fait l'éloge de Paris et des grandes villes, et a caressé les ouvriers.

Le travail des champs, a-t-il dit, est un travail

humain; le travail des villes est un travail divin.

Or c'est précisément le contraire qu'il eût fallu dire, parce que c'est précisément le contraire qui est la vérité.

Ici commencent mes humbles remontrances.

Je disais, il y a quelques jours, que la France est hydrocéphale; ce qui est vrai à l'égard des hommes ne l'est pas moins à l'égard des villes; toutes les villes s'étendent, s'agrandissent, prétendent devenir magnifiques et empiètent sur les champs.

Or, quand une ville s'étend et empiète, ce qu'elle usurpe et qu'elle s'assimile, ce n'est pas seulement le nombre d'hectares ou de mètres de terre qu'elle couvre de maisons.

Frédéric le Grand disait déjà : « Je n'aime pas voir s'élever une nouvelle maison dans une ville; toute maison qu'on bâtit dans une ville est faite des débris de trois chaumières. »

Ce qu'il y a de plus grave, c'est qu'une ville qui s'élargit, élargit en même temps la zone pestiférée qui règne autour de toute grande ville, zone dans laquelle les garçons quittent les champs pour venir à la ville, se faire ouvriers industriels, laquais, garçons de café et de restaurant, cochers ou hommes politiques, etc., et, nécessairement pour ceux qui n'y réussissent pas, fainéants, vauriens ou voleurs. Quant aux filles, servantes, ouvrières, filles entretenues, *et cætera*, sans compter que, chaque fois qu'un laboureur quitte la charrue pour la ville, il faut, à cause des besoins nouveaux qu'il y acquiert, compter un producteur de moins et trois consommateurs de plus.

Si bien qu'en poussant la chose à l'extrême vous arriverez à ceci : Tous consommateurs et plus de producteurs.

Ce n'est pas tout ; il s'en faut.

Une ville qui s'agrandit se fait autoriser à des emprunts ; ces emprunts ont pour conséquence des impôts nouveaux qui rendent pour les habitants « la vie » plus chère et plus difficile ; les contemporains lèguent à leurs enfants des charges et une dette ruineuse ; qu'à ces ambitions, à ces fantaisies de luxe succèdent plus tard des besoins et des nécessités, on ne trouvera de nouvelles ressources qu'en s'obérant.

Une ville qui s'agrandit voit s'abattre sur elle le démon de la spéculation, les trafics, les « tripotages ». On brigue les fonctions publiques, les « dignités » de maire, de conseiller municipal, etc., pour se créer une influence favorable à ses intérêts personnels, à ses spéculations. La valeur de la terre s'accroît à un point où elle ne peut plus rendre l'intérêt de son prix par l'agriculture ; la terre n'est plus une nourrice, c'est une marchandise ; elle rapporte de l'argent, mais elle ne rapporte plus de blé, plus de pommes de terre, plus d'herbe pour les bestiaux.

Or l'argent, par lui-même, n'est qu'une convention, la représentation de la vraie richesse, c'est-à-dire des denrées alimentaires, des produits de la terre; supposez que tout l'or et l'argent, que les diamants et les autres pierreries retournent sous la terre, aux mines d'où on les a tirés, le genre humain n'en serait embarrassé que pendant quelques semaines; on imaginerait, pour simplifier les échanges, un nouveau signe, papier, coquillages, feuilles d'arbres, n'importe quoi.

Mais décuplez, centuplez, centuplez mille fois l'or, l'argent et les pierreries; si vous laissez diminuer en même temps les produits de la terre, ces produits, tout d'abord insuffisants, acquerront bientôt une plus-value qui absorbera goulûment cet or et cet argent, et le genre humain, comme le roi Midas aux oreilles d'âne, n'aura plus à manger ni à boire et mourra de faim et de soif devant des assiettes et des coupes d'or misérablement vides. On sait l'histoire de cet Arabe qui, errant au désert, trouve un petit sac qui lui semble renfermer quelques dattes; il remercie Allah et ouvre le sac avec empressement; mais bientôt il le jette au loin avec dédain et colère en disant : « Ce ne sont que des perles. »

Une ville qui s'agrandit voit son conseil municipal et ses autres fonctionnaires abandonner ses intérêts, quelquefois les trahir pour se livrer à des trafics plus ou moins déguisés : on ouvre inutilement des voies nouvelles et des boulevards, quand on a acheté d'abord à vil prix certaines propriétés jusque-là sans valeur; si l'on est arrêté par quelque grande propriété patrimoniale que leurs possesseurs ne veulent ni vendre ni laisser couper en deux, de complicité avec un tribunal d'experts auquel on donne part au gâteau, on déclare légalement « d'utilité publique » la destruction de cette propriété; ni vous ni vos enfants ne pouvez être assurés de conserver cette maison que vous avez bâtie et ce jardin que vous avez planté.

Tel paysan gagnant hier assez péniblement sa vie à la sueur de son front vend aujourd'hui « pour bâtir » le champ dont lui et ses pères portaient depuis un siècle les produits à la ville; demain il sera riche et « monsieur ». Là n'est pas le plus grand mal; il ne fera rien et s'ennuiera, tant pis pour lui; mais le produit de son champ manquera à la consommation, tandis que lui-même devient un consommateur plus exigeant; mais ses voisins le voyant ainsi devenu riche et « monsieur », ne travailleront plus qu'avec tristesse et dégoût à ce métier « ingrat » qui nourrit le genre humain, à ce métier qui peut à la rigueur se passer de tous les autres et dont aucun ne peut se passer, ce métier qui chez les Chinois est avec raison le métier le plus honoré, tandis que, par la folie actuelle,

..... Du beau nom de paysan,
Dans leurs villes de boue ils ont fait une injure.

Tous les esprits véritablement élevés et clairvoyants ont compris que l'agriculture est la base de l'édifice social, et que laisser diminuer la largeur de cette base, c'est renverser la pyramide et la faire reposer sans solidité sur son sommet.

Voyez Henri IV, voyez Sully ; comme tous leurs efforts tendaient à développer l'agriculture et à renvoyer aux champs les seigneurs qui abandonnaient leurs terres pour venir mendier à la cour !

Quand Frédéric le Grand fut débarrassé de ses guerres, il s'occupa avec ardeur de l'agriculture, et une des flatteries les mieux accueillies qu'on pût lui adresser quand il se promenait dans la campagne était d'offrir à ses yeux le plus gros tas de fumier.

Pierre le Grand de Russie se promenait ainsi dans les champs, et quand, dans un village, il voyait une ferme, ne fût-ce qu'une cabane, un terrain, fût-il minime, mieux tenu, mieux cultivé que les autres, il entrait dans l'étable, dans l'écurie, et, si le résultat de son examen était satisfaisant, il appelait le maître et le créait chef et gouverneur du village.

« La vraie richesse d'un royaume, dit Voltaire, consiste dans l'abondance des denrées et des substances alimentaires; peu importe qu'il y ait une plus grande abondance d'or et d'argent; à un certain degré, cette abondance ne fait qu'accroître le prix des denrées nécessaires à la vie. Je suis aussi riche avec cinquante mille livres de rente, ajoute-t-il, si je paye la viande quatre sols la livre, qu'avec cent mille livres si je la paye huit sous. »

« Le plus sûr moyen, dit-il ailleurs, d'affaiblir un État, c'est d'avilir la condition du cultivateur.

» Qui veut faire le bien de l'État doit plus songer à peupler les campagnes qu'à former de grandes villes. »

« Les villes trop grandes, dit David Hume, le célèbre philosophe, sont destructives pour la société, engendrent des vices et des désordres de toute espèce, affament des provinces et s'affament elles-mêmes par la cherté des prix où elles font monter les denrées. »

Les grands Romains se faisaient honneur de cultiver eux-mêmes leurs champs, ne les quittaient que pour la défense de la patrie, ne gardaient la dictature que le temps strictement nécessaire, et se hâtaient de revenir, pour ne pas manquer l'époque ni de labourer, ni de semer, ni de moissonner.

Nos ancêtres, dit Caton, lorsqu'ils voulaient louer un bon citoyen, lui donnaient le titre de bon agriculteur.

Bonum agricolam, c'était le plus haut point de la louange.

« C'est parmi les agriculteurs, ajoute-t-il, que naissent les meilleurs citoyens et les soldats les plus courageux, que les bénéfices sont honorablement assurés et nullement odieux ; ceux qui se livrent à l'agriculture ne trament pas de projets dangereux pour la société. »

Lisez Varron, Columelle, etc., vous verrez que les assemblées à la ville ne se tenaient que les jours de marché, pour n'avoir à s'occuper des affaires de la ville et de la politique que tous les neuf jours et se livrer le reste du temps à la culture de la terre.

Les mots latins anciens pour désigner la richesse désignaient en même temps les champs, la terre et les troupeaux. De *locus* et de *pecus*, on avait fait *locuples* et *pecunia*. Ce n'est que plus tard probablement, et dans un temps déjà corrompu, que l'on ajouta, pour exprimer l'homme riche, le mot *dives*, qui ressemble tant à *divus*, homme sacré et divin.

Toutes les formes de gouvernement ont été épuisées ; les nouveaux ne font que suivre les errements de leurs prédécesseurs. Un gouvernement qui remettrait l'agriculture à son rang trouverait la place libre et la matière neuve.

Ce serait aussi un grand et noble rôle pour l'écrivain, pour le poète, pour l'orateur pour l'homme politique, et c'est ce que j'aurais voulu voir faire à Victor Hugo, avec la puissance que lui donnerait son merveilleux talent, au lieu de lui entendre dire : « Le travail des champs est humain ; le travail des villes est divin. »

6

Et c'est ici que j'entreprends sa défense et sa justification.

Le grand poète Victor Hugo est surtout un grand peintre, et plus grand peintre que la plupart des grands peintres, en cela qu'il peint à la fois l'extérieur et le dedans, ce que n'ont fait que quelques-uns.

La nature lui a donné la plus riche, la plus brillante palette. Elle a mis à sa disposition l'or, l'argent, les diamants, les rubis, les émeraudes, les topazes, les saphirs, les perles, etc.

Mais elle ne l'a pas créé philosophe, et c'est une injustice d'exiger de lui ce qu'il n'a pas, quand il a tant de belles choses qu'il donne si libéralement. C'est une injustice de vouloir que la rose ait le goût de la pêche, ou la pomme de terre le parfum de la rose, de quereller un poirier de ce qu'il ne produit pas des abricots.

Victor Hugo se dit volontiers lui-même philosophe, mais comme Ingres se piquait de jouer du violon.

De là l'autre injustice de lui reprocher amèrement la mobilité apparente de ses opinions.

Ce qu'on appelle à tort ses opinions, ce n'est pas des opinions. Ce sont des sensations, des impressions reproduites avec un pinceau admirablement puissant.

Au peintre on ne s'avise pas de reprocher de peindre avec un égal plaisir et une égale magie le lever et le coucher du soleil, la lumière et l'ombre, l'aurore et le crépuscule, une belle jeune fille et un hideux mendiant, une campagne dorée par le soleil ou ensevelie sous la neige.

Le poëte-peintre ressemble à l'enfant qui fait des bulles de savon. Il souffle dans son chalumeau, le globe s'arrondit, se dilate et se revêt des plus riches, des plus harmonieuses, des plus suaves couleurs. Mais en même temps il reproduit comme un miroir les objets environnants. Il n'est pas responsable de ces objets, on ne lui en doit ni blâme ni louange; ce qu'il y a à juger, ce qu'il produit, ce sont les couleurs, leur éclat, leur harmonie.

Le poëte assiste au premier Empire, à la Restauration, à la royauté de Juillet, au second Empire, à la République; il en cherche, il en reproduit les côtés brillants, au besoin même il leur fournit le brillant qui leur manquerait, il reproduit ce qui se trouve ou passe devant sa bulle de savon, et il le reproduit également coloré, éclatant, harmonieux.

A la ville et aux ouvriers il dit : « Le travail des champs est un travail humain, le travail des villes un travail divin. »

Mais que demain il parle à la campagne et aux paysans, avec la même bonne foi, la même conscience, le même talent, la même majesté, il dira : « Le travail des villes est un travail humain, le travail des champs est un travail divin, » ce qui est plus vrai pour moi, pour vous peut-être, mais non pour lui, auquel il suffit que ce soit aussi brillant.

Il faut donc ne pas demander à Victor Hugo ce qu'il n'est pas, mais admirer, louer, proclamer, peut-être même aimer ce qu'il est : un très grand poète un très grand peintre, un très grand charmeur.

Ici finissent et les humbles remontrances et l'apologie que j'ai annoncées en commençant.

IX

DIEU PROTÈGE ENCORE LA FRANCE

Ce n'est que lentement et graduellement que la Providence a permis à l'homme de remplacer les apparences et les crédulités par l'observation et la science; il a pris pendant bien longtemps le ciel pour une voûte solide habitée par les dieux et le soleil; la lune, les étoiles et les planètes pour des objets de luxe cloués sur cette surface bleue pour l'agrément et l'ornement de notre terre.

Depuis, le télescope lui a fait voir dans les étoiles autant de soleils, — au centre d'un monde innombrable de planètes et de mondes, — sans compter ce que le télescope de l'Observatoire de Paris, avec sa possibilité de grossissement de plus de deux mille diamètres, et même celui d'Herschell, avec ses six mille grossissements, ne permettront pas encore de voir, et ce qu'on continuera à ne pas voir, malgré les progrès possibles des lunettes, si bien que d'illustres savants ont fait consister les grandeurs de l'homme à reconnaître sa petitesse.

Dans un sens contraire, le microscrope nous a révélé des mondes inconnus d'infiniment petits, par exemple : 2 500 millions d'êtres animés dans un millimètre cube d'eau, et dans une goutte d'eau vue au microscope à gaz des milliers de monstres étranges, des combats, des carnages, des animaux vivant, s'aimant, se reproduisant dans notre peau et dans notre œil, etc.; etc.

L'observation et la raison servent de microscope moral et nous font voir les choses et les hommes tels qu'ils sont; il arrive des époques ou des circonstances où les hommes et les objets se montrent d'eux-mêmes, ou grossis, ou mieux éclairés, et nous rendent facile d'apprécier avec sûreté leur grandeur ou leur petitesse; nous sommes à une de ces époques où Dieu, qui protège encore un peu la France, nous fait voir les hommes, leurs actes, leurs projets gros ou grossis, et nous dit : — Je vous ai donné des yeux pour voir, et j'éclaire aujourd'hui, et je grossis vos périls et vos ennemis, et vous ne les voyez pas; ça n'est pas ma faute, et je laisserai d'abord la France, que j'avais protégée avec un peu de partialité, puis ce monde, un des moindres de l'univers, se détériorer, s'amoindrir et finir par se casser, s'émietter et disparaître.

Il existe un vieux conte de madame de Girardin ayant pour titre « le Palais de la Vérité » ; tous les gens, hommes ou femmes, qui y entrent, ne peuvent s'empêcher de penser tout haut et de révéler leurs projets, leurs désirs, leurs vices, etc.

Dieu, qui veut essayer encore une fois de soulever la France, a soumis les charlatans, les dentistes en plein vent, les marchands d'orviétan et de poudre à gratter qui se sont éffrontément juchés au pouvoir dans l'ivresse de leur succès, à cette épreuve dangereuse pour eux, salutaire pour nous, si nous savons profiter de cette dernière grâce; ils enflent leurs « boniments » et avouent tout haut leurs ruses, leurs fraudes, leurs friponneries.

On se rappelle Mazaniello, le héros populaire, qui, après son triomphe, se montra vêtu de drap d'argent, et enivré, empoisonné, soit par le vice-roi de Naples, soit par la vanité et la folie, il se mit à jeter des poignées de pièces d'or dans la rue et s'écria sur la place publique : — Que les nobles me baisent les pieds, je suis le roi du monde ! — puis finit par être tué peut-être par les siens.

C'est ainsi qu'on a vu, ces jours-ci, le Génois Gambetta se presser trop d'essayer en public son « habit d'empereur », se montrer comme le Napolitain Mazaniello, vêtu de drap d'argent, et tenir comme lui les discours les plus effrontément insensés, mensongers et ridicules; il a été donné à la

France, du moins à ceux de ses habitants qui ont conservé quelque lueur de bon sens, de voir clair et d'assister au spectacle le plus bouffon à la fois et le plus instructif.

Notez que, pour cette solennité, on avait lâché les perroquets. Expliquons cette mention de perroquets.

On lit dans les vieilles histoires que le Libyen Psophon avait enseigné à des perroquets à dire : « Psophon est un dieu, » puis il les lâcha dans les bois, où les perroquets sauvages, les imitant, se mirent aussi à jacasser : « Psophon est un Dieu; » par suite de quoi les Libyens lui rendirent de son vivant les honneurs divins et ne s'aperçurent qu'après sa mort que c'était un farceur; quelques journalistes, reporters, agents de publicité, lâchés dans les rues de Cahors, s'érigeant en Dangeau, envoyaient d'heure en heure les moindres paroles, les moindres gestes de leur héros aux journaux amis; c'est par eux que nous avons su que M. Gambetta avait mis une rose jaune à sa boutonnière; je leur reprocherai cependant de me laisser ignorer quelle était cette rose jaune; était-ce l'ancienne jaune, Persian Yellow, Chrotelle, Solfatari, Marie Vanhoulte, Rêve d'Or, madame Falcot, Safrano, Canari, Gloire de Dijon, etc., etc? Ils nous ont donné des détails beaucoup moins intéressants.

Mais ce qu'ils n'ont pas sans doute fait exprès, c'est de faire faire cette mention de la rose jaune à la boutonnière par un rapprochement avec le bouquet que portait Robespierre à la fameuse cérémonie de la reconnaissance de l'Être suprême, bouquet et distinction qui éclairèrent ses collègues sur ses projets et ses prétentions et marquèrent peut-être le premier degré descendant de sa popularité et de son exécrable puissance.

Quant au discours de M. Gambetta, qui s'est montré plus épicier et plus commis voyageur que beaucoup de gens n'ont voulu le voir jusqu'ici, trois volumes comme celui-ci ne suffiraient pas pour signaler les hâbleries, les mensonges, les « boniments », les effronteries, les phrases creuses, le pathos et patois mêlés, que les perroquets et les Dangeau ont déclarés des monuments d'éloquence.

Certes, avec un peu de conscience de lui-même, de bon sens et de pudeur, le dictateur de 1870 eût soigneusement évité de se trouver à Cahors au moment où l'on consacrait un monument à la mémoire des mobiles morts pendant la guerre, — victimes dont bien des mères pourraient lui attribuer la mort. Non seulement il a eu l'effronterie d'assister à cette cérémonie, mais il a parlé, et, à la fois, il a avoué que ces martyrs étaient partis et avaient été tués, envoyés par lui à la mort sans armes, sans vivres et sans vêtements, à une époque où il ne restait aucune chance de succès.

Citons textuellement :

> Ceux qui sont morts dans la défaite, et qui ont d'autant plus de mérite qu'ils sont morts alors qu'à cette heure sombre ils savaient bien que tout était perdu, que tout sacrifice était devenu inutile, et qu'ils n'avaient plus à donner à leur pays que ce dernier tribut : leur sang.

Et au lieu de se cacher, de se frapper la poitrine, le dictateur ose se glorifier d'un « patriotisme » qui n'a été que « le sang des autres ». Il ose essayer de « réhabiliter le gouvernement de la Défense nationale », comme on a réhabilité la Commune, le vol, l'incendie et l'assassinat. Il ose faire appel à l'histoire, à la justice de l'histoire ! Citons :

> La défense nationale si longtemps calomniée a enfin repris sa place dans la justice des hommes ; elle en aura une bien plus considérable dans la justice de l'histoire.

Ah ! oui, l'histoire vous rendra justice, et le mémoire d'Aurelle de Paladines, le seul général qui, malgré vos tracasseries ineptes, a remporté une victoire et que vous avez proclamé traître, ce mémoire sera une pièce terrible dans votre dossier ; oui, vous êtes entré dans l'histoire avec effraction, comme un oiseau de proie par une fenêtre brisée ; mais, comme l'oiseau de proie, vous serez cloué sur la porte du monument.

Ces discours ont l'air d'être vraiment un défi au bon sens et à la conscience publique.

Le fils de l'épicier de Cahors, jouant le roi et entouré de sa cour, assure que la France « ne tombera plus entre les mains d'un aventurier ». Il affirme de plus imprudemment :

> Dans ce pays, rien de ce qui touche à la paix et à la guerre ne peut être décidé sans la volonté du peuple,

au moment même où on se bat en Tunisie et en Algérie, sans en avoir dit un mot aux Assemblées des représentants de la nation.

Il ose dire aux élèves du collège :

> Vous venez de jurer d'aimer la République ; un serment est une chose grave, il ne faut pas le faire à la légère ; mais, une fois le serment fait, il faut le tenir !

Et personne ne lui a dit : Qu'avez-vous fait, vous et vos complices, de votre serment prononcé en 1870 « de mourir tous jusqu'au dernier »? N'est-ce pas aussi un serment que vos engagements à Belleville?

Il a tout osé dans ces élucubrations, même jusqu'à donner des avis utiles et qu'on fera bien de méditer.

> Les uns ont péché par excès de faiblesse, les autres ont péché par un excès d'arrogance, le plus grand nombre par une indifférence coupable, tout se paye dans l'histoire. A l'indifférence, c'est le désastre qui répond.

Et :

> Une grande nation a failli périr tout entière, parce qu'elle s'était donnée tout entière aux mains d'un seul homme.

Et cela au moment où il vient raccoler des suffrages et des complicités pour un plébiscite en sa faveur, facilité par le scrutin de liste adopté par une majorité de votes, dans une Chambre dont la majorité est contraire à cette adoption.

Je ne parlerai ni des fonctionnaires ni des généraux qui sont venus grossir humblement la cour du roi Gambetta, si ce n'est pour faire remarquer encore combien ce peuple est antirépublicain ; seulement je m'étonne qu'on n'ait pas dételé les chevaux du dictateur, comme on fit à Marseille pour Louis Blanc. Des hommes libres s'attelant à sa voiture et le traînant en société de son frère, le fonctionnaire bonapartiste! Le roi ne doit pas être content.

M⁰ Gambetta s'est bien gardé d'aller à Cahors lorsqu'il n'était pas encore juché au pouvoir ; on y aurait bien ri alors s'il s'était avisé d'y demander des suffrages. Qui? le petit Gambetta, le fils de l'épicier? Allons donc! Mais, aujourd'hui, il y revient chargé de dépouilles opimes ; il offre des appuis, des places ; il distribue des croix, des promesses de partage ; c'était le moment. Mais venons au scrutin de liste, dont je veux encore dire quelques mots. C'est là surtout que Dieu vient de prouver qu'il protège encore la France.

En général, en ce moment-ci plus que jamais, les hommes auxquels la maladie régnante a laissé quelque bon sens savent bien que ce qui est ne peut durer et s'en occupent moins que de ce qui devra lui succéder.

Or ce qui préoccupe le plus les hommes sensés et les politiques sérieux, c'est ce mensonge absurde, dangereux, mortel, de ce qu'on appelle improprement le suffrage universel, et qui, contre le sens commun, contre l'opinion des sages de tous les temps et des maîtres des esprits de tous les pays, donne bêtement la force au nombre.

Et on se demande si l'on sera assez hardi pour attaquer cette immense sottise et assez heureux pour en triompher; là est le plus grand obstacle et le plus inquiétant souci.

Eh bien, voilà que les soi-disant républicains, la fraction, la coterie opportuniste viennent se charger de cette besogne ardue et s'occupent de détruire le suffrage dit universel, semblables à un danseur de corde qui s'amuserait à scier sa corde.

Qu'est-ce qu'un représentant? que doit-il être, que doit-il faire?

Le représentant doit représenter ceux qui le choisissent pour le représenter, c'est simple et ça paraît indiscutable. Ce rôle se divise en deux points : 1° représenter et défendre les idées et les intérêts particuliers de ses mandants; 2° prendre part aux affaires qui concernent les intérêts généraux du pays. Pour accomplir la première de ces conditions, il faut qu'il connaisse et connaisse bien les intérêts, les industries, les ressources, les besoins de ceux qu'il représente. D'autre part, pour fixer et mériter leur choix, il faut qu'il soit bien connu d'eux, qu'on sache sa vie publique et sa petite vie, qu'on connaisse sa famille, son caractère, etc.

Quant à la seconde partie de son rôle, il suffit qu'un homme soit honnête, intelligent, instruit, studieux, courageux, prudent, dévoué à son pays, etc.; ça ne court pas les rues, et cela, on ne peut le savoir qu'en l'ayant vu à l'œuvre et étudié de près et non sur la foi d'un boniment de commis voyageur.

Le scrutin d'arrondissement ne donne pas toujours cela, mais le permet et le laisse possible.

Le scrutin de liste le supprime complètement, les listes se font à Paris et se « cuisinent » au chef-lieu. C'est comme cela qu'on généralisa la nomination du Parisien Ranc à Lyon, où personne ne le connaissait, et simultanément du Lyonnais Barodet à Paris, où l'on n'avait jamais entendu parler de lui. Ces candidatures ne présentent aucune prise à la discussion, c'est à prendre ou à laisser, et il faut les prendre également. C'est comme un panier de pêches où la marchande a mis cinq ou six grosses pêches par-dessus et ne permet pas à l'acheteur de regarder dessous. Il faut prendre tout le panier au prix du dessus.

C'est l'escamotage et la confiscation du vote par une coterie.

Ça a encore, si vous voulez, un faux air de suffrage universel, mais on ne saurait mieux le comparer qu'à un de ces fromages de Hollande, boules teintes en rouge, qu'un rat aurait creusé, se nourrissant à la fois et se faisant une maison.

Bientôt les villes et leurs citoyens s'apercevront que leur bulletin de vote n'est qu'un chiffon, et déjà un comité républicain de Normandie refuse de présenter un candidat.

J'ai déjà raconté qu'en 1848 cinq mille électeurs du Havre avaient refusé de voter au scrutin de liste, notifiant leur décision à l'Assemblée par une délibération qui fut présentée à la Chambre par Victor Hugo, et soutenue par M. Thiers, tous deux alors justement hostiles au scrutin de liste, ainsi qu'en ont fait foi leurs deux lettres que j'ai publiées dans le *Moniteur*; le journal de Victor Hugo est aujourd'hui d'un avis contraire ; M. Thiers est à l'abri des palinodies et des tergiversations.

On peut donc dire dès aujourd'hui que le suffrage universel a fait son temps, et ce sont les pseudo-républicains qui lui ont porté ce coup dont il ne se relèvera pas. Dieu soit loué, il pourra alors exister un gouvernement et une société.

Cette heureuse attaque au suffrage dit universel a présenté des particularités curieuses. Psophon et les perroquets ont soutenu et établi que le scrutin d'arrondissement entachait les élections d'absurdités et de corruption.

Donc la Chambre actuelle est une Chambre inférieure, suspecte, indigne de confiance et de respect. Il semblerait que logiquement il faudrait ne lui permettre que le strict nécessaire, des broutilles indifférentes, et attendre une Chambre plus respectable et plus respectée pour lui confier les besognes sérieuses; eh bien, au contraire, c'est à cette Chambre, produit déplorable du scrutin d'arrondissement, et sans autorité, qu'ils donnent à faire cette grave opération de changer le mode de votation et de modifier la Constitution.

On ne prend même pas le soin de varier le boniment, toujours le même chaque fois qu'on a à demander la confiscation d'un de ces abus contre lesquels on avait tant crié et dont on veut jouir à son tour.

Rappelons-nous que, quand il s'agissait de nommer M. Barodet à Paris, on nous disait : « Si vous ne nommez pas Barodet, la République et la France sont perdues : anarchie, guerre civile, grêle, misère, tous les fléaux; mais si vous nommez Barodet, l'âge d'or va renaître : la paix, la fraternité vont régner, la corruption va disparaître, on ne verra plus aux affaires ni médiocres, ni imbéciles, ni valets, ni coquins : tous vertueux, tous riches, tous heureux. » Bien, on nomme Barodet.

Quelque temps après, il s'agit de ramener Louise Michel, on nous dit : « Si vous ne rappelez pas Louise Michel, la République et la France sont perdues ; anarchie, misère, etc.; mais, si vous la rappelez, salut, prospérité, le règne de la justice et de la vertu, l'âge, etc. »

Mais vous nous aviez promis tout cela si nous nommions Barodet.

Ça ne suffisait pas, nous nous sommes trompés. Il faut rappeler Louise Michel.

On rappelle Louise Michel.

Aujourd'hui, c'est du scrutin de liste qu'il s'agit :

— Si vous ne votez pas le scrutin de liste, la République et la France sont perdues, déshonorées, etc., etc.; mais si vous votez le scrutin de liste, c'est l'âge d'or, le siècle du bonheur et de la vertu.

Les moutons, épargnant à l'homme un dur travail,
Se feront un plaisir de naître teints en rose,
Et paîtront dans les champs tout cuits et tout à l'ail.
Sponte sua sandyx pascentes vestiet agnos.

— Mais vous nous aviez promis cela si nous rappelons Louise Michel.

— Louise Michel, quelque chose de joli que Louise Michel, et le scrutin de liste !

Et on vote le scrutin de liste.

Puis demain, je voudrais des bottes rouges comme les généraux en avaient sous la Commune :

— Si vous ne me donnez pas des bottes rouges, la République et la France sont perdues : anarchie, guerre civile, misère, etc. Mais, si vous me donnez des bottes rouges, nous ne serons plus qu'un peuple de frères, tous honnêtes, tous riches, tous heureux, etc.

— Mais vous nous aviez promis cela si l'on votait le scrutin de liste.

— Euh! euh! le scrutin de liste... il a encore envoyé trop de monarchistes à la Chambre, il s'agit de mes bottes rouges.

Et on votera des bottes rouges.

Le scrutin de liste voté rappelle l'histoire d'Ali-Baba, dans les *Mille et une nuits.*

Un ânier, conduisant un troupeau d'ânes qui portent des jarres et des cruches à huile, l'aborde devant une maison et lui dit : « Permettez-moi pour cette nuit de remiser mes ânes dans votre cour, mes jarres et mes cruches contiennent de l'huile exquise dont je vous laisserai votre part. » Ali-Baba accueille la demande, fait souper l'ânier avec lui et va se coucher. Or une seule des jarres contient de l'huile, chacune des autres cache un des compagnons du chef de la troupe. Ali-Baba était perdu si sa servante Morgiane, s'étant aperçue du péril, n'eût été verser de l'huile bouillante sur la tête de chacun des habitants des jarres, où ils furent étouffés.

Par le scrutin de liste, on espère introduire sa troupe dans l'Assemblée comme l'huile dans les cruches.

La Chambre des députés n'a pas osé joué le rôle de Morgiane.

Le Sénat s'est essayé courageusement et prudemment dans le rôle de Morgiane.

Mais enfin, un premier et rude coup est porté au suffrage dit universel par le parti opportuniste. Ça déblaye le chemin.

En attendant, on aura 55 représentants de plus à 9000 francs par an (le scrutin de liste portant le nombre des représentants de 535 à 590). Les républiques grecques ont vécu longtemps avec beaucoup d'éclat, et elles n'avaient que sept sages... qu'elles ne payaient pas.

P. S. — Tout le monde écrit aujourd'hui, et on écrit si vite! L'esprit fait tant d'exercice et prend si peu d'aliment! Certains *reporters,* sous prétexte d'améliorer les chevaux et de propager le goût des exercices nautiques, introduisent si singulièrement une langue entière dans la langue française, tant d'avocats de province apportent leur patois dans les assemblées, qu'il serait bien étonnant que celle-ci manquât assez tristement de la corrompre.

Il faut donc n'être pas trop effarouché quand une faute de français échappe à un journaliste ou à un orateur.

Mais c'est cependant un scandale quand un personnage, qui ne dément pas l'intention qu'on lui prête de « poser sa candidature » à l'Académie française, commet effrontément ce que j'appelle des

« fautes de toutes les langues à la fois », c'est-à-dire des images fausses qui dénoncent un esprit faux et qui, traduites dans n'importe quel idiome, offenseraient également les oreilles délicates et les esprits justes.

Je me rappelle ce que me disait un jour T. de R... : — Qu'une femme me trompe, disait-il, je ne m'en étonnerais pas ; elle en a trompé un autre pour moi. Mais qu'elle se soit laissé séduire par des vers de quatorze pieds que lui faisait un imbécile, c'est un peu trop fort.

Il est impossible de ne pas signaler une « faute de toutes les langues » commise par M. Gambetta dans son discours à Cahors :

« Cet hommage restera permanent comme le granit dans lequel vous avez jeté la figure de ces héros. »

Nous ne nous arrêterons pas à la redondance de « restera permanent », c'est-à-dire qui « restera restant ».

Mais il faut décider si l'on veut parler d'une statue en bronze ou d'une statue en marbre ou granit.

Si la statue est en bronze, on jette le métal dans un moule en terre glaise ; si elle est en granit ou en marbre, on la fait au contraire sortir du granit ou du marbre en supprimant de la pierre tout ce qu'il y avait de trop et cachait la figure qu'y voyait l'artiste.

Jeter une figure dans le granit permanent est

du patois. Cela rappelle un discours célèbre d'un autre avocat :

« Saper le char de l'État, c'est incendier la base du lien social et l'exposer à un naufrage inextricable. »

Mais, dans ce temps-là, ça faisait rire.

X

M. JULES FERRY ET LES INFUSOIRES

M. Jules Simon a joué un bien mauvais tour à Mᵉ Gambetta; il a fait, par un escalier dérobé, rentrer dans la Constitution le nommé Dieu, qui en avait été expulsé.

Non pas que Mᵉ Gambetta soit animé contre ledit Dieu d'une haine bien acharnée ou d'un esprit de vengeance; ce serait de l'injustice et de l'ingratitude; jamais la Providence n'a permis aux fils d'un épicier de monter aussi haut, au moins momentanément, surtout l'ayant d'abord prédestiné par des dons mesquinement distribués à rester parmi les médiocres et les vulgaires.

Mais c'est que si Mᵉ Gambetta a permis à ses figurants et comparses de faire à Dieu toutes sortes d'avanies et de polissonneries, c'était dans le but de se préparer et de se réserver à lui-même le rôle déjà joué par Robespierre et Napoléon Iᵉʳ de

« reconnaître l'Être suprême » en temps opportun, et de rouvrir les églises quand le moment serait venu de rompre définitivement avec sa queue.

Quelques naïfs s'étonnent de voir le commencement de gâchis où nous entrons, — c'était écrit d'avance. — Quand il ne s'agit pour les gens sans études, sans expérience, sans aucune étincelle de génie, par hasard ou par les fautes des conservateurs, ou par l'indignation divine, juchés au pouvoir, que d'émarger de gros traitemements, tant que les circonstances sont ordinaires, et que les affaires engrenées peuvent aller toutes seules, ils trouvent que ça n'est pas difficile, car ils ont l'air de suffire à la besogne; le sablier retourné suffit à donner le mouvement; que ce soit un caniche, un braque, un basset ou un lévrier qui remue les pattes dans la cage d'un tournebroche, si le feu est clair, constant, égal, bien entretenu, la broche tournera et la viande finira par être cuite; mais si le feu menace de s'éteindre ou devient trop ardent, il faut un cuisinier et un vrai cuisinier, pour modérer, rallumer, conduire et le feu et la broche.

Et voilà que le feu est devenu trop ardent, et ça brûle.

*
* *

Je lisais l'autre jour dans les mémoires de Tournefort sur son voyage du Levant une circonstance qui m'a fait penser à nos maîtres du moment. Il fait la description de la célèbre île de Delos où Latone mit au monde Apollon et Diane et que les Grecs rendirent si magnifique qu'elle fit l'admiration de toute l'antiquité, le temple élevé à Apollon était un des plus magnifiques édifices qui aient jamais existé, il y avait aussi des portiques, un théâtre, un bassin où l'on représentait un combat naval, etc. Tout cela est du plus beau marbre, mais cela est ruiné, renversé, partout des amas de colonnes tronquées, de chapiteaux, de bas-reliefs, etc.

L'île de Délos appartient aujourd'hui aux Turcs, et je ne crois pas être injuste ni les offenser et aigrir la mauvaise intelligence qui existe en ce moment entre eux et nous, en disant qu'ils sont moins artistes que les Grecs, les anciens Grecs surtout; ils ont laissé tout tomber en ruines, quand ils n'y ont pas aidé, et ils ne se soucient de ces ruines à aucun degré.

Tous les maçons, tous les habitants des îles voisines, dit Tournefort, viennent dans les belles ruines des temples, des autels, des théâtres, etc., choisir comme dans une carrière les morceaux de marbre qui leur conviennent pour n'importe quels travaux. Ils cassent les plus riches colonnes, les bas-reliefs les plus précieux, pour en faire des marches d'escalier, des linteaux, des portes, des appuis de fenêtres, des ustensiles de ménages, des mortiers, des salières ou pis encore.

N'est-ce pas l'image de ce qui se passe dans ce riche pays de France, si favorisé du Ciel autrefois, et ne voyons-nous pas les barbares et les Sarrasins se servir des richesses et des magnificences cassées pour monter leurs ménages ?

*
* *

Je rassemble depuis plusieurs années les matériaux d'un grand et gros livre que peut-être je ferai, que peut-être je ne ferai pas. En voici le titre :

LE TRÉSOR DE LA SOTTISE HUMAINE

dictionnaire de ce que les hommes ont cru et croient encore de faux, de bête, de dangereux, etc., etc.

Eh bien, de ces sottises qui sont nombreuses et formeraient une jolie série de volumes, aucune ne me frappe, ne m'agace plus que l'athéisme ; je me rends compte de presque toutes les autres. Il m'est impossible de comprendre comment on y arrive à celle-là. Il est vrai qu'il n'y a peut-être pas d'athées ; se dire athée est autre chose ; on est bête, on est vaniteux, on croit avoir l'air fort, et on dit : Je suis athée. Quelques autres aussi, se sachant des égoïstes, des coquins, quelque peu inquiets des punitions dont ils ont entendu parler dans cette vie et dans une autre, acceptent avec plaisir une théorie qui, supprimant Dieu, les mettrait à l'abri de sa justice, et disent : Je suis athée, il n'y a pas de Dieu, comme les gens qui ont peur chantent dans la nuit.

Il n'y a pas de Dieu... c'est difficile à croire, quelque envie qu'on en ait. J'étais à Genève ces jours-ci ; j'aurais fait rire bien des gens et hausser bien des épaules si j'avais dit qu'il existe une montre sans horloger, une montre qui s'est faite elle-même.

Cherchons cependant comment ces pauvres imbéciles arrivent à l'athéisme.

« Dieu est partout, » ont dit certains philosophes, tandis que d'autres disaient : « Dieu est tout. » On ne peut cependant s'empêcher de songer parfois — rêve de poète — et presque de croire que Dieu est moins dans certains lieux que dans certains autres.

La plupart des soi-disant républicains, soi-disant philosophes et soi-disant athées, vivent entre eux, les uns en face des autres, dans les cafés, dans les brasseries, dans les cabarets, dans les bouges ; ils ne lisent que leurs journaux, rabâchages le plus souvent écrits en patois et en argot, jonglant avec une trentaine de mots, grelots sonores parce qu'ils sont creux ; outre leurs figures et celles de leurs compagnons reproduites dans les glaces tachées de fientes de mouches, ils ne voient qu'une grosse femme parée de couleurs *voyantes*, trônant au comptoir, et des garçons ridiculement frisés ; ils n'entendent que le bruit des dominos remués sur le marbre des tables, ou celui que cause le choc des billes du billard, ou encore les voix des « consommateurs » se récitant réciproquement ce qu'ils viennent de lire dans leur journal, et les garçons criant : une demie au 3, un bock au 2, des allumettes au 5, — voilà.

Ils ne respirent que la fumée du tabac, l'odeur de l'eau-de-vie brûlée, et aussi l'haleine viciée les uns des autres. Ils ne connaissent la terre que recouverte de grès, ou à l'état de boue fétide ; devant les yeux, un horizon de pierre ; du ciel, entre les maisons, comme du fond d'un puits, quelques mètres qu'on ne voit jamais devant soi, mais au-dessus de sa tête en se rompant la nuque.

Tres pateat cœli spatium non amplius ulnas.

Il est évident que tout cela ne peut donner et entretenir l'idée d'un Créateur tout-puissant, et que, s'il n'y avait que ce qu'ils voient et connaissent, il n'y aurait pas besoin d'un bien grand Dieu pour cela.

Il en est autrement pour ceux qui ont le bonheur de vivre aux champs, loin de ces villes qu'on agrandit tous les jours ; ils ont devant les yeux un vaste horizon bleu, assistent chaque jour aux magnifiques spectacles du lever et du coucher du soleil, respirent un air pur à l'ombre parfumée des grands arbres, promènent leurs regards sur d'immenses plaines vertes, les grandes prairies, ou sur une plus immense plaine bleue, la mer.

Ce qu'ils voient, ce qu'ils entendent, ce qu'ils respirent, tout est beau, heureux, varié : les hautes montagnes, les fraîches vallées, les ruisseaux murmurants, les bestiaux, vaches, chevaux, chèvres, brebis à même l'herbe drue; les fleurs si variées, si magnifiquement vêtues, si doucement parfumées ; les oiseaux chantant dans les arbres, les papillons voltigeant, les abeilles bourdonnant dans les calices de rubis, de topazes, d'améthystes.

Pardon, ô mes chères fleurs, de vous comparer à ces cailloux!

Les brises faisant frissonner les feuillages de leur fraîche haleine.

Là, la terre n'est pas cuirassée de grès inerte. Elle est richement, splendidement vêtue et tapissée d'herbes vertes et d'une broderie parfumée de fleurs de toutes les couleurs.

Il pleut; au lieu de faire de la boue comme dans les villes, c'est du pain, c'est du vin, c'est la richesse des fruits et des légumes qui tombe en parfumant l'air rafraîchi de la suave odeur de l'herbe et de la terre mouillée. Ceux-là comprennent qu'il y a un Dieu, ils le prient et le remercient.

O hommes, — je parle des plus puissants d'entre nous, — ô hommes qui, tous réunis, ne pourrions ni créer ni détruire un brin d'herbe, ni une goutte d'eau, regardons un moment ensemble ce que je contemplais encore il y a quelques jours.

Sorti de France par l'Italie, j'y rentrais par la Suisse.

Franzeusfeste, en Tyrol, est un torrent écumeux, très fertile en truites noires et bordé de charmants églantiers aux petites fleurs roses de Chine et au feuillage odorant; de ces rosiers, j'en ai planté un dans mon jardin de Saint-Raphaël. Mais je vais bientôt en être riche, j'ai retrouvé ce ravissant rosier à Genève, je le voyais à travers la grille dans le jardin d'une très belle maison; je ne suis pas naturellement très voleur; cependant je ne pus me défendre d'en cueillir une petite branche dont le parfum me rappelait à la fois et le Tyrol et Saint-Raphaël; puis, un jour, j'entrai résolument dans le jardin et j'envoyai ma carte au propriétaire, pour demander à voir de près les petites roses; j'étais ému comme le père de « la Belle » quand il entra dans le jardin de « la Bête » pour voler une rose que sa fille désirait; ce n'est pas du tout à une « bête » qu'appartiennent le jardin et les roses: au contraire, c'est au baron B..., un homme et un médecin très distingué, et qui voulut bien me dire avec une charmante cordialité qu'il est depuis longues années un de mes amis inconnus; non seulement il m'a permis de regarder, de toucher les rosiers et de cueillir une rose, mais il me promit de m'en envoyer deux pieds à l'automne, et la gracieuse Madame B... se chargea de les soigner jusque-là ; j'acceptai sans hésiter. Il y a deux espèces de bienfaiteurs, les uns vous flanquent d'en haut le bienfait sur la tête et vous blessent plus ou moins grièvement : les autres paraissent si heureux de donner et de faire plaisir, qu'on oublierait presque de les remercier, tant ils ont l'air de vous être obligés de l'occasion que vous leur donnez de dépenser leur bienveillance.

En remontant le courant de l'Eysach, on gravit le Brenner ; là, des enfants vous apportent des bouquets cueillis sur les sommets éternellement neigeux, la « rose des Alpes » (rhododendron ferrugineux), de l'*édel-weiss*, fleur de neige cotonneuse qui ne vit que dans la neige, neige fleurie ; une grande renoncule jaune qu'ils appellent fleur de beurre, entourée d'une couronne de wergissmein-nich, la fleur bleue de souvenir, cueillie aux bords de l'Eysach et des ruisseaux qui y tombent des deux versants.

Du Brenner et des montagnes environnantes sortent plusieurs sources, dont quelques-unes deviennent de grandes rivières se dirigeant les unes vers la mer Noire, les autres vers l'Adriatique : l'Eisach, l'Inn, la Drave, le Lech, etc., etc.

Ces sources coulent toujours, ces rivières et ces fleuves coulent toujours.

Quelques jours après, j'étais à Genève, et je

regardais du pont de l'Horloge s'élancer du lac le Rhône, déjà impétueux et terrible, qui y était entré à l'autre extrémité près de Villeneuve ; s'échappant d'une caverne de glace au pied de la montagne Furco et du Saint-Gothard, il reçoit le tribut de quatre-vingts torrents et se dirige vers la Méditerranée, parcourant plus de huit cents kilomètres et roulant plus de cinq cents mètres cubes d'eau par seconde.

Et le Rhône coule toujours, sans s'arrêter jamais, et tant de rivières, de fleuves, le Missouri, le Nil, le Volga, le Rhin, le Tibre, l'Amour, la Seine, la Tamise, l'Euphrate, le Niger, le Danube, l'Orénoque, etc., etc., coulent toujours, sans s'arrêter jamais.

D'où vient toute cette eau? Est-ce M. Ferry qui entretient les magasins d'où elle sort, dans les flancs des montagnes? Ces magasins peuvent-ils être inépuisables, quelque grands que vous les supposiez? Ni l'un ni l'autre. Cette masse d'eau retourne d'elle même, s'emmagasine là d'où elle est partie. L'eau de la mer, bue par le soleil, retombe en pluie, et pénètre dans la terre, plus lentement et plus sûrement dans les parties boisées et couvertes d'herbe ; puis, sur les sommets, le froid l'attend et la convertit en neige et en glace de conserve, qui graduellement, et en raison de leur densité relative, se fondent l'été, redeviennent de l'eau, alimentent les sources, et retournent à la mer où le soleil les attend. Et cela sans qu'il y ait erreur ou déficit d'une goutte d'eau, et notez que cette prodigieuse opération n'est qu'une de celles en si grand nombre qui se produisent sous nos yeux.

Pour rendre les enfants religieux et croyant à un Dieu, il suffirait de prescrire dans les écoles, lycées, etc., une étude assidue et intelligente de l'histoire naturelle; j'entends par là non une sèche et ennuyeuse nomenclature, mais un spectacle du plus vif et du plus puissant intérêt, charmant l'esprit, attendrissant le cœur, élevant l'âme.

Un spectacle d'un autre genre, mais un spectacle étonnant et souverainement gai, c'est de voir un gaillard comme M. Ferry se proclamer athée, s'insurger et s'attaquer à Dieu.

Pour bien voir ce qu'il y a de grotesque dans le tableau, il faut penser que le monde que nous habitons ne compte peut-être que pour un grain de sable dans l'univers des soleils, des planètes, des mondes dont les plus puissantes lunettes ne nous font voir qu'une partie, et que M. Ferry est très loin d'être un des premiers, un des principaux parmi les habitants de ce grain de sable.

On rirait de voir un goujon attaquer une baleine. On rirait plus fort de voir un de ces infusoires qu'on ne peut discerner et qu'on ne peut voir comme des points qu'à l'aide de verres produisant un grossissement de mille diamètres se ruer en fureur sur un éléphant.

C'est mille milliards de milliards de fois moins drôle que de voir M. Jules Ferry prendre Dieu à partie, et ne pas vouloir qu'on en parle aux enfants. Quant aux enfants, s'ils ont reçu cet instinct, ce besoin d'aimer, d'admirer, d'adorer, qui distingue l'homme de la pierre, eh bien, qu'ils aiment, qu'ils admirent, qu'ils adorent ledit M. Jules Ferry.

XI

AU CHANT DU COQ

Il m'eût été difficile de dire comment, moi qui ne vais jamais au théâtre, je m'étais profondément endormi dans une petite loge d'un très petit théâtre je ne sais pas bien où. Les spectateurs étaient sortis depuis longtemps, et il était probable que rien ne troublerait mon sommeil jusqu'au lendemain, lorsque j'en fus tiré désagréablement par une voix aigre, pointue, térébrante. J'ouvris les yeux, et je vis qu'un nouveau public avait remplacé celui qui avait quitté la salle. Mais le public et les acteurs ne faisaient qu'un. La toile était relevée. Quelques chandelles fumeuses plantées dans des goulots de bouteilles et placées sur une grande table éclairaient médiocrement un point du théâtre; le reste était dans l'obscurité. Devant la grande table était une petite table éclairée également de deux chandelles dans deux goulots de bouteille.

C'était la tribune. Derrière la grande table — le bureau — étaient assis les dignitaires, trois hommes et deux femmes. La voix qui m'avait réveillée était celle d'une des deux femmes, que je reconnus pour Louise Michel, quoique je ne l'aie jamais vue. L'assemblée, dont quelques membres étaient assis sur des chaises sur le théâtre et d'autres sur des bancs de l'orchestre, avait demandé la formation du bureau. Les hommes, dont plusieurs portaient et conservaient les casquettes de soie à ponts, coiffure adoptée par les citoyens électeurs souteneurs de filles, avaient voulu se montrer galants et assigner les rôles de présidente et de secrétaire à Louise Michel et à l'autre... que je reconnus également pour Paule Minck, que je n'ai jamais vue, pas plus que Louise Michel; de la présidence dévolue à la plus âgée, ni l'une ni l'autre ne voulait, du moins à ce titre, tandis que le secrétariat, attribué comme de coutume à la plus jeune, était vivement disputé par les deux concurrentes; un esprit conciliant fit cependant comprendre à Louise Michel qu'il ne s'agissait pas de la date de la naissance, mais de l'époque où l'on était entré dans la vie politique, et qu'à ce titre elle était non plus âgée, mais plus ancienne que Paule Minck.

Un membre de l'assemblée demande la parole.

— Les réactionnaires, dit-il (cris divers : A bas les réactionnaires! à mort, à la lanterne!), les réactionnaires nous accusent de mentir à nos principes

(A bas les principes!) et de « museler la liberté ». Il me semble au contraire que jamais à aucune époque ni dans aucun pays on n'a joui non seulement d'autant de liberté, mais d'un si grand nombre de libertés. Car il faut reconnaître que jusqu'à notre avènement on ne réclamait qu'une seule liberté, la liberté. Cette liberté était une divinité placide, froide presque, une obstruction. Grâce à nous, elle est devenue féconde, et elle a engendré une multitude de libertés que ne soupçonnaient pas les siècles précédents. Je voudrais voir ici quelque réactionnaire pour le convaincre ou le confondre. En général, ce qui manque à nos réunions, c'est un réactionnaire, une sorte de bouc émissaire, un mannequin, une tête de Turc. Nous sommes tous animés d'une sainte et patriotique éloquence. (Bravo!) Mais nous n'avons rien à nous apprendre, rien à nous prouver, réciproquement ; ce que l'orateur pense et dit, les auditeurs, surtout ceux qui ont lu le matin le même journal, le pensent et le disent comme lui quand vient leur tour de parler. Un adversaire m'animerait beaucoup, et je sens que je me surpasserais moi-même. Sous les tyrans, sous les prêtres, les prédicateurs sentaient eux-mêmes que s'il y a avantage à parler seul et à n'essuyer aucune objection, aucune interruption, il y aurait aussi beaucoup à gagner à avoir en face de soi un adversaire qu'on foudroierait, qu'on pulvériserait. On raconte qu'un jésuite en chaire mettait

en face de lui son bonnet et disait : Voilà Voltaire.
Puis, de temps en temps, s'adressant à ce bonnet,
il lui disait : Eh bien, Arouet, que réponds-tu à cela ?
Tu ne réponds pas, tu n'as rien à répondre.

A ce moment, je fus pris ou plutôt surpris d'un
si terrible besoin d'éternuer, que je n'eus pas le
temps de prendre mon mouchoir et d'étouffer le
bruit de mon éternumemt.

— Dieu vous bénisse ! cria un des membres que
je sus depuis s'appeler Liparis [1], comme je sus que
l'orateur était journaliste et se nommait Calamoboas [2].

— Qui a éternué ? s'écria la citoyenne Chnootriba [3].

— Qui a parlé de Dieu ? s'écria en même temps
Louise Michel.

— Il y a quelqu'un caché ici, dit le citoyen Echinops [4] ; est-ce Andrieux ?

— Non, répondit le citoyen Spolax [5], il serait le
bienvenu, il est dégommé, il est redevenu des
nôtres.

— Alors c'est Camescasse, dit la citoyenne Brochyeriton [6].

— A mort Camescasse !

---

1. Visqueux.
2. Plume gueulante.
3. Qui aime à fouler le duvet.
4. Face de hérisson.
5. Taupe.
6. Jupe courte.

Je me levai, sortis de ma loge, et me présentai devant l'assemblée.

— Citoyens et citoyennes, dis-je, calmez-vous : celui qui se trouve par hasard au milieu de vous n'est pas un personnage si important, c'est simplement un spectateur qu'une pièce ennuyeuse avait endormi et qui, si vous le permettez, va achever son somme, parce qu'il est un peu tard pour rentrer chez lui.

— Citoyennes et citoyens, dit la belle Phænomeris [1], défiez-vous, c'est un réac opiniâtre ; je le connais, ce n'est autre que Jean Alphonse.

Il s'éleva alors un tumulte épouvantable, des clameurs, des imprécations, des menaces ; je crus devoir m'armer de ma chaise, et je dis : — Puisque la belle Phænomeris m'a dénoncé, puisque vous me connaissez, vous tous qui, depuis un demi-siècle, ne m'avez jamais ni abusé ni intimidé, si vous ne voulez pas que je continue à dormir, je consens à m'en aller ; mais épargnez-vous ce bruit inutile.

Le citoyen Calamoboas demanda la parole et dit : — Le hasard m'a favorisé, le réac ici présent est l'adversaire, le bouc, la tête de Turc, le bonnet carré que je désirais ; je demande qu'on ne lui permette, ni de dormir ni de s'en aller, loin de là : qu'il assiste à la séance, il pourra parler à son tour et répondre.

Après quelque hésitation, quelques murmures,

---

1. Qui montre les jambes.

la motion du citoyen Calamoboas fut adoptée. Je cessai de brandir ma chaise, et je m'assis dessus.

Le président prit la parole :

— Nous savons qui a éternué, mais il faut savoir qui a profané cette assemblée laïque et patriotique en prononçant le nom indécent de Dieu.

— C'est moi, dit Liparis (murmures), mais c'est par ironie.

— Nous ne sommes plus, dit Paule Minck, au temps de l'ironie de Voltaire, il ne s'agit plus de s'escrimer avec une badine, nous sommes une génération sérieuse et c'est d'armes sérieuses, du pétrole et de la poudre, que nous devons nous servir. (Bravo !)

Le citoyen Lalagète[1] demande la parole.

— Mais, dit Calamoboas, je n'ai pas fini, il s'en faut.

— Je n'ai, dit Lalagète, que dix mots à dire ; une question à faire au réac ici présent, et cela à propos de l'incident qui vient d'avoir lieu : Que pensez-vous, citoyen réac, du christianisme, de la religion et de Dieu !

— Je pense, dis-je, citoyen Lalagète, que la religion et le christianisme étaient plus que menacés d'un grand péril, l'indifférence, qui tue à la manière du froid ; mais Dieu eut pitié du monde et suscita pour les sauver un farceur appelé Ferry et

1. Babillard.

quelques douzaines d'imbéciles se disant athées, qui, en attaquant la religion et persécutant les prêtres, en faisant bêtement des martyrs, ont réveillé dans les cœurs et dans les esprits les sentiments religieux assoupis; l'assassinat des otages a prolongé d'un siècle le christianisme ; les polissonneries commises contre les communautés religieuses et l'instruction le prolongent d'un autre siècle.

— A la porte! à la lanterne!

— Citoyennes et citoyens, entre la porte et la lanterne, j'aime mieux la porte, je vous dispense de choisir pour moi, je choisirai moi-même.

Et je recommençai à brandir ma chaise.

Calamoboas me prit encore sous sa protection :

— Je ne répondrai pas, dit-il avec majesté, aux insanités antipatriotiques de cet individu. J'ai à lui parler d'autre chose. Qu'il écoute, qu'il se convertisse, s'il est de bonne foi; qu'il soit pulvérisé s'il s'opiniâtre dans ses idées fausses.

Je disais donc que, en place de la vieille liberté métaphysique et édentée, sont nées en grand nombre de bonnes, jeunes et belles libertés inconnues jusqu'à nous. Qui avait jamais parlé de la liberté de mettre le feu à la ville? de la liberté de faire au nom de la nation des emprunts dont on ne rendrait aucun compte? de la liberté de supprimer la justice, quand elle nous gêne, au moyen de déclinatoires et de conflits? de la liberté de distribuer les fonctions grassement rétribuées à ses frères et à ses amis? de la liberté de crocheter les serrures, d'enfoncer les portes, et de s'emparer des immeubles trop longtemps profanés par nos ennemis? de la liberté de disposer, sans contrôle, de la fortune et de la vie des citoyens? de la liberté de ne pas être guillotiné, même ayant tué son père? de la liberté de tuer sa femme, son mari, sa maîtresse, son amant, sans encourir qu'une peine insignifiante, si par hasard on n'est pas acquitté? la liberté de fusiller les gendarmes?

Que dis-tu à cela, citoyen réac, que réponds-tu?
Je me levai et ouvris la bouche.
— Je réponds, dis-je…
Mais la présidente citoyenne Michel me dit :
— Silence, vous n'avez pas la parole.
Je me rassis.
— Tu ne réponds rien, citoyen réac, continua Calamoboas, parce que tu n'as rien à répondre, tu es au pied du mur, tu es « collé », tu es « aplati ».

Que penses-tu de la liberté? Je sais ce que tu vas répondre. Tais-toi, je le dirai mieux que toi; dans une de ces mauvaises petites phrases qui ont malheureusement un faux air d'avoir raison, — que tu ne fais pas faute de répéter et que d'autres répètent après toi, — tu as dit : « La liberté de chacun a pour limites la liberté des autres. » Eh bien, je vais te confondre, — te battre par tes propres armes.

Tu as dit aussi : « Une liberté nécessaire, indiscutable, est de penser ce que l'on pense, d'aimer sa femme et d'élever ses enfants selon sa conscience et ses opinions. » — « La liberté, as-tu encore dit, consiste à obéir aux lois, mais à n'obéir qu'aux lois. »

Eh bien, ça serait joli! ça serait du propre!

Eh bien, que deviendrait la liberté de patriotes comme nous, contre qui les lois ont été évidemment perpétrées, dont les lois gênent, compriment odieusement les instincts et les appétits? Votre liberté, c'est toi qui l'as dit, citoyen réac, a pour limites notre liberté à nous; si vous retranchez une de ces libertés, c'est comme si vous rompiez le fil d'un collier de perles. Nous ne supprimons de vos libertés que celles qui amoindrissent ou gênent les nôtres; que réponds-tu à cela, citoyen réac?

Je me levai et commençai :

— Citoyen Calamoboas, je réponds que...

Louise Michel. — N'interrompez pas, vous n'avez pas la parole.

Je me rassis.

Calamoboas. — Tu ne réponds pas, citoyen réac, tu n'as rien à répondre; tu es de nouveau « roulé et aplati »; mais ce n'est que le commencement.

Ici, l'orateur prit d'une main une des chandelles, l'enleva du goulot qui lui servait de flambeau, et, de l'autre main saisissant la bouteille pleine de vin, il l'éleva au-dessus de sa tête renversée en arrière et, avec une adresse remarquable, se versa dans le gosier une partie du liquide, puis il replaça la bouteille sur la table, remit la chandelle dans le goulot et continua son discours : — Puisque j'ai la bonne fortune de te tenir aujourd'hui, citoyen réac, je veux te dire qu'il y a un demi-siècle que tu ennuies nos pères et nous avec tes rengaines, et, si je me sers du mot rengaines, c'est avec intention, car tu te répètes souvent, citoyen réac; depuis un demi-siècle, tu chantes le même air, il est temps que ça finisse; je veux bien t'en avertir, je sais que tu vas me répondre que tu as la liberté de parler; mais ta liberté gênerait, annulerait notre liberté de ne pas entendre des choses désagréables, et ce ne serait pas juste; si ça en valait la peine, on consulterait le pays, et en supposant que la moitié du pays t'approuve, l'autre moitié, plus *Liparis* ici présent te condamnerait légalement au silence. Que réponds-tu à cela? (Bravo!)

Je me levai, et, comme j'ouvrais la bouche, la citoyenne présidente me dit : — Vous n'avez pas la parole. — Je fus saisi d'une grande colère, et alors se présenta un phénomène que je ne compris pas moi-même, mais qui vous sera expliqué comme il me le fut à moi à la fin de ce récit.

La nature m'a donné d'assez solides poumons, mais ce n'est rien auprès de la voix énorme, terrible, tonitruante que j'entendis sortir de mes lèvres. La voix d'Emmanuel Arago elle-même n'est qu'un murmure, un bruissement, un susurrement, un gazouillement, le bruit des ailes d'une mouche dans l'air, le bruit de l'herbe qui pousse.

Cette voix avait des éclats si formidables et remplit tellement la salle comme une tempête, que la flamme des chandelles trembla, devint bleue et faillit s'éteindre. Mes auditeurs, d'abord terrifiés, reprirent ensuite quelque courage et me lancèrent des injures et des imprécations ; mais je ne les entendis pas plus qu'on n'entend les cris de fureur et les malédictions de fourmis qu'on écrase en se promenant. Et de cette voix étrange, je dis :

— Je désire toujours la même chose, parce que vous faites toujours les mêmes crimes et les mêmes sottises, et que je ne suis pas un chercheur de synonymes édulcorés et d'euphémismes hypocrites ; parce que je n'appelle pas les voleurs, les incendiaires, les assassins, des « frères égarés » que vous avez remis dans leur chemin. Quand on me vole ma montre, je crie : Au voleur. Si l'on me vole ensuite mon porte-monnaie, la crainte de me répéter ne m'empêchera pas de crier encore au voleur !

Si vous mettez le feu à la maison de mon voisin,

> Proximus ardet
> Ucalegon........

je crie au feu, et je crie encore au feu si vous incendiez ma propre maison.

Et je continuerai ainsi. Quand vous mentirez, je vous appellerai menteurs, et je vous appellerai cent fois menteurs, si vous mentez cent fois ; quand vous assassinerez, je vous appellerai assassins. Quand vous commettrez une, dix, cent, mille lâchetés, je vous appellerai une fois, dix fois, cent fois, mille fois lâches. Quand vous vous emparerez de fonctions où vous ne montrez que de l'ignorance, de l'incapacité, de l'avidité, de l'outrecuidance, je vous appellerai ignorants, incapables, avides, outrecuidants autant de fois que le fait se reproduira ; et je me répéterai sans scrupule aussi souvent que vous vous répéterez vous-mêmes ; je vous ennuierais moins, je le sais, si je faisais comme tant d'autres qui, sans doute par crainte d'être accusés de se répéter, disent aujourd'hui le contraire de ce qu'ils disaient hier.

Les ingénieurs appellent *témoins* des buttes ou colonnes de terre qu'on laisse de place en place dans les excavations et enlèvements de terre, pour pouvoir constater ensuite, lors du règlement des travaux, la quantité de terre enlevée. Il est juste et utile que quelques-uns des hommes qui ont vu les temps antérieurs restent quelque temps pour servir de *témoins* de la profondeur de l'abaissement où le pays est tombé au jour du jugement.

Je répéterai encore plus d'une fois, et vous allez entendre une fois de plus que vous êtes des farceurs, des coquins, des hâbleurs, des jobards, des scélérats, car il y a de tout cela dans vos assemblées soi-disant républicaines ; que, excepté moi, je ne connais en France pas un seul républicain ; que vos révolutions, toujours confisquées à la faveur de vos engouements imbéciles par des charlatans qui vous flattent et se moquent de vous, prouvent que « vous n'êtes pas des esclaves qui veulent rompre des fers, mais des domestiques capricieux qui aiment à changer de maîtres ; » vous vous disputez en ce moment pour nommer un roi de la République.

Vous entendrez encore une fois que « la République en France n'est pas un but, mais une échelle pour se hisser aux places grassement rétribuées ».

Vous entendrez encore une fois que « vous attaquez les abus, non pour les détruire, mais pour vous en emparer et en jouir, » qu'aussitôt au pouvoir vous raccommodez les morceaux de ce que vous avez cassé dans la bagarre et les recollez le plus proprement possible.

Vous entendrez encore une fois que « plus ça change, plus c'est la même chose ».

Vous entendrez encore une fois que la République, qui devrait être « le gouvernement des meilleurs choisis par les bons », n'est dans ce pays, dont le tempérament, les mœurs et les instincts sont profondément antirépublicains, n'est jamais que le gouvernement des pires choisis par les mauvais.

Vous entendrez encore une fois que, de 1830 à 1848, la France a joui d'une prospérité dont on ne trouverait pas peut-être, dans toute son histoire, dix-huit années semblables ; une longue paix, avec la sympathie et le respect de l'Europe ; le maintien triomphant et glorieux pour nos armes de notre domination en Algérie ; une époque féconde en inventions utiles et en progrès; une aussi riche pléiade de poètes, d'écrivains et d'artistes en tous genres, qu'il s'en puisse trouver à aucune époque dans les annales de la France ; l'industrie, le commerce, au plus haut point d'activité ; mais, depuis la révolution de 1848, tout a été en dégringolant, une triste régularité, un temps d'arrêt apparent sous l'Empire, qui a dépensé, gaspillé toutes les richesses économisées et emmagasinées par le gouvernement de Juillet ; puis, des guerres insensées, et la France livrée à l'étranger.

Aujourd'hui, nous voici suspects et odieux au monde entier, livrés à une coterie tyrannique d'ignorants, d'avides, d'incapables, de décavés, de déclassés, d'intrigants, se soutenant au pouvoir usurpé par l'aide des chenapans, des maroufles, des truands, des canailles, des voleurs, des incendiaires, des assassins et des citoyens souteneurs de filles.

Vous entendez, encore une fois . . . .
. . . .

Mais ici un de mes coqs chanta, et je me réveillai.

XII

A PROPOS DE CERTAINS DISCOURS

> *Pantolabum scurram.*
> Horace.

C'était plus gai et moins cher lorsque, en France, tout finissait par des chansons. Aujourd'hui, tout finit par des discours de Mᵉ Gambetta. — Eh! eh! s'écrie un matin le peuple français, il paraît que ça ne va pas trop bien en Afrique. — C'est vrai, répond-on au peuple français, mais tous les journaux annoncent que Mᵉ Gambetta va prononcer un discours au banquet des citoyens marchands de peaux de lapins. — Ah! alors si Mᵉ Gambetta prononce un discours, tout va bien; mettez que nous n'avons rien dit.

— Il fait bien chaud, murmurent les Parisiens, et on nous rationne d'eau. M. Alphand dit que c'est notre faute, qu'il se fait des gaspillages, et qu'il sait de « source certaine » qu'il y a des muscadins prodigues qui se lavent même les pieds. — La réponse de M. Alphand n'a pas de succès; on rit de la « source certaine », on lui en souhaite d'autres, et on se fâche.... Mais tout va s'apaiser. Mᵉ Gambetta fera un petit discours à la réunion des marchands de pommes de terre frites. Oh! alors, très bien! le thermomètre va baisser et la pluie tomber; n'en parlons plus.

En ce moment, on annonce de Mᵉ Gambetta un autre petit discours à Belleville, puis un moyen discours à Longjumeau, puis un grand discours à Tours; ça se mesure comme la galette du Gymnase; on en donne pour deux sous, pour quatre sous, pour six sous.

Quelle est donc la puissance des discours de Mᵉ Gambetta? Qui débrouillera tout, arrangera tout, calmera tout.

Sont-ce des *incantations* comme celles dont parlent Virgile et Horace : des chants qui peuvent faire descendre la lune sur la terre [1], dit le premier; des chants, dit le second, qui décrochent la lune du ciel [2]; des chants, dit encore Virgile, au moyen desquels Circé changea en bêtes les compagnons d'Ulysse [3]?

Eh! eh! ça en a quelquefois assez l'air.

Que renferment donc ces petits, ces moyens et

1. Carmina vel possunt cœlo deducere lunam.
2. Quæ sidera excantata voce Thessala,
   Lunamque cœlo deripere.
3. Carminibus Circe socios mutavit Ulyssi.

ces grands discours? Des éclaircissements, des principes, des doctrines, des solutions, des révélations, des aperçus?

Jamais.

J'ai quelquefois relevé des fautes de langue, mais seulement quand elles m'ont trop sauté aux yeux, et quand on ramenait sur le tapis la candidature de M⁰ Gambetta à l'Académie française; ainsi le « petit discours » d'adieu à l'assemblée qu'il a présidée débute comme suit :

« Messieurs, je ne voudrais pas manquer à des précédents, etc., ni aux sentiments de gratitude, etc., sans rendre à la Chambre, etc., etc. »

Pour traduire ce patois en français, il faudrait dire : « en oubliant ou en négligeant de rendre à Chambre, etc. »

. Passons.

Que contiennent ces petits, moyens et grands discours? Des contradictions, des mensonges, des hâbleries, des *boniments* d'arracheurs de dents, des gasconnades, des bévues, des baguenauderies, des turlupinades, des poncifs, des coups de gueule, des rodomontades, des galimatias, des rengaines, des tartufferies, des platitudes, des pantalonnades, de gros mots et de grandes phrases également vides.

Hélas! nous aimons ça, et nous l'avons toujours aimé. Lisez les commentaires de César, *la Guerre des Gaules.* « Les Gaulois, dit-il, sont avides de nouveautés et de changements; leur habitude est d'arrêter les voyageurs, même malgré eux, pour leur faire donner des nouvelles, répéter ce qu'ils savent, ce qu'ils ont ouï dire. On entoure les marchands : d'où viennent-ils ? qu'ont-ils appris ? et d'après l'impression de ces rumeurs, de ces bruits, ils décident des affaires les plus sérieuses; naturellement ils ne tardent pas à se repentir de s'être montrés crédules à des nouvelles non seulement incertaines, mais le plus souvent inventées pour les amuser et leur plaire » [1] ou se moquer d'eux.

De tous les peuples qui existent et qui aient jamais existé, nous sommes, sans contredit, le plus éloigné de « la république » par notre tempérament, par notre caractère, par nos idées, par nos sentiments, par nos défauts, par nos qualités.

Il nous faut des dieux, des rois et des empereurs, des « grands » pour les attaquer, pour les harceler, pour les chansonner, pour les outrager, puis quelquefois les guillotiner.

Les Français mouraient d'ennui sous le gouvernement de Henri IV et de Sully, trop prolongé.

Si on les condamnait à être placidement heureux, libres et riches, ça ne serait pas supportable. Quand nous avons remercié un roi, le plus souvent sans le faire exprès, nous sommes tout désap-

---

1. J. César, *De bello gallico*, livre IV, ch. v.

pointés, lorsqu'il n'y a en face de nous qu'un trône vide. Eh bien! et ces pommes cuites, qu'en allons-nous faire? Qui pourrons-nous insulter sans danger? Si l'on va trop loin avec les autres hommes, on risque de recevoir des soufflets, des coups d'épée, des coups de pied, etc., tandis que les rois.....

Il nous faut absolument un roi, un empereur, un czar, un khan, un shah, appelez-le comme vous voudrez, mais il nous en faut un. C'est toi, monsieur l'avocat, qui nous as renversé notre tête de Turc, c'est toi qui es cause qu'on ne s'amuse plus; eh bien, mon bon, qui casse les rois les paye, tu vas remplacer celui que tu as cassé, monte là-haut, sur son trône assieds-toi, et... ne bougeons plus, et en avant les pommes cuites et les trognons de chou! Quand tu en auras assez, tu te laisseras tomber, et un autre prendra ta place; le roi est mort! vive le roi! Il nous faut des rois, tant pis pour eux.

Les Juifs étaient comme cela; pendant que Moïse s'attardait sur la montagne de Sinaï, ils vinrent trouver Aaron et lui dirent : Ça nous ennuie d'avoir un Dieu que nous ne voyons jamais, un Dieu que Moïse même sur la montagne ne voit que par derrière [1], fais-nous des dieux qu'on

---

1. Faciem meam videre non poteris; videbis posteriora mea. (Sainte Bible, édition dite Vulgate, faite par l'ordre du Souverain Pontife Sixte V).

puisse voir et prier, et toucher, et casser au besoin. Nous ne détesterions pas un dieu en or. — Et ce peuple dont le Seigneur lui-même disait : Ce peuple a la tête dure [1], apporta à Aaron les bracelets et les pendants d'oreilles des femmes et des filles, si bien que Aaron leur fit un veau d'or; ce fut une fête pour les Juifs, qui se mirent à l'adorer; mais c'en fut une aussi quand Moïse brisa et fit fondre le veau d'or; mais, s'il crut avoir à jamais détruit ce culte, il se trompa diantrement.

Si nous ressemblons en cela aux Juifs, nous ne ressemblons pas moins à certains peuples sauvages qui se font chaque matin leurs dieux de la journée — comme on cuit son pain pour vingt-quatre heures; — ils déclarent « fétiche » la première créature ou le premier objet qui frappe leur vue à leur réveil, une pierre, une branche, un fruit, un serpent, un crapaud, etc., l'adorent tout le jour, le prient, l'invoquent, se mettent sous sa protection, et, le soir, le jettent avec mépris.

En ai-je vu de ces fétiches objets de notre amour, de notre admiration, de notre engouement, et bientôt après de notre haine, de notre dédain, de nos insultes!

Et, pour le plus grand nombre, des farceurs! Quelques-uns se sont trouvés avoir du mérite, du talent et plus ou moins de valeur. Soyez certain

---

1. Iste populus duræ cervicis est. (Sainte Bible, édition dite Vulgate.)

que c'était pour autre chose que la mode les adoptait, et que ça ne les préservait pas plus longtemps du dénigrement, de l'outrage et de la chute.

Je ne remonterai pas bien haut; je rappellerai quelques-uns de ceux de ces dieux éphémères que quelques vieux contemporains ou nos pères ont vus de leurs propres yeux : Brioché, Janot, Law, Mesmer, Arlequin, Robespierre, Marat, etc., et, de notre temps : Jacques de Falaise, qui avalait des grenouilles et des sabres; Bobêche, qui inquiétait le premier empire; Jean Aymard, qui sentait l'odeur des voleurs et les suivait à la piste; Jocrisse, mademoiselle Lenormand, la tireuse de cartes; Allan Kardec, le spirite; le vicomte de Cormenin ; le somnambule Alexis ; Marie Capelle, veuve Lafarge, dont la moitié des Français furent amoureux; Blanqui; Hortense Schneider; le petit Louis Blanc, dont récemment encore des hommes libres, mais citoyens de somme, traînaient le fiacre à Marseille; Térésa; Ledru-Rollin; Fieschi, dont les « grandes dames » sollicitaient des autographes; Alibaud, dont on accusa à tort, je le veux croire, une illustre morte de porter une mèche de cheveux dans un médaillon; le dieu Mapah, qui signait ses décrets « de mon grabat »; Caussidière, si à la mode et si applaudi quand il dit qu'il faisait l'ordre avec le désordre; Chodruc-Duclos; le sergent Boichot; Albert, *ouvrier;* trois Louis XVII; Mathurin Bruneau, le baron de Richemond, le

Prussien Naundorf, qui tous trois eurent leurs partisans et leurs dupes; Rachel; la Ristori; Mangin; M. Thiers; Capoul, le chanteur auquel pendant quelques mois tous les hommes essayèrent de ressembler; Hume, l'Anglais faiseur de miracles; M. de Girardin et ses alinéas; le zouave Jacob, le guérisseur; Worth, le couturier des femmes; M. Dubarry, de la douce revalescière; Gnafron-polichinelle et M. Barodet, à Lyon; en Provence, moussu Lazarre, et l'impresario des marionnettes; Tchichon; Lamadou, qui jouait Ruy-Blas malgré l'empire; etc., etc., etc.

Enfin, tous les hommes politiques, et plus des trois quarts des hommes littéraires depuis cent ans, tous les *lions*, toutes les *lionnes*, toutes les *étoiles*, se succédant les uns aux autres et se faisant oublier. Ce qui précède n'est qu'un bien court extrait du catalogue des fétiches et des dieux que nous avons successivement admirés, adorés, vilipendés, passés vieilles lunes et jetés à l'égout.

Le *Pantolabus scurra* d'Horace genuit Brioché, Brioché genuit Bilboquet, Bilboquet genuit Mangin, Mangin genuit maître Gambetta, maître Gambetta gignit... je ne sais pas qui, mais à coup sûr un médiocre comme lui, qu'un hasard, un caprice, une sottise feront adopter par la mode pendan quelques instants; mais ces quelques instants suffiront pour qu'on demande, quelques instants après: Gambetta...? qu'est-ce que c'était que ça?

Mais badauds, triples badauds, jobards « en cramoisi teints en graine et à double teinture », *bis venenati collo et purpura*. Qu'est-ce que ces discours que vous allez boire si avidement de vos longues oreilles? Vous ont-ils jamais appris quelque chose pour votre métier, pour vos intérêts?

L'orateur a-t-il jamais tenu ou essayé de tenir quelqu'une des calembredaines qu'il vous promettait? Ces discours sont au nombre de trois, tous trois non seulement différents, ce qui serait moins ennuyeux, mais contradictoires, ce qui est insolent.

Et l'orateur lui-même, qu'est-il? Est-ce un héros, un foudre de guerre? Est-ce un grand savant? un esprit droit et correct? Est-ce un modèle de vertu et de désintéressement? un spécimen de dévouement, un rare exemple d'austérité? Apporte-t-il un grand nom, de grandes alliances? Rien de tout cela, que je sache; ses partisans, ses adulateurs, ne le vantent que sur un point : il parle.

Il parle! mais, de tous les dons que puisse avoir un chef d'État, c'est sans exception le don le plus inutile; bien plus, quand vous aurez fait l'avocat génois roi, empereur, président, il faudra qu'il fasse semblant d'être un monarque constitutionnel, un monarque régnant et ne gouvernant pas, comme « une corniche régnant autour d'un plafond », comme M. Grévy à l'Élysée, qui jouera au besigue comme M. Grévy joue au billard, et alors la seule chose qu'il possède, et qu'il possède au gré de ceux qui aiment la redondance, le sonore, le vide et la vulgarité, cette chose qui compose tout lui-même, il faudra qu'il la dépouille, et votre héros de baudruche dégonflé s'évanouira.

En attendant, que vous ont donné, que vous donnent ces « débagoulements » creux et monotones? de quoi vous ont-ils guéris? Depuis que maître Gambetta parle, êtes-vous d'un liard plus heureux, plus calmes, plus riches? vous haïssez-vous moins les uns les autres? êtes-vous plus rassurés pour demain? de quoi triomphez-vous? de quoi cela vous a-t-il mis en état de vous défendre? Vous semble-t-il, de bonne foi, comme il vous l'a semblé si longtemps, que les autres nations vous admirent, vous envient, s'étudient à vous imiter et s'essoufflent à vous suivre? Êtes-vous bien sûrs que nous ne sommes pas, dans le monde entier, — *nos fabula sumus,* — le sujet des moqueries, des sarcasmes ou de la pitié?

Ne vous apercevez-vous donc pas bientôt qu'aller écouter des rabâchages du chef des opportunistes, c'est aussi niais, aussi ridicule, mais beaucoup moins agréable que si vous disiez : La sécheresse menace nos récoltes, la politique va de mal en pis, l'Afrique est en feu, etc.? Il faut prier Planté, ou Godefroy, ou Seligman, de nous jouer sur le piano ou la harpe, ou sur le violoncelle, la sonate pathétique de Beethoven, ou la symphonie pastorale, ou la Polonaise de Chopin. Il faut engager Faure, Maurel, Melchissédec, la Patti, la Nilsson, mademoiselle Heilbronn, madame Miolan-Carvalho, à nous chanter du *Guillaume Tell* ou du *Barbier*, le grand air de *Rigoletto*, des morceaux du *Faust*, etc., et même prier madame Judic de nous dire les *Sentiers couverts*, et même madame Thérésa, la *Gardeuse de dindons*, ou n'importe quoi, ce sera aussi efficace, beaucoup plus agréable ou distrayant et beaucoup moins *dindonnant* que les improvisations du Démosthènes des tavernes et des brasseries.

XIII

GABEURS ET GOBEURS

Il me serait au moins difficile de dire précisément quel jour et en quelle année j'ai pris la résolution de ne lire jamais ni un programme ni une profession de foi.

Mais ce que je sais très bien, c'est qu'il y a déjà longtemps; et j'avais eu le temps de me convaincre que ce ne sont jamais que des « boniments » de charlatans, des « blagues » de racoleurs, du fromage dans une souricière, du miel à des mouches, une amorce à un hameçon, du chènevis dans un trébuchet.

Ce n'est certes pas aujourd'hui que je manquerais à cette résolution et que je m'aviserais de jeter les yeux sur les papiers envoyés par nos ministres et leurs discours.

Il paraît qu'ils protestent tous, d'un air pudique, de la probité scrupuleuse avec laquelle ils vont s'abstenir de toute influence au moment des élections. C'est reculer les limites de la farce et de l'impudence.

Ces insignes « gabeurs » ont-ils assez crié contre la trahison du gouvernement du maréchal de Mac-Mahon, le Grévy de ce temps-là, qui avait eu l'audace de nommer à certaines préfectures, à certaines places, des gens qu'il supposait partager ses opinions ! Avec quelle fureur ils proclamaient cette grosse bêtise de l'indépendance des fonctionnaires, c'est-à-dire le droit à chacun des rouages d'une montre de marcher à sa fantaisie, et, de préférence, contre la volonté de l'horloger ! Ils ont tant crié que M. de Mac-Mahon et ses amis se sont intimidés et ont fait une sottise et une mauvaise action de la moitié isolée d'un plan qu'il serait facile de défendre.

Les opportunistes ont joué alors le rôle d'un truand qui, attaquant un homme armé d'une canne, lui dit : Lâche ! tu as une canne, tu veux m'assassiner, pose ta canne et ose me combattre.

L'autre met sa canne à terre, son agresseur se jette sur la canne, s'en saisit et le roue de coups avec cette même canne.

Depuis que les opportunistes se sont juchés au pouvoir, ils ont tenu l'administration entière en mouvement, en chassés-croisés, en déplacements, en remplacements. Ils ont casé leurs hommes-liges dans les plus hautes comme dans les plus humbles places; ils ont occupé toutes les positions, pouvant exercer beaucoup ou peu de pouvoir, d'influence, de crédit, de prestige, tout ce qui peut prendre ou donner, tout ce qui peut inspirer des craintes ou des espérances, sans négliger les plus minimes; puis, aujourd'hui, ils ont l'effronterie de crier à haute voix : Nous restons indifférents, nous n'exerçons aucune pression, nous défendons à nos agents d'en exercer aucune.

Puis, tout bas : — Pas de maladresses; ceux qui ne sauront pas tripoter les élections seront mis à pied comme incapables; mais ceux qui se feront prendre la main dans le sac seront mis à pied comme maladroits et boucs émissaires.

Avant de faire une partie d'échecs, un des deux adversaires a placé toutes ses pièces à sa fantaisie sur l'échiquier, puis il dit : — Maintenant commençons la partie, et jouons honnêtement et correctement.

— Eh! compagnon, tu as la montre? — Oui. — Le porte-monnaie? — Oui. — Les bagues? — Oui. — Alors, ne lui serre plus la gorge, et crie à la garde! avec lui.

Les chevaux sont volés; fermons soigneusement l'écurie.

La femme de chambre a fait évader l'amant et a réparé le désordre de la chambre; alors la femme dit au mari : — Cherchez partout; comment peut-on soupçonner une femme comme moi?

Les cartes biseautées, les *portées* mises en place, les jeux remis dans les enveloppes recollées, ouvrez les portes du tripot et dites aux pontes : — C'est ici une maison honnête, on ne permet à personne d'apporter des cartes suspectes, on ne se servira que de celles-ci.

Tous les trous sont faits, les traquenards tendus, les chausses-trappes semées; levez les barrières, laissez entrer le public, et qu'on sache bien qu'il est sévèrement défendu à quiconque d'encombrer, de gêner, etc.

L'omnibus est *complet*. Annoncez qu'on peut voyager gratis.

Vous occupez toutes les places autour de la table. Vous êtes serrés les uns contre les autres. Faites servir et ouvrez les portes, en disant : — Tout le monde est invité.

Vous avez mis l'eau dans le vin? — Oui. — Vous l'avez recoloré avec de la fuchsine? — Oui. — Rendu un peu de montant avec du plomb? — Oui. — Alors cachetez les bouteilles et dites à haute voix : Notre cachet est la garantie de la sincérité des crus et de la pureté des vins.

Tout le raisin est récolté? — Oui. — Et serré? — Oui, il n'en reste plus une grappe. — Alors que le garde champêtre se retire, publie le ban des vendanges et invite tout le voisinage à venir avec des paniers; on lui abandonne la vigne.

*
* *

L'Académie française avait proposé pour sujet du prix de poésie à décerner en 1881, c'est-à-dire ces jours-ci, l'éloge de Lamartine ; il n'a été présenté aucune pièce de vers que l'Académie jugeât digne du prix, qui a été remis à 1883.

Je suis fâché de n'avoir pas envoyé au concours un petit poème, le plus court sans contredit des poèmes qui aient jamais été faits, et que, un jour, chez Lamartine, j'écrivis au crayon sur le socle d'un buste du grand poète et du grand citoyen que le sculpteur Adrien Salomon venait d'apporter.

> Lamartine et la France auront fait un Homère,
> L'un fournit le génie, et l'autre la misère.

A ce propos, serait-il indiscret de demander ce qu'est devenue une certaine souscription pour élever une statue à Lamartine ? La veuve du célèbre violon Ernst a donné, dans ce but, plusieurs séances littéraires ; des sommes d'une certaine importance ont été reçues.

Voici ce que m'écrit madame Ernst :

« Le lendemain de la mort de Lamartine, j'ai organisé un festival poétique à Paris. Les places étaient à cinquante centimes, la recette s'est élevée à peu près à 600 francs que j'ai donnés à M..... (le nom est à peu près illisible).

» J'ai reçu bien d'autre argent depuis, je ne crois pas que ça soit beaucoup moins de 20 000 francs. Qu'est devenu cet argent? »

A cette lettre, qui a mis longtemps à me parvenir et est datée de Varsovie, 11 juin 1881, est joint un billet rose imprimé, constatant une autre séance donnée à Paris au Vauxhall :

« RÉUNION PUBLIQUE.

» Au profit de la souscription pour élever une statue à *Lamartine*.

» Président. — M. Victor de Laprade, de l'Académie française.

» Composition du bureau : MM. Ernest Legouvé, Auguste Barbier, Théophile Gautier, Leconte de l'Isle, Lacaussade, Antony Deschamps, Laurent-Pichat.

» *Parquet : prix, 2 francs.*

» Pour les organisateurs,
» AMÉLIE ERNST. »

***

On s'est pendant quatre-vingt-quatorze jours occupé de la nomination dans l'ordre de la Légion d'honneur de M. Got, artiste d'un très grand talent et doyen des comédiens français. Beaucoup ont blâmé cet acte devant lequel avaient reculé tous les gouvernements depuis l'institution de l'ordre et ont voulu voir un nouveau pas fait par nos maîtres actuels dans la voie des « déboulonnements ».

À vrai dire, cela m'intéresse assez peu. Comme qui dirait l'aventure d'une beauté violée pour la sept cent cinquante-troisième fois et que j'y supposerais accoutumée et en ayant pris son parti.

Cependant, je dirai, sans colère ni malveillance, qu'il n'est ni juste ni logique de mettre les comédiens dans le droit commun ; ils forment une espèce à part qui a ses privilèges et doit avoir aussi ses charges. Nous ne sommes plus à leur égard au temps où Sénèque disait : — Cet homme qui, marchant fièrement sur le théâtre, s'écrie d'une voix grossie par le masque :« Je commande aux Grecs, et, successeur de Pelops, j'étends mon empire de l'Hellespont à l'isthme de Corinthe! » n'est qu'un esclave qui couche dans un grenier et qui reçoit pour gages cinq boisseaux de grains et douze sous par mois [1].

Quand on demande « l'égalité » pour les comédiens, on devrait penser qu'il faudrait les y ramener à reculons, parce qu'ils l'ont depuis longtemps dépassée. Voyez les ovations faites ces jours-ci à mademoiselle Sarah Bernhardt, rappelez-vous le

---

1.   En impero Argis...
       (Épîtres à Lucilius.)

bracelet donné par la reine d'Angleterre avec cette inscription : Victoria à Rachel.

Jamais Rossini, Donizetti, Meyerbeer, Verdi, Halévy, Gounod, etc., etc., n'ont reçu la centième partie des hommages enthousiastes rendus à la Sontag, à la Malibran, à la Frezzolini, à mademoiselle Falcon, à madame Viardot, à la Cinti-Damoreau, à Sophie Cruvelli, à la Patti, à la Nillson, etc., etc.

Et ne croyez pas que cet hommage soit dû pour une grande partie à la beauté des actrices, qui cependant ne gâte rien. Quelques-unes de ces dames étaient sous ce rapport médiocrement douées, deux ou trois ne l'étaient que bien chichement; d'ailleurs nous pouvons ajouter à la liste quelques noms d'hommes dont, si quelques-uns possédaient une plus ou moins masculine beauté, plusieurs autres étaient assez laids.

En temps ordinaire, le comédien n'est pas un homme comme un autre, il n'est un individu qu'à un certain point.

Si un homme rêvait toutes les nuits régulièrement qu'il est roi populaire et triomphant, heureux époux de la plus belle femme du monde, et que chaque soir il retrouvât son rêve, pour peu qu'il restât douze heures au lit, n'aurait-il pas à la fin de sa vie été aussi roi, aussi riche, aussi heureux qu'il aurait été quelconque, pauvre et infortuné?

Le talent du comédien consiste, en grande partie, à n'être lui-même, à n'être un individu que pendant la moindre partie de sa vie, à sortir de soi-même et de sa propre peau pour entrer dans la peau des personnages qu'il représente : Il ne doit avoir ni un visage, ni un corps, ni une tournure, ni une voix, ni des cheveux, ni des gestes à lui; sur cent mots qu'il prononce, il n'y en a pas dix qui soient l'expression de sa pensée et de ses idées personnelles; comptez le temps que lui prennent les lectures de pièces, les études, les répétitions, les représentations, ajoutez les fatigues qui sont très grandes, les anxiétés, les joies, les chagrins, les querelles, les intrigues, les envies éprouvées ou inspirées, etc.; et vous verrez que ce n'est que pendant une très minime partie de sa vie qu'il est l'individu que la nature avait créé. Il est beaucoup plus Scapin ou Néron qu'il n'est Got ou Mounet-Sully, je dirai même qu'à durée de temps égale il est beaucoup moins lui-même à la fois, et avec moins d'intensité qu'il n'est Scapin et Néron. Cela va si loin que récemment un admirateur de M. Got faisait la remarque que, depuis que cet artiste a joué le rôle de Giboyer avec tant de talent et de succès, il est devenu physiquement et invinciblement un peu Giboyer; c'est ce qui était arrivé à Frédérick-Lemaître, qui était tellement entré dans la peau de Robert Macaire, qu'il ne put plus en sortir de sa vie; et un certain Gobert, qui ne peut, sous le rapport du talent, être comparé à l'un ni à l'autre, avait si longtemps joué, au théâtre de

Franconi, le rôle de Napoléon Iᵉʳ, qu'il avait fini par lui ressembler un peu, et qu'il avait, dans sa vie ordinaire, conservé, sans pouvoir s'en défaire, les façons de parler de l'empereur, ses gestes, son habitude légendaire d'avoir du tabac dans les poches de son gilet; son caractère même s'en était ressenti; il était devenu impérieux et absolu.

A un autre point de vue tel comédien doit un certain succès à quelque particularité naturelle ; une laideur inusitée, un nez disproportionné, une certaine gaucherie d'allures et de gestes, un nasillement, une grimace habituelle.

Vous ne pourrez empêcher un comédien, fût-il chevalier, fût-il grand-croix dans l'ordre de la Légion d'honneur, de s'entendre dire le soir dans un public d'autant plus nombreux qu'il a plus de talent : Vous êtes un coquin, un bélître; tu es un faquin, je te ferai mourir sous le bâton, etc., etc.

Notez aussi que si, en même temps que la profession du comédien continue à être le métier le plus richement rétribué, sa condition sociale devient de tous points égale à celle d'un magistrat, par exemple, qui, au plus haut point, au grade le plus élevé où puissent le porter de longues études, une vie austère, etc., est loin de recevoir jamais la trentième partie de l'argent qu'encaisse un comédien de talent ou seulement un comédien à la mode, il sera difficile qu'un magistrat ayant une voix belle et sonore, ou simplement un joli filet de voix, ou même une laideur originale, un nez excessif, ne s'empresse de monter sur les planches

*
* *

Au sujet de la décoration de M. Got, je ferai remarquer que décidément Jupiter veut se défaire de nos maîtres, car il les rend maladroits et bêtes.

Quos vult perdere Jupiter dementat.

Ils veulent faire quelque chose de hardi, de nouveau, d'exceptionnel, de dangereux, car la croix de M. Got est une porte enfoncée et n'est que la première d'une série et peut-être cette première n'a été imaginée que pour amener la seconde. Il se présente une circonstance particulière. Cette nomination est soumise, selon l'usage, à l'approbation du conseil de l'ordre de la Légion d'honneur. Elle n'a obtenu que cinq voix sur quatorze. Plusieurs des membres de la commission, dit le chancelier, un peu pour atténuer la chose, étaient absents et en villégiature. En conséquence, il proposait de remettre la nomination au mois d'octobre.

Eh bien, nos gouvernants ont décidé de passer outre, n'ayant pas l'intelligence de comprendre que dans cette rencontre, où il s'agit d'une nomination inusitée, blessant certaines opinions, certains préjugés, si vous voulez, il fallait agir avec une complète et rigoureuse correction, qu'il ne fallait pas admettre la plus petite nuance d'irrégularité, qu'il ne fallait négliger aucune formalité, même la plus minutieuse, aucune des « herbes de la Saint-Jean ».

A une autre époque, à une époque antérieure, il y aurait eu un moyen d'empêcher l'abus et la profanation de la Légion d'honneur ; les légionnaires antérieurs à une certaine date auraient érigé en conseil, en tribunal, un certain nombre des plus illustres d'entre eux, ce tribunal contrôlant chaque nouvelle nomination et, lorsqu'une de ces nominations serait jugée injuste et scandaleuse, édictant que, à l'occasion de la décoration accordée à un tel, en signe de protestation et de deuil, les membres de la Légion d'honneur seraient trois jours, quinze jours, un mois, sans porter leur décoration ; cette décision, sur laquelle on eût appelé une grande publicité, eût trouvé, pour s'y exposer et la braver, peu de gouvernements et peu de candidats.

Il n'est plus temps ; et je répète que de cette question je me soucie médiocrement ; certes je reconnais ce qu'il y a eu de noble, de grand, de puissant à réunir toutes les vraies supériorités du pays en tous genres dans une seule et même Légion d'honneur. Mais aujourd'hui nous aurions mauvaise grâce à faire les renchéris et à le prendre de haut avec les comédiens, à cette présente époque d'histrionisme non seulement toléré, mais général et triomphant.

Par une transition naturelle, je reviens aux voyages de M⁰ Gambetta.

Voilà deux fois, à Cahors et à Tours, qu'il a l'audace d'attribuer nos malheurs de 1870 à « la faute que la France avait commise de confier ses destinées à un seul homme ».

Comment ne s'est-il pas trouvé un auditeur pour lui dire :

— Mais, farceur que vous êtes, si la première moitié de nos désastres est due à ce que nos destinées étaient confiées à un seul homme, vous avez été le second seul homme de ce temps-là pour attirer sur nous la seconde moitié de ces désastres ; et, aujourd'hui, que venez-vous faire ici ? Que venez-vous nous demander, si ce n'est de vous confier à vous seul ces mêmes destinées ?

Je terminerai par une question naïve : — D'après la Constitution, nous avons deux Assemblées, le Sénat et la Chambre des députés; toutes deux ont une même origine et des droits égaux. Quand on entend à la Chambre des députés menacer l'existence du Sénat, le Sénat ne pourrait-il pas également parler de supprimer la Chambre des députés ? Aucune des deux Assemblées n'en a le droit, ou toutes deux l'auraient également.

XIV

MANITOUS ET MAMAMOUCHIS

Mᵉ Gambetta, qui, dans son premier discours de Belleville, avouait naïvement que c'est seulement depuis qu'il est aux affaires qu'il a un peu étudié, a remarqué que la République en France, si elle a fini une fois par une heureuse et paternelle royauté, a fini deux fois par le despotisme, et sentant que le rat de cave dont il s'éclaire dans les chemins souterrains, sinueux, obscurs de l'opportunisme, commence à lui brûler les doigts, s'est demandé s'il ne pourrait se succéder à lui-même et être ce despote, ce César qui doit fatalement arriver; c'est pourquoi il a demandé à ses électeurs un blanc-seing, c'est-à-dire une patente de maître absolu.

Hoc volo, sic jubeo, sit pro ratione voluntas.

Une chose singulière, quand nous interrogeons l'histoire, habitude que nous avons prise plus tôt que Mᵉ Gambetta, et quand nous voulons y chercher des analogies, c'est que nous n'en trouvons pas pour ces histrions soi-disant républicains, ruineux enterreurs de Républiques, dans les grands, vrais et célèbres républicains, Decius, Coclès, Scevola, Thraseas, Winkelried, etc., etc.; mais nous voyons leurs maîtres, leurs modèles, leurs ancêtres dans les plus cruels et les plus grotesques tyrans qu'ils s'efforcent d'imiter en petit, en *réduit,* en raccourci, il est vrai, comme il convient à leur taille et à leur mesquine nature, mais obéissant à leurs mauvais instincts et à leurs appétits.

Mais la pie-grièche, qui est grosse comme un moineau, n'en est pas moins un oiseau de proie et ne diffère que par les dimensions de l'aigle et du vautour.

Une allumette peut incendier un palais comme une torche; on peut se noyer dans un égout étroit aussi complètement que dans la vaste mer : c'est plus laid, c'est plus misérable, c'est ridicule, mais ce n'est pas moins dangereux. — Voltaire, un des dieux qu'ils adorent sans l'avoir lu, disait, vaticinant et parlant d'eux par prévision et seconde vue de poète : « J'aime mieux obéir à un beau lion qu'à une trentaine de roquets et de chats sauvages et enragés. »

Et Publius Syrus, vaticinant et prophétisant également :

« Si je dois être pendu, j'aime mieux que ce soit à un bel arbre [1]. »

Plutôt à un grand et puissant chêne qu'à la lanterne.

Il est curieux de voir comment les procédés de grosse faconde pour foule, tavernes et balcons, employés par ceux de nos *manitous* et *mamamouchis* qui sont un peu lettrés, rappellent, en petit, je le répète, ceux de Néron et de Shahabaam; les illettrés ne remontent qu'à Robespierre, Collot-d'Herbois, Marat, Carrier, etc., etc.

Rappelez-vous les détails des réunions de Cahors, de Tours, de Belleville; je ne vous demanderai pas de vous souvenir de plus loin : vous avez si peu de mémoire!

Et parlons de Néron.

J'ai déjà dit et démontré que les discours de l'avocat génois ne renferment ni une pensée sérieuse ni une promesse à laquelle on puisse se fier. Ce sont des airs de flûte ou de cornet à pistons. Ce n'est pas un homme politique, c'est un virtuose de grand appétit; ses succès ne donnent pas la hauteur de sa valeur et de ses talents, mais la profondeur de la crédulité et de la bêtise humaines.

Néron déjà avait fait des théâtres publics des « réunions privées » pour les jours où il chantait.

---

[1]. Vel strangulari pulchro de ligno juvat.

« Il avait, dit Sétuone, choisi de jeunes chevaliers et plus de cinq mille plébéiens robustes qui, partagés en plusieurs cohortes, pratiquaient les diverses manières d'applaudir, telles que « les bourdonnements, les tuiles, les castagnettes »[1], qui devaient l'appuyer chaque fois qu'il paraissait sur le théâtre. Il parcourait une partie de l'empire romain et allait de ville en ville chanter et recueillir des couronnes (Cherbourg, Cahors, Tours, Belleville). « Il avait autour de lui, dit Tacite, un régiment de prétoriens ; alors fut créé ce corps de chevaliers romains, tous jeunes et robustes, les uns entraînés par leur goût pour la licence, les autres par l'espérance d'arriver au pouvoir. Ils avaient pour fonctions d'applaudir et de défier la voix de Néron, ce qui les portait aux honneurs et aux dignités, comme, en d'autres temps, eût pu faire la vertu ; ces gardes du corps, ces claqueurs s'appelaient Augustains[2] » (ministères, préfectures, ambassades, vice-royauté d'Alger, etc.). Derrière l'*artiste* se tenaient ces Augustains ; ces applaudisseurs se proclamaient les compagnons de sa gloire et les soldats de son triomphe[3] (MM. Métivier, Spuller, Arnoult, le coiffeur Passé, etc.).

Lorsque M⁰ Gambetta dit à Belleville qu'il faudra

---

1. Bombos, imbrices, testas. (Suétone.)
2. Cognomine Augustorum..... quasi per virtutem clari honoratique. (Tacite.)
3. Milites triumphi. (Suétone.)

frapper un peu fort à la porte du Sénat et écrit dans les journaux qu'il faudra le supprimer, il pastiche encore le fils d'Agrippine et d'Ænobarbus.

Il avouait, dit Suétone, que le Sénat l'ennuyait, et qu'un jour il supprimerait cet ordre [1], qu'il donnerait à ses affranchis le commandement des armées et des provinces [2] (le général Farre, M. Albert Grévy).

Un jour, dans une réunion, il promit de supprimer les droits d'entrée et les impôts [3] (le banquet des marchands de vins, et la première aux Bellevillois), mais il n'en fit rien.

Néron, à l'exemple futur de Me Gambetta arrivant à Belleville dans une voiture fermée, s'introduisant dans l'assemblée et s'évadant par une porte de derrière et un couloir, Néron se faisait porter au théâtre dans une litière fermée [4].

Rappelez-vous qu'à Belleville, lorsque l'orateur commença à parler, on cria : « Plus haut ! on n'entend pas ! » Il répondit : « Attendez un peu que j'échauffe ma voix, et on m'entendra. » Eh bien, lisez Suétone : « Néron prit un peu de temps pour refaire sa voix, *ad vocem reficiendam brevi tempore sumpto*, puis il dit en grec que, quand il aurait

---

1. Eum ordinem sublaturum. (Suétone.)
2. Provincias et exercitus libertis permissurum. (Suétone.)
3. Cuncta vectigalia omitti juberet. (Tacite.)
4. Clam gestatoria sella delatus in theatrum. (Suétone.)

un peu bu, il ferait entendre des sons ravissants [1]. »

Un exemple que je recommande aux impressarii de réunions publiques et privées : jusqu'ici ils ont négligé de répandre sur le sol de la poudre de safran [2], ça sentirait meilleur.

Pendant l'incendie de Rome, allumé par lui, Néron eut soin de rester à Antium [3] comme maître Gambetta regardait de Saint-Sébastien Paris brûlé par ses électeurs et sa queue, et Néron, pendant l'incendie, chanta en costume de théâtre la prise de Troie du haut de la Tour de Mécène [4].

Maître Gambetta ne vient-il pas de se vanter à Belleville d'avoir « rouvert les portes de la patrie aux voleurs, aux assassins, aux incendiaires de la Commune, qu'il appelle tendrement et sympathiquement les vaincus de la guerre civile ? »

Ce qui amènera une nouvelle expression à l'usage des avocats qui plaident l'abolition de la peine de mort pour les assassins, les réservant aux détenteurs de montres et aux possesseurs de porte-monnaie : forts d'un pareil exemple, ils appelleront Contrafatto, Lapomeraye, Papavoine, etc., les vaincus de la cour d'assises.

Rien n'y manque ; sous le règne de Néron,

---

1. Si paulum subbibisset aliquid se sufferret tinniturum. (Suétone.)
2. Sparso croco. (Suétone.)
3. Nero Antii agens. (Tacite.)
4. Ἅλωσιν Ille scenico habitu decantavit. (Suétone.)

10.

comme dernièrement sous le règne de l'avocat génois, il parut une comète, dit Tacite, *sidus cometes effulsit*, il y en a eu deux cet été.

Si pour ne pas sortir des Césars et des despotes, de Néron et de Shahabaam, je veux en venir à Auguste, ce n'est pas à Octave Auguste que je comparerai nos manitous et nos mamamouchis, mais à Auguste, le chef de claque de l'Opéra, dont parle le docteur Véron dans ses *Mémoires d'un bourgeois de Paris*; lisez, et vous retrouverez tout entière l'organisation des réunions, soit publiques, soit privées.

Le chef des claqueurs, dit Véron, s'appelait Auguste; il fit à l'Opéra une fortune; plus d'une danseuse, *bien établie*, lui payait une pension; les débuts de chaque artiste lui valaient de la part du protecteur ou des protecteurs une subvention dont le chiffre se réglait sur les prétentions de la débutante. Pour enlever d'assaut le cœur d'une jeune danseuse, d'une future étoile à ses débuts, il était d'usage de mettre pour ainsi dire dans la corbeille, outre des diamants et des dentelles, de riches gratifications pour Auguste. Au moment de renouveler les engagements, beaucoup d'artistes, pour tromper à la fois le public et le directeur, payaient à Auguste un surcroît de succès momentané, sauf, l'engagement signé, à voir s'évanouir ce grand talent d'un jour dont on ne payait pas le lendemain à Auguste.

L'armée des claqueurs était stratégiquement organisée ; le général s'adjoignait des lieutenants intelligents, vigoureux, intrépides, capables de tenir tête à une cabale contraire au mécontentement du public. Les jours de première représentation, ces lieutenants, au nombre de dix, commandaient chacun une décurie. Outre leurs billets d'entrée, ils recevaient des honoraires en argent et quelques billets qu'ils pouvaient donner ou vendre à des hommes sûrs. Le gros de l'armée ne recevait que leur billet d'entrée. Il y avait des sous-claqueurs : c'étaient des gens bien vêtus, auxquels Auguste vendait des billets à moitié prix. La bêtise moutonnière du public faisait le reste.

Les jours de première représentation, Auguste tenait à ce que son armée fût introduite avant le public ; il voulait pouvoir mettre à exécution en toute liberté ses plans stratégiques, disposer son avant-garde, assurer la position de la réserve, défendre les flancs et les derrières de son armée par des troupes aguerries. Le parterre de l'Opéra est spacieux ; par ses dispositions savantes, le public se trouvait pour ainsi dire emprisonné au milieu de groupes multipliés de claqueurs, qui au besoin criaient, menaçaient, injuriaient les récalcitrants. Car, disait Auguste, on a quelquefois bien du mal avec ces gredins de billets payants. C'est ce qui explique les précautions et la sévérité des organisateurs de réunions.

Le coiffeur *Passé*, qui me semble avoir fait ses débuts dans le rôle d'Auguste, à la première réunion de Belleville, paraît avoir échoué à la seconde. De cette seconde réunion on pourrait, revenant à Néron, dire encore avec Suétone : Le peuple, après avoir supporté près de quatorze ans un tel maître, en fit à la fin justice [1]; il y aura, si c'est réellement le commencement de la fin, il y aura, quand nous y serons, plus ou moins à retrancher des presque quatorze ans de Néron; aujourd'hui ce serait presque trois ans.

Les Bellevillois ont appelé M. Gambetta renégat; il a appelé les tronçons et les anneaux, autrefois chéris, de son ex-queue révoltée, vile populace.

Les anciens disaient que, si l'on entoure le scorpion de charbons ardents, cet animal, dont la queue, comme celle de la prétendue république, est dangereusement armée, relève cette queue, la tourne contre lui-même, enfonce son dard dans son propre corps et meurt de la blessure empoisonnée; les charbons ardents paraissent y être.

C'est du reste ainsi que demain, après-demain, dans six mois, dans un an, un jour ou un autre, finira le dictateur, empoisonné, détruit par sa queue si longtemps choyée.

Ce sera une honte pour les soi-disant conserva-

---

[1]. Talem principem paulo minus quatuordecim annos perpessus, tandem destituit. (Suétone.)

teurs d'avoir laissé cette besogne sanitaire à faire aux complices du chef des opportunistes ; j'aurais voulu qu'à la Chambre des députés, comme dans toute réunion, un membre demandât la parole et interpellât, à chaque séance, M⁰ Gambetta et lui fît cette question :

— Considérez-vous l'incendie de Paris, l'assassinat des otages et des généraux Clément Thomas et Lecomte, de Gustave Chaudey et des gendarmes, comme des crimes dignes de l'exécration universelle et d'une punition sans merci ?

Appelez-vous les voleurs, les assassins, les incendiaires, voleurs, assassins et incendiaires, ou bien « frères égarés », « vaincus de nos discordes civiles » ?

Et si M⁰ Gambetta essayait de tergiverser ou refusait de répondre, que toutes les nuances de conservateurs se retirassent pour le reste de la séance pour recommencer le lendemain.

C'est probablement la queue des Bellevillois qui demande des deux cent quarante-sept millions de déficit de 1870 un compte que la Cour des comptes n'a pu obtenir.

On loue le nouveau préfet de police, M. Camescasse, d'essayer de balayer le pavé de la France en faisant enlever par la police les filles insoumise et leurs souteneurs ; l'autre jour, le nombre de ce ménages envoyés au dépôt se montait à deux cent vingt-cinq, et ça continuait si bien qu'un des plus spirituels de la bande l'appelait le préfet *comme ça s'casse.*

Eh bien, ça n'est pas si cassé que les Parisiens le croient.

Pensez-vous que ces demoiselles et ces messieurs fussent jusqu'alors tout à fait inconnus à la préfecture de police, qu'ils n'ont pas, pour la plupart, été antérieurement arrêtés, puis relâchés? Les voici au poste; quelques-uns et quelques-unes remis en liberté, les autres envoyés au dépôt, et après? Le dépôt n'est pas, grâce à Dieu, comme la fourrière des chiens errants, où ceux-ci sont pendus le troisième jour : après huit jours, quinze jours, un mois, six mois si vous voulez, il faudra les lâcher.

Que voudront-ils, que pourront-ils faire? Ce n'est que le plus petit nombre des souteneurs qui pourront se livrer à la littérature ultra-démocratique et pornographique, à la compétition des préfectures, des ambassades, et à la présidence de la République. Mais, pour ceux-ci, il faut vivre en attendant, et il leur faudra au moins discrètement exercer leur ancien métier jusqu'au jour du succès. Les autres y retourneront en courant. Ce n'est, de même, que le très petit nombre de filles insoumises qui se destineront à la couronne de roses blanches de Nanterre ou de Salency.

Donc on arrête aujourd'hui les coureuses et leurs amants, on les lâche demain; on les arrête après-demain, on les relâche le jour suivant; on es arrête le jour d'après, et toujours comme cela.

Je sais une ville, dont je ne dirai pas le nom, parce que je lui ai rendu de très grands services, parce que les services rendus attachent et obligent plus celui qui les rend que celui qui les reçoit, et que cette ville attend avec impatience que je sois mort pour m'élever une statue; on peut cependant, sans injustice, l'appeler une ville « parvenue ». Elle possède son exemplaire d'opportunisme in-32, un maire, qui est député, conseiller de ceci et de cela, et qui préside les banquets des cochers de fiacre à « l'instar de Paris », comme M° Gambetta les banquets de marchands de vin et de marchands de peaux de lapins et de poudre à gratter, c'est-à-dire un opportuniste ayant, sans hésiter, modifié et changé bout pour bout ses opinions, ses alliances, son attitude et son langage aussi souvent qu'il l'a cru utile ou avantageux à sa fortune politique.

Cette ville — très favorisée de la Providence — n'a qu'un inconvénient « physique » : c'est un océan de poussière grise au bord d'une Méditerranée d'eau bleue en grande partie parce qu'on ferre et macadamise les routes et chemins avec des pierres friables et aussi parce que voici comment on procède : On enlève la poussière et on l'amoncelle en petits monticules sur les côtés des voies, puis on attend la pluie; quand la pluie se fait trop attendre, le vent reprend et éparpille de nouveau la poussière sur les chemins; enfin, la pluie arrive, elle délaye des monticules ce qui en reste, ce que le vent n'en a pas disséminé et ce que les promeneurs n'en ont pas avalé; il s'ensuit une boue plus ou moins épaisse ou liquide; on la râcle, on la remet en monticules sur les bords des chemins, où elle se sèche, se dessèche et redevient poussière en attendant la pluie qui la change de nouveau en boue et toujours comme cela.

C'est ce qui doit nécessairement arriver de l'enlèvement des filles et de leurs amants : au dépôt en prison, puis dans la rue, puis de nouveau en prison, puis de nouveau dans la rue.

Ils et elles ne veulent pas, disons mieux ne peuvent pas faire autre chose que ce qu'ils et ce qu'elles font.

Si l'on voulait, si l'on osait balayer et nettoyer Paris, au moins de cette espèce d'ordure, c'est en Afrique, quand on l'aura pacifiée grâce à l'héroïsme et à la haute intelligence de M. Albert Grévy, qu'il faudrait transporter ces couples; cela ferait de très jolis cultivateurs d'alfa; là, en échange du travail de chaque jour, on leur donnerait le pain de chaque jour; là, il faudrait travailler ou ne pas manger : on travaillerait.

On en formerait des villages un peu avancés vers les frontières; les hommes seraient armés et tourneraient au besoin contre les maraudeurs arabes, leurs instincts belliqueux, jusqu'à présent exercés contre la police, et les ivrognes et les imprudents qu'il saident leurs amantes à dévaliser.

Autrement, ô M. Camescasse, ça sera toujours comme poussière devenant boue, boue redevenant poussière, poussière et boue, boue et poussière, etc., etc.

Voilà ce que, pour aujourd'hui, j'avais à dire à nos manitous et mamamouchis.

XV

INSURRECTION DES VERTÈBRES

Rien ne paraissait à la fois si injuste et si ridicule aux Romains que de supposer Tibérius et Caïus Gracchus, les tribuns révolutionnaires, se plaignant de l'agitation, des excès, des folies du peuple qu'ils avaient enivré et excité; on avait même fait un proverbe.

Il était réservé à M⁰ Gambetta de nous donner le spectacle de ce qui paraissait si absurde et si drôle aux Romains.

L'autre jour, à Belleville et à Charonne, les vertèbres insurgées et éparpillées de son ancienne queue ont refusé de le suivre comme autrefois, et, au besoin, de marcher devant, lorsque quelque danger donnait au maître l'idée d'une villégiature à Saint-Sébastien; il s'est indigné, les a menacés, leur a dit de gros mots, les a appelés crapule, valets salariés, souteneurs de filles, braillards, etc.

Oubliant ou espérant faire oublier que ces braillards braillaient avec lui et comme lui il y a quinze ans, avaient braillé depuis onze ans pour lui et à son bénéfice, et naturellement braillaient aujourd'hui contre lui et pour un autre lorsqu'ils l'ont vu, après tant de promesses, se disposer à les payer en monnaie de singe.

A propos de singes...

COMMENT UN SAPAJOU FUT CHANGÉ EN SAGOUIN

Le singe est une espèce si voisine de l'homme, ou l'homme une espèce si voisine du singe, qu'il y a aujourd'hui une école philosophique qui s'est partagée en deux sectes : l'une prétendant que l'homme est un singe perfectionné; l'autre, qu'il n'est qu'un singe diminué, dégénéré par la civilisation.

Si le singe ressemble à l'homme, ou l'homme au singe, c'est surtout si l'on parle de l'homme politique, habile à grimper, mais, une fois en haut, ne sachant plus que faire des grimaces et montrer un derrière rouge ou bleu, selon l'espèce.

Buffon et les autres naturalistes ont divisé les nombreuses espèces et variétés de singes en deux classes principales : les singes sans queue et les singes à queue; et, parmi ceux-ci, il existe une subdivision : les singes à *queue prenante*.

Les sapajous, les hélopithèques, les lagotryches, les alonatos, dont la voix est formidable, de vrais braillards, sont les singes à queue prenante : la Commune nous a montré ce que c'est que cette espèce de queue, la queue prenante, que Mᵉ Gambetta croyait si invinciblement, si triomphalement vissée à son échine, comme dit Victor Hugo.

La liste serait longue des singes à queue non prenante, maladroite ou désintéressée, et des singes sans queue, les papious, les mandrilles, les babouins, etc., et autres quadrumanes et anthropomorphes, dont chacun trouverait son analogie et son type dans nos hommes soi-disant politiques.

Buffon, ses émules, ses successeurs, et tous ceux qui ont eu des singes ont constaté que cet animal a une étrange manie : c'est de ronger et de manger sa queue, vertèbre à vertèbre ; si bien qu'il finit par attaquer la moelle vertébrale épinière, d'où une arthrite vertébrale; si bien qu'il meurt presque autant de singes de cette sorte de suicide que de la phthisie pulmonaire.

Le sapajou à queue prenante n'est plus, quand il a mangé sa queue, qu'un sagouin, un babouin, une macaque, une guenon, etc.

Il lui est beaucoup plus difficile de grimper et de faire ses tours de souplesse. Seulement il a conservé ses trente-six dents, au lieu de trente-deux qu'ont seulement la plupart des autres espèces, et un appétit proportionné à cet appareil, avec moins de facilité pour le satisfaire.

EN DEUIL DE SA QUEUE

Même il avai perdu sa queue à la bataille.
            LA FONTAINE.

« La vache, dit le philosophe anglais Gotgrave, ne sait le prix de sa queue qu'après l'avoir perdue. »

« Le paon ne peut plus se mirer dans sa queue » et n'a plus à regarder que ses pieds.

On le mesure aujourd'hui, l'avocat génois, ainsi que le voulait La Bruyère, « comme le poisson, entre tête et queue », et comme, l'autre soir, il avait perdu la tête d'avoir perdue sa queue, il était fort petit.

Les votes de Belleville et de Charonne comparés aux votes du dix-huitième arrondissement nous font assister à ce que les maîtres de danse appellent « la queue du chat ». C'est une figure qui consiste à ce que deux couples opposés traversent et changent de place.

Le pacha sans queue va s'occuper de se procurer une queue postiche : y réussira-t-il ? Peut-être, grâce à l'aveuglement, à la bêtise des soi-disant conservateurs.

LA THÉORIE DES RÉVOLUTIONS

« Depuis que le monde est monde, » comme disent les portières, un fruit sec, un décavé, un déclassé, le fameux *Chose*, monte sur une borne et... braille.

— O peuple, ô cher peuple! vois là-bas ce palais magnifiquement éclairé; c'est là que se gobergent les oppresseurs. Tu ne sais pas les ripailles qu'ils y font. Ces gens ont un art infernal pour accommoder ta sueur de mille manières différentes et exquise et de s'en faire des délices insolentes. Ces bougies qui illuminent ce palais, c'est ta sueur; ces poulardes grasses, c'est ta sueur; ces truffes, c'est ta sueur; ces vins de Château-Margaux, de Château-Yquem, ces vins de Champagne, cette chartreuse, ce mêlé-cassis, etc., c'est ta sueur.

O peuple, cher peuple! je t'aime. Je veux essuyer ton front et t'introduire dans ce palais et te faire asseoir à cette table en place de tes tyrans que nous jetterons par les fenêtres. Tu es le nombre, tu es la force. Il faut enfoncer les portes. Marchons, courons, volons. — Chose reste en place comme un ténor d'opéra ou comme Moïse regardant la bataille du haut de la montagne. — Marchons, courons, volons... Et le peuple crie : Vive Chose! le grand Chose!

Les outils, les bêches, les pioches, les faulx, les marteaux, les haches deviennent des instruments de guerre, d'instruments de travail qu'ils étaient. A bas le travail! Travailler, bon pour des feignants! et le peuple se rue sur les portes du palais. On lui jette des meubles sur la tête, quelques-uns sont frappés et tombent. Mais, toujours sur la borne, Chose, « l'ami du peuple, » crie : On massacre le peuple. Marchons, courons, volons. Sens-tu l'odeur des sauces? entends-tu le bruit des bouteilles qu'on débouche?

Le peuple se rue de nouveau, ébranle les portes et Chose, l'ami du peuple, se dit : Le moment est arrivé ; s'ils enfoncent les portes, ils vont tout casser et tout manger, et il n'y aura rien pour moi : minute!

—Holà! peuple, cher peuple, tes oppresseurs sont pâles d'épouvante, laisse-moi leur parler et leur persuader de t'ouvrir de bonne grâce des portes que tu peux enfoncer et de te faire place au festin de tes sueurs; trois pas en arrière, je vais faire le signal de parlementaire, mon mouchoir est à carreaux rouges, qui est-ce qui a un mouchoir blanc? Ah! merci, citoyen Mandrille, je te le rendrai et tu seras ministre de la guerre.

Le peuple se recule, son ami arbore au bout d'une canne le mouchoir généreusement prêté par le citoyen Mandrille, s'avance jusqu'au pied du palais, on ouvre une fenêtre, et c'est par cette fenêtre que l'on confère avec lui.

— Messieurs, dit-il, le peuple est désespéré et furieux, je n'ai qu'un mot à dire, et il enfonce les portes. Vous êtes perdus; moi seul puis vous sauver, et je veux vous sauver; ouvrez-moi la porte, laissez-moi entrer, faites-moi place à la table, je vous aiderai à vous barricader en dedans... Vous hésitez? holà! peuple, cher peuple, grogne et braille, et rugis, car vous l'entendez! ne lantiponez pas davantage, ou il ne serait plus temps; d'ailleurs les sauces refroidissent.

Le plus souvent, ceux du dedans donnent dans le panneau, entre-bâillent la porte. L'ami du peuple se précipite, est le premier à repousser la porte, à la refermer au verrou et à la barricader avec les gros meubles. Allons! à table, et du meilleur.

Le peuple attend quelque temps. Il voit approcher l'heure du dîner, et il n'a pas déjeuné. Il murmure, il chante la *Marseillaise,* il revient frapper à la porte. Une fenêtre s'ouvre. C'est l'ami du peuple, c'est Chose, qui, une serviette d'une main et un verre de l'autre, crie : Ah çà! allez-vous vous taire, tas de brailleurs? On ne sait plus ce qu'on mange ni ce qu'on boit. Et il leur jette son verre vide.

Alors un autre ami du peuple, l'illustre Machin, monte sur la même borne et braille :

— O peuple! cher peuple, je t'aime! Vois ce palais magnifiquement éclairé, c'est là que se gobergent tes oppresseurs, etc. Je vais t'introduire dans ce palais, te faire asseoir à la table en place de tes tyrans que nous jetterons par les fenêtres, sans oublier le renégat qui nous a trahis, etc. En avant! marchons, courons, volons!

Le peuple se rue, ébranle les portes; Machin,

son nouvel ami, l'arrête : — Trois pas en arrière;
laisse-moi leur parler et leur persuader de vous
laisser entrer sans vous obliger à tout casser, car
ce que vous casseriez est à vous, etc.

Qui est-ce qui a un mouchoir blanc? — J'en
avais un, dit le citoyen Mandrille, mais le traître ne
me l'a pas rendu, et je ne suis pas ministre de la
guerre. — Donne ta cravate, citoyen Mandrille, et
tu seras vice-roi d'Algérie. La cravate de Mandrille
au bout d'un parapluie, Machin s'avance sous la
fenêtre, la fenêtre s'ouvre, et il dit : — Messieurs,
le peuple est désespéré; il n'obéit qu'à moi, je
dis un mot, et il enfonce les portes, et vous êtes
perdus; mais je puis seul et je veux vous sauver :
ouvrez-moi la porte, etc. Et le peuple voit son
nouvel ami Machin entrer, refermer et barricader
la porte. Il vient crier, siffler, maudire sous la
fenêtre. Son second ami paraît, lui enjoint de se
taire, « il appelle ses amis braillards. »

— Au moins, crie le citoyen Mandrille, rends-
moi mon mouchoir.

— Vil salarié, souteneur de filles, s'écrie l'ami du
peuple indigné, je vais envoyer les gendarmes te
prendre dans ton bouge. Et il rentre manger et
boire.

Alors, que fait le peuple? Je vais vous le dire;
un troisième ami, de préférence un avocat, monte
sur la même borne et leur récite le même discours, leur distribue les mêmes promesses; le

peuple crie : Vive le citoyen avocat! puis au citoyen Mandrille, qui n'a plus ni cravate ni mouchoir, il prend un pan de sa chemise pour en faire le drapeau parlementaire. Il dit au peuple : Trois pas en arrière, je vais leur parler; il *leur* parle, est introduit, ferme et barricade la porte; puis le peuple vient crier, il paraît à la fenêtre et leur dit : Tas de crapules, de vermines et de braillards!

Alors un quatrième ami du peuple monte sur la même borne, récite le même discours, le peuple crie vivat, et toujours comme ça, ça a toujours été comme ça, et ça sera toujours comme ça, parce que le peuple n'écoute pas Franklin, un vrai républicain, qui disait : « Sachez bien que tout homme qui vient vous dire que vous pouvez devenir riches autrement que par le travail et l'économie est un coquin et veut vous exploiter. »

Et le peuple autrefois le plus doux, le plus gai, le plus heureux des peuples, est devenu le plus hargneux, le plus triste et le plus misérable.

LE CONVIVE DE BAUDRUCHE.

Il arrive quelquefois cependant, mais bien rarement, qu'après dix, douze épreuves, dix à douze déceptions, un hasard, une maladresse de l'exploiteur éveille la défiance du peuple qui a déjà le pied levé pour s'emballer pour la treizième fois.

C'est ce qui est arrivé cette fois. M⁰ Gambetta

n'a pas su attendre et ajourner la satisfaction de ses appétits ; il s'est donné un cuisinier célèbre, une voiture, des chevaux ; il s'est montré à Cahors en habit d'empereur, on l'a surveillé, et, lorsqu'il a dit au peuple : — Attendez un moment que j'aille parler à ces gens pour vous faire entrer, — le citoyen Mandrille l'a suivi à pas de loup, l'a entendu, a lancé un coup de sifflet d'alarme, s'est replié et a dit : Nous sommes trahis. C'est alors que la queue s'est insurgée et a dit : Nous ne sommes plus ta queue. Ils se sont retirés et sont allés écouter un autre ami, monté sur la même borne, qui est en train de leur dire :

— O peuple ! ô cher peuple ! ils boivent et mangent ta sueur, je vais te faire entrer et asseoir à leur table, après les avoir jetés par la fenêtre, en y comprenant les traîtres, renégats, etc.

Et pendant ce temps, si ceux qui sont dans la maison à laquelle frappe Me Gambetta avaient du bon sens et de l'esprit, ils lui diraient par la fenêtre :

— Mon bonhomme, vous n'avez plus votre queue dont vous nous menaciez et qui nous faisait peur ; sans cette queue, vous n'existez plus, vous ne pouvez plus nous faire ni mal ni bien ; allez vous-en, ne nous dérangez pas, ou nous allons vous jeter sur la tête des choses désagréables.

Mais ils n'auront probablement pas d'esprit ni de bon sens. Ils vous diront : Il n'a plus sa queue, il est à nous, et ils ouvriront la porte et introduiront le convive de baudruche.

PROMOTIONS.

En attendant, il y a promotion dans la faveur et la badauderie populaire.

M. Clémenceau passe Gambetta. M. Tony Révillon passe Clémenceau. M. Rochefort passe Tony Révillon. Pyat aux pieds légers passe Rochefort. Je ne sais quel chiffonnier irréconciliable et intransigeant passe Félix Pyat.

M. Clémenceau est sur la borne, fait le discours, et le peuple crie : vive Clémenceau !

XVI

DE PLUSIEURS CHOSES
ET DE PLUSIEURS PERSONNES

Je suis toujours un peu embarrassé et inquiet lorsque, à mes lecteurs français, je dois présenter quelque fait contemporain pour appuyer un raisonnement ou prouver une assertion; cet embarras, cette inquiétude viennent de leur absence complète de mémoire pour ce qui les ennuie ou les a chagrinés. Cela tient un peu aussi à l'instruction classique qui nous a presque à tous enseigné les lois, les mœurs, l'histoire de Sparte et de Rome, laissant de côté notre propre histoire, et surtout la partie de notre histoire la plus rapprochée de nous et que nous avons plus ou moins contribué à faire et souvent à gâter. Nous savons en général ce qu'étaient Lycurgue, Épaminondas, Aristide, Romulus, Horatius Coclès, etc., il y a trois mille ans; mais très peu de gens sont tout à fait certains qu'il se soit commis d'épouvantables forfaits en 1792 et 1793; très peu de gens se souviennent que ces crimes se sont plus lâchement, plus bêtement et aussi cruellement reproduits en 1870; très peu que M. Gambetta et ses amis ont prolongé une guerre follement commencée, par une obstination je ne dirai pas plus folle, mais plus criminelle; parce que, éclairés par la première phase de cette guerre, il leur était impossible de conserver la moindre illusion sur les résultats. Leur seul but, leur seule espérance étaient de conserver le plus longtemps possible de gros traitements dans des postes à l'abri des balles prussiennes. On a oublié que ni M⁰ Gambetta ni ses complices ne se sont exposés à la moindre apparence de danger, tandis qu'ils envoyaient tant de gens à la mort sans armes, sans vivres, sans vêtements. Peut-être je me trompe d'un ou deux préfets, mais je ne sais absolument qu'Anatole de La Forge qui se soit battu et ait été blessé.

On a oublié que M⁰ Gambetta, M. de Freycinet, et à leur exemple un grand nombre de préfets et d'administrateurs et de préposés à la défense, etc., toutes fonctions n'ayant pour but que de préserver les précieuses peaux des soi-disant républicains et de leur faire mener plantureuse vie, ont prétendu donner des ordres, des leçons, infliger des blâmes, des insultes aux plus braves et aux plus dévoués généraux et soldats. Rien ne les empêche cependant de lire les mémoires sans réplique qu'a laissés mon ami d'Aurelles de Paladine.

Aussi, ayant à parler du docteur Tanner, je dois commencer par dire que c'était une sorte de fou ou de charlatan américain qui, il y a quelques mois, annonça qu'il vivrait quarante jours sans prendre aucune nourriture. Tout le monde s'en émut : pourra-t-il, ne pourra-t-il pas supporter cette épreuve? Chaque jour, les journaux du monde entier informaient leurs lecteurs impatients, de ce qui s'était passé pendant la journée précédente. S'est-il affaibli? croit-on qu'il survivra? Combien a-t-il encore de jours à traverser? Je parie qu'il survivra, je gage qu'il mourra épuisé avant le quarantième jour, etc., etc.

Eh bien, la France joue aujourd'hui, sous les yeux du monde entier, le rôle du docteur Tanner. Résistera-t-elle à ce gouvernement d'insensés et de présomptueux criminels, et combien de temps pourra-t-elle subsister sous ce régime? Ne paraît-elle pas déjà affaiblie, pâle, débile, anémique. Je parie, disent les uns, qu'elle les secouera et se relèvera. Je gage, disent les autres, que c'est une nation finie et que les maîtres qu'elle se laisse imposer par le grossier, imbécile et mortel mensonge du suffrage dit universel, la conduiront à une ruine complète et incurable.

*
* *

Grâce à cette niaise, dangereuse et funeste sensibilité qui plaide pour l'abolition de la peine de mort pour les assassins, et augmente chaque jour le nombre des assassinés, la peine de mort est à peu près abolie, ce qui est pire qu'abolie tout à fait. L'imagination la plus féroce ne pourrait imaginer de crime si horrible, si entouré de circonstances épouvantables qu'on puisse affirmer avec certitude que l'auteur sera condamné à mort, et si un hasard fait prononcer cette condamnation M. Grévy fait grâce de la vie au condamné. Les risques de l'assassinat sont beaucoup diminués pour les assassins ; aussi jamais le revolver et le couteau n'ont été employés comme ils le sont aujourd'hui. Cette absurde indulgence du jury, ce parti pris du Président de la République pour que si, par cas fortuit, un scélérat est condamné à perdre la vie, si par extraordinaire la sentence est exécutée, il exprime le plus grand étonnement et crie à la trahison et à l'injustice, et cela avec quelque raison, car ce n'est pas toujours le plus horrible crime qui amène ce résultat inattendu, c'est presque une question de chance.

De là une étrange disproportion dans l'application de nos lois pénales.

Ainsi dernièrement, dans un seul et même numéro de la *Gazette des Tribunaux*, trois accusés se trouvaient devant la justice.

L'un avait tué un enfant pour lui voler neuf francs; un autre, surpris la nuit en flagrant délit par un mari, avait tiré deux coups de revolver sur le mari offensé ; le troisième, un curé, — je regrette d'avoir oublié son nom, donnant un exemple de plus du défaut de mémoire que je reprochais tout à l'heure aux Français, parce que j'aurai besoin de ce nom tout à l'heure, — était accusé d'avoir, en chaire, fait une allusion plaintive à la persécution religieuse exercée en ce moment avec tant de fanatisme.

Eh bien, le même jour, le complice d'adultère qui avait essayé de tuer le mari, acquitté.

L'assassin de l'enfant, acquitté.

Le prêtre, condamné à trois mois de prison.

Un détail significatif : supposons que le curé s'appelle M. Hébert, et que le maire qui déposait contre lui se nomme M. Prud'homme.

Le président du tribunal, à plusieurs reprises, pendant l'interrogatoire du prévenu et des témoins, s'est exprimé ainsi :

Monsieur Prud'homme, avez-vous entendu *Hébert* prononcer les paroles qu'on lui attribue ?

*
* *

Avant les chemins de fer, du temps qu'on voyageait assez peu commodément et très lentement en « diligence », les voyages avaient une « saveur » qu'ils ont perdue. — Aller de Paris au Havre, ça s'appelait « voyager », et avec raison, parce que la lenteur, les arrêts fréquents, les côtes montées à pied, les traverses et les raccourcis également à pied indiqués par les conducteurs ne laissaient perdre aucuns détails, si bien qu'après un voyage de cinquante lieues on avait vu au moins autant de choses et de choses nouvelles et variées que pendant un voyage de cinq cents lieues en chemin de fer, car en chemin de fer il n'y a que le point de départ et le point d'arrivée qui comptent, tout ce qui est sur le parcours passe par masse avec une rapidité vertigineuse et n'est qu'entrevu. Quant aux relations entre voyageurs en chemin de fer, elles se bornent à des précautions mutuelles pour ne pas être assassiné les uns par les autres.

Le dîner de la diligence était une scène curieuse; le conducteur, choyé, dorloté, caressé par les aubergistes et les servantes, était beaucoup mieux servis que les voyageurs et, en retour, s'arrangeait pour ne pas laisser se prolonger un dîner dont certains détails et le dessert n'étaient que pour la montre. Quand il avait crié : « Allons! en voiture, en route, nous sommes en retard! » les uns exprimaient des plaintes, d'autres, plus avisés, doublaient les morceaux et les avalaient sans les mâcher, d'autres entassaient le dessert et les fruits dans leurs poches et dans leurs mouchoirs.

C'est ce que font la plupart de nos maîtres, ils rêvent qu'ils entendent la voix du conducteur : « Allons, en route, en voiture.! » et ils se hâtent de faire leurs paquets, de remplir leurs poches, leurs mouchoirs du dessert et des gâteaux qu'ils n'auront pas le temps de manger ; ils ramassent tout à la hâte et sans beaucoup de choix : des noix, mais aussi des coquilles de noix. Ils ne laissent rien traîner, ne veulent rien perdre, même les miettes. C'est ainsi que quelques-uns se mettent à signer : « Son Excellence le ministre de... ou de... » Et font précéder sur les actes officiels leur nom des deux lettres S. E., qui semblaient tombées en désuétude depuis 1870.

Cela rappelle deux autres lettres : lorsque, sous la royauté de Juillet, M. Thiers était au pouvoir, le roi, dans les journaux de M. Thiers, le *Constitutionnel* et quelques autres, s'appelait S. M. Louis-Philippe ; aussitôt que M. Thiers était tombé, les deux lettres S. M. disparaissaient et se réfugiaient honteuses dans les casses des compositeurs. Louis-Philippe n'était plus que « le Roi ». Mais à peine le roi, après avoir, comme il le disait, envoyé M. Thiers se retremper quelque temps dans l'opposition, se résignait à le reprendre, les lettres S. M. étaient exhumées, et on lisait dans les journaux de M. Thiers :

« S. M. Louis-Philippe a fait demander M. Thiers au palais des Tuileries. »

* *

M. Farre, probablement, dans sa carrière militaire, n'a pas rencontré ou cherché toutes les occasions possibles d'éprouver l'effet de la charge battue par les tambours, ou peut-être est-il personnellement, par une rare idiosyncrasie, insensible à cet effet. Il ne sait pas que, à la bataille, il y a des choses qui ne se font qu'au bruit de la charge. M. Farre a supprimé les tambours.

Ce n'était pas assez. Le voici qui s'occupe de supprimer le drapeau, en faisant des régiments composés de pièces et de morceaux où les soldats inconnus à leurs chefs, ne les connaissent pas et ne connaissent pas leur drapeau.

M. Farre ignore les actes heroïques causés par l'émulation entre régiments et entre hommes d'un même régiment, chacun combattant pour l'honneur commun et héréditaire de son drapeau. Dans un vieux vaudeville, un soldat chantait :

> Le régiment est mon village,
> L'étendard en est le clocher.

Le moindre des défauts de M. Farre, c'est qu'il n'est pas soldat.

**

La ville de Boulogne où est né Frédéric Sauvage vient de lui ériger une statue. Déjà en 1874, ses concitoyens lui avaient élevé un tombeau. Les enfants ont noblement payé la dette de leurs pères.

Je ne puis cependant m'empêcher, en voyant ces justices tardives, de penser tristement qu'une partie de ces honneurs posthumes, une partie de l'argent dépensé pour le tombeau et la statue eussent épargné à Sauvage vivant bien des jours de misère et de découragement, et l'eussent empêché de mourir fou.

La mémoire de Frédéric Sauvage m'est chère ; à l'auteur de l'application de l'hélice à la navigation et de dix autres inventions ingénieuses, j'ai dû un des honneurs et des bonheurs de ma vie, de prendre la défense de l'homme de génie pauvre, trahi, abandonné, dépouillé, de le venger de ses ennemis et de l'avoir pour hôte pendant un an, je crois, dans mon ermitage de Sainte-Adresse.

J'ai raconté autrefois, dans les *Guêpes*, et probablement aussi dans le *Livre de bord*, l'histoire de mes relations avec Sauvage. M. C. Paillard, dans un livre très bien fait, publié récemment sur la vie et les inventions de Frédéric Sauvage, a reproduit ce récit en très grande partie.

Je n'ai pu assister à la cérémonie de l'érection de la statue, cérémonie à laquelle la municipalité de Boulogne avait bien voulu m'inviter.

En lui en témoignant mes regrets, je me suis rappelé une autre érection de statues à laquelle je n'ai pas assisté non plus, mais cette fois pour une autre raison : c'est qu'on ne m'avait pas invité.

C'était en 1852 ; la ville du Havre eut la pensée de placer devant un musée les statues de deux de ses célèbres enfants : Bernardin de Saint-Pierre et Casimir Delavigne.

J'habitais alors Sainte-Adresse depuis douze ou treize ans. Corbière, l'auteur de romans maritimes qui avaient eu du succès, s'était retiré en Bretagne ; outre les rédacteurs des deux journaux du Havre, il n'y avait d'autres écrivains dans le pays que le comte Adolphe d'Houdetot, qui avait écrit d'amusants récits de chasse, et moi. On songea un moment à m'inviter à cette fête littéraire, mais il y avait une objection ; on me dépêcha d'Houdetot pour me faire subir un interrogatoire.

— On serait heureux, me dit-il, de vous voir assister à la cérémonie qui consistera dans un banquet ; mais quelques membres ont pensé à la vive opposition que vous avez faite... d'abord à l'élection du prince président, et ensuite à la nomination de l'empereur.

— Opposition, dis-je, que vous avez presque tous faite avec moi.

— C'est, répliqua d'Houdetot, ce qu'on veut faire oublier, et on l'a déjà oublié soi-même pour commencer et s'essayer. Mais, pour vous, laissez-moi vous faire le compliment que ça ne s'oubliera pas.

— Je l'espère ; merci.

— Vous avez fait voter à l'unanimité contre le

prince et contre l'empereur tous vos Etretatais et tous vos concitoyens de Sainte-Adresse.

— C'est qu'ils savent que je ne les ai jamais trompés.

— Or, à ce banquet, il y aura des toasts. Il y en aura naturellement un à l'empereur, et on veut savoir si vous y prendrez part!

— Mon ami, répondis-je à d'Houdetot, vous savez bien que je ne ferai pas d'esclandre ; mais le nom de Napoléon ne m'inspire aucune soif, et... je ne boirai pas.

Je ne fus pas invité.

XVII

LA MARÉE MONTE

Marée d'avidité insatiable, d'incapacité présomptueuse, de vanité féroce, de bêtise aveugle et sourde.

C'est toujours un métier triste et difficile que celui de diseur de vérités et d'avertisseur public; mais il est aujourd'hui plus difficile et plus triste que jamais.

— Prenez garde, dites-vous, la table de jeu est entourée de grecs; regardez bien celui qui est en face de vous, il a les manches pleines de « portées ».

— Je vous remercie, dit l'homme averti; vous assurez qu'il triche?

— Je l'affirme. Vous avez bien vu la rafle de louis qu'il vient de faire; eh bien, c'est en glissant des cartes dans le jeu.

— Ah! très bien, merci; alors, je vais parier pour lui.

Vous criez au feu; en effet, la maison brûle; vous

espérez attirer les pompiers et engager les citoyens à se mettre à la chaîne pour lutter contre l'incendie. Il ne vient pas de pompiers, les citoyens passent indifférents et vont à leurs affaires et à leurs plaisirs ou regardent tranquillement brûler la maison. Votre voix n'attire que des coquins affamés qui se disent : — Ah ! le feu est à la maison ; c'est le moment, à la faveur du trouble et de la confusion, de la piller ! — et ils la pillent.

Les commis de M° Gambetta, MM. Cazot, Constans, Farre, Ferry lui-même, malgré les petites et intermittentes velléités d'insurrection, semblent ne s'être partagé les ministères que comme des démolisseurs se partagent la besogne dans un édifice à démolir des décombres aux fondations.

Cette guerre aussi follement entreprise que celles qui ont amené la chute de l'empire, cette guerre qui, de par la volonté absolue du gouvernement de la République, sans le contrôle et l'assentiment des Chambres, absorbe l'argent et les soldats, et nous laissera bientôt épuisés et désarmés à la merci de n'importe qui ; cette guerre est dirigée officiellement par le général Farre, qui n'a d'autre notoriété dans l'armée que d'avoir été beaucoup regretté par les camarades en garnison à Rome, parce que la gaieté causée par ses perpétuelles bévues les aidait beaucoup à triompher du solennel ennui de la Ville éternelle. Eh bien, ce général Farre n'est qu'un commis humble et obéissant de l'homme que M. Thiers, qui a fini par mourir son complice, dans un des derniers moments lucides qui ont précédé son apostasie, accusait en plein parlement, avec preuves irréfragables à l'appui, d'être « un fou furieux » auquel la France devait attribuer la moitié de ses pertes en territoire, en argent et en hommes.

Pensez-vous qu'ils commencent à comprendre que c'est facile et à leur portée de gouverner un grand pays comme la France, tant que la machine montée par d'autres continue à marcher d'elle-même et qu'il ne s'agit que d'émarger de gros traitements, — ça ne demande ni longues études ni intelligence supérieure ? — mais quand se présentent des difficultés, des crises, c'est une affaire, et s'ils ne voient leur influence qu'après tout le monde, ils doivent cependant finir par la soupçonner.

*
* *

Pour cette guerre d'Afrique, je vois des généraux, mais je ne vois pas un général.

Ceux qui n'ont pas sondé l'inepte présomption de nos gouvernants se figuraient qu'ils s'empresseraient de demander des avis à ceux, peu nombreux, qui restent parmi nous des compagnons de Bugeaud, de Lamoricière, de Cavaignac, de Bedeau, de Changarnier, etc., et qu'ils solliciteraient, non pas en leur nom, mais au nom de la France, le vieux Canrobert, Mac-Mahon, Bourbaki, le duc d'Aumale, de se réunir en conseil et d'envoyer des instructions dictées par leur glorieuse expérience à ceux des généraux et officiers pour qui l'Afrique est un pays nouveau.

Ah bien oui! pas si intelligents, pas si Français que ça, les effrontés usurpateurs actuels du pouvoir.

*
* *

A l'intérieur, les amnistiés continuent à ne pas nous amnistier. Nous assistons, dans divers bastringues où le soi-disant peuple tient sa cour, à une glorification, à une restauration de la Commune. Ces jours-ci a eu lieu une première représentation, une séance d'ouverture d'un essai de reprise de la *Convention nationale* et du *Comité de salut public*. Pour le moment, ils se dénoncent, se jugent et se condamnent entre eux; mais c'est pour commencer et se mettre en train, et, au fond, ça n'est qu'une répétition; les plagiats, les « adaptations », les parodies de 1793 et de la Terreur sont à l'étude; nous venons de voir débuter avec « agrément » et un certain succès le citoyen Fouquier-Lissagaray-Tinville, les histrions qui se préparent à jouer les *Marat*, les *Carrier*, les *Collot d'Herbois* et, comme d'autres jouent les *Martin*, les *Elleviou*, les *Ga-*

vaudon, repassent leurs rôles, s'habillent et se griment dans leurs loges. Les soi-disant conservateurs, les futurs otages s'empressent de prendre des billets, retiennent des loges et des stalles, pour le succès des représentations et assureront la recette, comme ils ont toujours fait.

.*

L'encombrement des professions dites libérales, les nuées d'avocats et de médecins qui éclosent chaque année comme des moustiques, devaient amener nécessairement un grand nombre de fruits secs, d'avocats sans cause, de médecins sans malades, qui ayant, pour la plupart, épuisé leur famille pour de coûteuses études, ne trouvent pas leur place dans la vie. Le gouvernement improprement appelé représentatif est venu ouvrir une carrière, un débouché aux avocats, et, depuis l'origine du gouvernement parlementaire, les assemblés ont été envahies par les avocats; ils s'y trouvaient comme chez eux; du mot parler et du mot mentir, on a fait parlement.

Les médecins sans ouvrage étaient plus malheureux. Quand le malade ne venait pas, ils étaient réduits à se mettre au service de quelque drogue nouvelle dont les apothicaires payaient l'éloge obstiné, aux gages d'une sage-femme ou d'une somnambule; ils n'avaient pas, comme les avocats, le refuge et l'asile des Chambres et du pouvoir. Les avocats, en effet, ont acquis, sinon la connaissance des lois et une vraie éloquence, du moins ce bagout, cette facilité d'enfiler des mots, de parler longtemps sans s'arrêter sur n'importe quoi, avec de grands gestes et de grands éclats de voix, de faire succéder les phrases aux phrases sans s'inquiéter de ce qu'il y aura dans les phrases, ni même s'il y aura quelque chose, ce qui séduit les foules, les enivre, les abrutit et leur semble la sublime éloquence.

Mais aujourd'hui les médecins s'exercent à la parole, et, s'ils n'acquièrent pas tous la facilité des avocats, ils se rattrapent en exagérant les doctrines. Aux dernières élections, on a vu s'accroître singulièrement non seulement le nombre des candidats médecins, mais aussi celui des médecins députés. Ils sont aujourd'hui une soixantaine, je crois, qui vont consacrer à la France, hélas! bien malade, des soins dont les Français individuellement n'ont pas voulu.

*
* *

Il y a parmi les médecins hommes d'État un certain Bert; j'avouerai que je ne sais pas s'il est quelque chose dans le gouvernement : — je ne fais aucune distinction entre les divers commis de M⁰ Gambetta; je ne charge pas ma mémoire dé leurs noms; les zéros qui viennent humblement se ranger derrière un chiffre et décupler la valeur s'appellent tous indistinctement zéros; le premier comme le dernier n'ont aucune différence entre eux et ne sont même pas des chiffres.

Ce Bert, cherchant sa voie, s'était adonné à cette branche de la médecine qui ne guérit pas et n'en a pas la prétention; cette branche est moins encombrée, parce qu'elle exige une certaine férocité; c'est un dilettantisme; cela consiste à disséquer des animaux vivants, à imaginer pour les chiens de nouveaux supplices, à gagner ou à perdre des gageures sur le plus ou moins de sensibilité de certains nerfs dans les tortures. Magendie a disséqué vivants des milliers de chiens, et croyait très peu à la médecine. M. Bert s'est mis en route sur les traces de Magendie et en a déjà disséqué plus que lui. On voudrait savoir, depuis qu'on se livre à ces cruautés répugnantes, si en tuant des chiens on a empêché des hommes de mourir, si l'on a supprimé la moindre maladie, le moindre cor aux pieds, le moindre rhume de cerveau.

J'ignore si M. Bert a été assez heureux pour découvrir un nouveau supplice, des tortures nouvelles; mais cela ne le menait pas à devenir député d'un arrondissement quelconque ou ministre de quelque chose. Toujours est-il qu'après avoir disséqué des milliers d'animaux vivants, il a pensé que ces études suffisaient pour être propre au gouvernement avec quelques modifications. Il a rendu hommage-lige a Mᵉ Gambetta et, laissant les chiens tranquilles, a cherché à se faire une popularité en s'attaquant au « nommé Dieu ».

C'est ainsi que récemment, dans une réunion privée ou publique — je n'en saisis pas bien la différence — où Mᵉ Gambetta était en même temps président et chef des claqueurs, il s'est mis à disséquer l'Être suprême, mais sans lui faire de mal. Si bien qu'il n'y a pas de plaisir, mais un certain profit, puisque c'est une bêtise à la mode.

*
* *

Toujours est-il que voici les médecins qui, à l'exemple et à l'envi des avocats, envahissent les assemblées législatives. Ça sera un combat. Vous voyez déjà en face l'un de l'autre, à peu près comme Romulus et Tatius, dont nous avons tant copié les têtes au collège, l'avocat Gambetta et le médecin Clémenceau.

Agrippa (*De la vanité des sciences*) raconte qu'il y eut de son temps une dispute sur la question de rang entre les avocats et les médecins. « Le juge, après l'audition des parties, leur demanda quelle était la coutume en menant les condamnés au supplice, et en quel ordre marchaient le larron et le bourreau ? Eux répondant que le larron allait devant et le bourreau suivait, le juge fonda là-dessus sa sentence et dit : Que les avocats donc précèdent et que les médecins suivent. »

Les avocats et les médecins se disputent la France.

J'ai dit des avocats, et surtout des avocats dans la politique, tout ce que j'avais à en dire et que je résume en trois lignes.

Au tribunal, s'il dépend du talent d'un avocat, comme le proclament les journaux tous les jours, de faire, par le jury, acquitter un scélérat, il faut supprimer les avocats ou le jury.

On appelle souvent l'avocat « défenseur de la veuve et de l'orphelin »; il n'y aurait pas besoin qu'un avocat les défendît, s'il n'y avait en face un autre avocat qui les attaque.

Dans la politique, habitués à plaider le pour et le contre, en quinze ans d'exercice ils ont perdu tout sentiment du vrai et du faux, du juste et de l'injuste; leur bagout de charlatan entraîne les niais qui forment la majorité des foules : l'avocat doit être exclu des affaires publiques.

Je ne dirai donc rien des avocats jusqu'à nouvel ordre.

Il n'est d'ailleurs que trop facile de voir chaque jour quel est le résultat de leur invasion dans la politique.

*
* *

Je veux un peu parler de la médecine, non au point de vue de la politique, les médecins ne font que commencer à y paraître, mais au point de vue de la médecine elle-même.

Un petit bouquin que j'ai trouvé à Turin m'a fait penser qu'il n'y a rien dans les « trois règnes » de la nature, animal, végétal, minéral, absolument rien qui n'ait été préconisé, vendu et acheté comme guérison de quelque chose, presque toujours même comme guérison de tout. Je compte vous faire part de cette étude un peu de temps en temps : c'est curieux, instructif et amusant. Aujourd'hui, je n'ai plus de place que pour parler sommairement du petit livre.

Il s'agit dans cet ouvrage d'une charmante fougère, l'*adianthum*, vulgo *cheveux de Vénus*. Il serait difficile de trouver quelques rapports entre cette plante et la chevelure de Vénus, qu'on nous représente le plus souvent blonde je ne sais trop pourquoi, à moins que ce ne soit à cause de la finesse de ses tiges. Pline dit cependant qu'on en faisait une pommade pour teindre les cheveux et leur donner de l'éclat.

L'*adianthum Veneris* croît dans tout le bassin de la Méditerranée : sur les rochers humides, dans les grottes, dans les puits au-dessus de l'eau.

Cette fougère se montre en petites touffes ; au haut de tiges fines, en effet comme des cheveux et d'un noir brillant, haute de dix à vingt centimètres, sortent de petites feuilles découpées d'un vert gai, qui forment le plus léger, le plus joli des panaches.

C'était déjà bien assez d'être si jolie, c'était beaucoup d'être employée à la toilette des femmes, on l'a fait entrer dans la boutique des apothicaires.

En 1644, Pierre Formé, « docteur en l'université de médecine de Montpellier, » dédia un livre sur « l'adianton et ses vertus » à « haute et puissante dame madame Marguerite de Montpesat, abbesse de Nonenques. »

L'adianton est céphalique, thoracique, hépatique, spleenique, diurétique sudorifique, etc.

Il guérit... de quoi ? de tout.

Je serai heureux de remettre ce fameux remède en lumière, ainsi qu'un certain nombre d'autres, puisque les médecins nous abandonnent et entrent dans la politique. Nous ne tarderons pas à en reparler.

XVIII

ORVIÉTAN, THÉRIAQUE ET AUTRES PANACÉES

C'est réellement bien dommage que l'adianthum ne guérisse plus de rien du tout.

L'adianthum produisait alors différents effets, suivant les diverses préparations qu'on lui faisait subir.

On l'employait en « *ptisane* », qui pouvait « être dite un second or potable à cause de sa couleur qui *retire* à celle de l'or, et, à cause de ses vertus », en « sirop ; » on en faisait le « vin adiantin », le « mellicrat adiantin », « l'hydrorosat adiantin des « conserves », un « opiat » des « tablettes », des « pilules et trochisques », de la « poudre », des « bouillons », des « juleps », des « parfums pour le cerveau », des « couronnes » contre la frénésie et l'ivresse, des « lochs », des « gargarismes », des « bains », des « cataplasmes », de « l'eau distillée », un « extraict », une « huile », un « sel », une poudre pour les dents qui était également bonne pour les cheveux, blanchissant les dents et noircissant les cheveux.

Enfin l'adianthum guérissait : les fièvres continues, intermittentes, catharres, mélancolie, épilepsie, céphalalgie, les maladies des yeux et des oreilles, la morsure des serpents et des chiens enragés, l'asthme, la pneumonie, les calculs des reins et la pierre, la jaunisse, la stérilité, la goutte, la sciatique, les phlegmons, les érésypèles, les écrouelles, la teigne, l'hydropisie, les maladies du foie et de la rate, la pleurésie, l'alopécie, la calvitie, les tumeurs, etc.

« Car, dit l'auteur, le docteur Formi, dans son livre imprimé en 1744 à Montpellier, chez Pierre Dubuisson, il n'est maladie contre laquelle l'adianthon ne desploye le bénéfice de ses vertus.

« Son infusion, sa teinture est resplendissante et de la vraye couleur de l'or, vray or potable tant cherché par les alchymistes; son odeur souefve et sa saveur démontrent ses vertus; on porte de Montpellier à Paris de son sirop pour les délices des courtisans. »

Et l'*Adianthum capillus Veneris* continua quelque temps à guérir de toutes les maladies sans exception, c'est-à-dire presque autant que la farine de lentilles qui règne aujourd'hui, jusqu'au jour où cette jolie fougère, qui me fait l'honneur de végéter dans les vieilles pierres d'un puits de mon jardin, ne guérit plus rien du tout.

Madame de Sévigné, morte à la fin du XVIIe siècle, ne connut pas l'adianthum. Si je fais cette remarque, c'est que cette charmante femme, qui n'était ni très bête ni très crédule, crut, en fait de médecine, à des choses bien singulières.

« Le remède du frère Ange, dit-elle, a ressuscité le maréchal de Bellefond et tiré de la mort le duc de Lude.

» Les capucins font prendre tous les matins à l'abbé de la poudre d'écrevisses.

» C'est à la merveilleuse eau de lin que la France doit la conservation de M. Colbert.

» La poudre de M. de Lorme a très bien fait.

» La moelle de cerf fait, dit-on, merveille pour les maux de jambe.

» Je prends la petite eau au décours de la lune.

» Ma jambe est enveloppée de pains de roses trempées dans du lait.

» ... Des herbes qu'on retire deux fois par jour et qu'on va enterrer. Riez si vous voulez : moi, j'ai d'abord voulu rire; mais on assure que, à mesure que les herbes pourrissent en terre, le mal disparaît; vous me reverrez avec une jambe à la Sévigné, c'est-à-dire visant à la perfection.

» Cette chère pervenche! On dirait qu'elle a été créée pour vous; quand vous redevîntes si belle, on disait : sur quelle herbe a-t-elle marché; sur de la pervenche.

» Je suis très en peine de M. de Grignan... vous

n'êtes pas dans les bons principes sur les vipères. C'est aux vipères que je dois la pleine santé dont je jouis, mais il faut que ce soit de véritables vipères en chair et en os, et non de la poudre de vipères. Priez M. de Boissi de vous faire venir dix douzaines de vipères du Poitou, dans une caisse séparée en trois ou quatre afin qu'elles y soient bien à leur aise..... Prenez-en deux tous les matins, coupez leur la tête, faites-les écorcher et couper par morceaux, et en farcissez le corps d'un poulet pendant un mois, et M. de Grignan redeviendra tel que nous le souhaitons!

» J'ai couru avec transport à cette *poudre de sympathie* que vous m'avez envoyée et qui est un remède divin. »

La poudre de sympathie était composée par un homme très intéressant par son histoire, mais bien fou ou cruellement charlatan en ce qui regarde la médecine et les sciences naturelles.

Digby était fils d'Éverard Digby, qui fut pendu pour complicité dans la conspiration des poudres. Orphelin à trois ans, il fut nommé à vingt ans gentilhomme de la chambre par le roi Charles Ier. Quelques années après, à la tête d'une petite escadre équipée à ses propres frais, il alla combattre les Algériens et les Vénitiens en guerre avec les Anglais. Fidèle à Charles Ier, il fut emprisonné pendant assez longtemps, puis émigra en France jusqu'à la restauration de Charles II.

C'est pour conserver l'extrême beauté de sa femme, Anastasia, qu'il se livra d'abord aux études, puis aux rêveries et aux folies de la médecine, de la chimie et des sciences occultes. Ce qui n'empêcha pas Anastasia de mourir jeune, mais sans avoir vu le temps altérer ses charmes.

J'ai sous les yeux un discours prononcé par Digby et ensuite imprimé avec privilège du roi, en 1658.

DISCOURS

Fait en une célèbre assemblée par le chevalier Digby,

Chancelier de la reine de la Grande-Bretagne,

Touchant la guérison des plaies par la poudre de sympathie, où sa composition est enseignée.

Chez Augustin Courbé, en la petite salle du palais, à la Palme, et chez Pierre Moët, libraire-juré, proche le pont Saint-Michel, à l'Image Saint-Alexis. »

Digby commence par raconter une de ses guérisons par la « poudre sympathique ». Il paraîtra, par la suite de ce récit, que cette poudre était liquide, ce qui est déjà une circonstance très extraordinaire.

M. Howell, voulant séparer deux de ses amis qui se battaient, reçut sur la main des blessures si graves, que les médecins étaient d'avis unanime de lui couper le poignet pour éviter la gangrène qui s'annonçait déjà à certains signes, y compris le chirurgien du roi Jacques Ier, envoyé par le roi, qui aimait beaucoup Howel. Howel vint un matin voir Digby, qui demeurait près de chez lui, lui dit qu'il souffrait horriblement; qu'il était menacé de mutilation, mais que le bruit public donnait à Digby un remède extraordinaire qu'il venait lui demander.

Digby prit un ruban teint du sang d'Howell, qui avait servi à panser sa blessure, le trempa dans un bassin plein d'eau, jeta dans un bassin une poignée de poudre de vitriol.

Pendant ce temps, Howell causait, en un coin, avec un gentilhomme. M. Digby ne l'avait pas touché, n'avait même pas vu la plaie; tout à coup Howell tressaillit, s'écria qu'il ne sentait plus aucune douleur et fut complètement guéri.

Le vitriol a bien changé et s'est bien gâté; il entre aujourd'hui comme arme dans le carquois de l'amour, et sert aux amants à se défigurer réciproquement, dans le cas d'infidélité.

Ce même Digby préconise comme remèdes souverains dans des cas graves la fiente de paon en pastilles, la raclure des ongles d'un supplicié et une sorte de petite moule qui croît sur les crânes des morts enterrés depuis un certain temps.

Quant aux vipères, sur lesquelles madame de Grignan avait des idées si erronées et si contraires aux vrais principes, elles ont régné assez longtemps ; elles entraient rigoureusement dans la composition de la thériaque.

On faisait des bouillons de vipère, de la gelée de vipère, de la poudre de vipère, de l'huile, du sel, du sirop, de l'eau distillée, de l'axonge, des pastilles, trochisques et bonbons de vipère, etc. C'est à Padoue et à Montpellier qu'on faisait surtout ces préparations. On tirait des vipères surtout pour la France du Poitou, cru qu'indique madame de Sévigné, et on m'assure que ce remède n'est pas aujourd'hui tout à fait abandonné. Je ne sais pas de quoi ça guérit à présent ; mais alors ça guérissait de presque tout.

Quant à la thériaque, au mithridat, à l'orviétan, il y entrait quelque chose comme soixante ou quatre-vingts drogues et éléments divers, disparates, contradictoires. Cette composition semble dire que la médecine, dans son combat contre la maladie et la mort, agissait comme un chasseur peu sûr de son adresse, qui, au lieu de charger son fusil d'une unique balle, remplit le canon d'une poignée de petit plomb qui, en s'écartant, multiplient singulièrement les chances de toucher l'objet visé.

« Les gouttes d'Angleterre, » si longtemps célèbres, et souveraines, furent inventées par un Anglais, le docteur Goddar disent les Mémoires de l'Académie. Il vendit ce remède très cher au roi Charles II. Ce n'est pas autre chose que le produit de la soie distillé, je ne sais comment, dans une cornue bien lutée.

Les vers de terre, lombricus, on en mettait dans du vin blanc qu'on buvait et qui était admirable, dit Valmon de Bomar (en 1775), pour fortifier les nerfs et les jointures; la poudre de vers de terre, dit un docteur Bourgeois, assez en réputation à la même époque, est souveraine contre la paralysie et le rhumanisme goutteux.

On faisait des beignets de vers de terre avec de la farine et des œufs, et ça guérissait des fièvres tierces, il fallait quatre vers dans chaque beignet, pas un de plus, pas un de moins.

Un sieur Baillard, en 1667, a publié un livre sur le tabac. La dédicace de ce livre fut acceptée par Moulin Bourdelot, premier médecin de la reyne de Suède, conseiller et médecin du roy, et approuvée par MM. Daquin, premier médecin de la reyne; Lizot, médecin ordinaire du roy; Guérin, docteur-médecin de la Faculté de Paris; de Micha, docteur de la Faculté de Montpellier.

Ce livre se termine ainsi :

« Le tabac est le plus riche trésor qui soit venu du pays de l'or et des perles; il contient réuni tout ce que les autres simples n'ont que séparé; la nature, ayant fait ce miracle, n'aurait pas dû le cacher près de six mille ans à la moitié du monde. Il y avait injustice de le reléguer parmi les barbares et les sauvages, lorsqu'elle leur réserva tous les remèdes en un seul remède, etc. »

La corne de la licorne inspirait plus que des doutes à Ambroise Paré ; il ne croyait pas à l'efficacité de la corne, et accessoirement il ne croyait guère à l'existence de la licorne, ce qui est l'avis de presque tous les naturalistes modernes, qui la placent dans le groupe des sirènes, des tritons, des centaures, des griffons, des serpents de mer, etc. Ambroise Paré n'était un peu gêné dans sa négation de l'existence de la licorne que parce que David, au psaume 22, et Ésaïe, 34, le livre de Job, le Deutéromone en font mention.

« Je priai un jour, dit-il, M. Chapelain, premier médecin du roy Charles IX, veu l'autorité qu'il avoit à l'endroit du roy nostre maistre, pour son grand sçavoir, d'en vouloir oster l'usage et d'abolir cette coustume qu'on avoit de laisser tremper un morceau de licorne dans la coupe où le roy beuvoit, crainte de poison. Il me fit response que véritablement il ne cognoissoit aucune vertu en la corne de licorne, mais qu'il voyoit l'opinion qu'on avoit d'icelle estre si invétérée et enracinée au cerveau des princes et du peuple, il croyoit n'en pas être meistre, et il adjouta : Tout homme qui entreprend d'escrire pour réfuter quelque opinion reçue de longtemps ressemble au hibou qui, se monstrant en quelque endroit éminent, les austres oiseaux lui courent sus et le plument. »

La corne de licorne se vendait plus que son

poids d'or. Les rois seuls en avaient des coupes. Louis XVI de France fut le premier qui fit retrancher du cérémonial de la table royale l'usage d'éprouver ainsi les boissons et les mets.

Je n'entrerai, du moins aujourd'hui, dans aucuns détails sur une autre panacée, les cinq fragments précieux, c'est-à-dire de petits morceaux de diamants, de saphirs, de topazes, d'émeraude et d'opale, sinon pour dire que ça guérissait beaucoup en son temps et que, si l'on y a à peu près renoncé, c'est que les apothicaires remplaçaient parfois les pierres précieuses par du verre coloré. Les bezoards, le corail, les perles, les yeux d'écrevisses ont été à la mode.

La *momie* a eu aussi son règne, et Tallemant des Réaux raconte qu'une duchesse de son temps, pauvre mère désespérée, affolée, voyant son enfant abandonné des médecins, lui fit prendre un lavement dans lequel elle avait fait dissoudre des reliques.

Mais vingt volumes ne suffiraient pas pour traiter de tout ce qui a guéri et ne guérit plus.

De toutes ces panacées, une seule subsiste aujourd'hui, et elle s'élève entre toutes les drogues inventées chaque jour comme le chêne au milieu des bruyères : c'est la farine de lentilles. Je ne manquerai pas au respect que je lui dois, et je ne m'exposerai pas à être traité en hibou par les bêtes à plume, en disant les humbles commencements et les difficultés qu'elle a dû traverser. Ces humbles commencements et ces obstacles vaincus sont une partie de la gloire des grands hommes. D'ailleurs je ne suis pas suspect et j'avoue hautement que j'aime les lentilles.

Les Romains furent guéris par les choux, pour toute médecine, pendant plus de cinq cents ans. Caton l'Ancien (*De re rustica*) expose diverses manières de préparer ce « médicament » et dit : « Mangez du chou, telle est la formule que je vous indique, et vous n'aurez à craindre aucune maladie! » Mais le même Caton, Pline, etc., parlent très dédaigneusement des lentilles. Virgile, dans les *Géorgiques*, dit : « Si par hasard vous ne méprisez pas la lentille, semez-la en terre maigre. » Les lentilles étaient considérées comme un mets de pauvre. Les stoïciens disaient : « Le sage ne dédaigne rien et fait tout bien ; il assaisonne excellemment les lentilles. »

Valmont de Bomar, dans son *Dictionnaire d'histoire naturelle*, s'étonne que les lentilles, qu'on aimait assez à une autre époque, soient tombées de son temps dans un tel discrédit. « Toute l'École de médecine, dit-il (1775), prononce que les lentilles ne conviennent ni comme aliment, ni comme remède ; elle enseigne que la fréquence d'une telle nourriture trouble la tête, dérange les esprits, amortit la vue, occasionne les terreurs nocturnes, obstrue les viscères, etc. »

Et il se demande si ce sont les lentilles ou nos estomacs qui ont dégénéré.

Mais les lentilles, longtemps méconnues, jouissent aujourd'hui d'une faveur sans exemple ; il n'y a à comparer à elles et à leur chemin brillant que maître Gambetta ; elles guérissent plus de maladies que n'en ont jamais guéri l'orviétan, la thériaque, le mithridat et les vipères, qui les guérissaient toutes, et, si en 1775 les lentilles avaient des défauts, ou elles s'en sont corrigées, ou, si elles ont donné les maladies que constatait « toute l'école de médecine » de ce temps-là, ce n'a été que pour les guérir plus tard.

Il ne faut pas que nous autres de ce temps-ci nous nous enorgueillissions de la liste de ce que nous ne croyons plus ; il y a en nous, comme chez les hommes de tous les temps, un amour du merveilleux et une somme de crédulité qui n'abandonnent un engouement que pour le remplacer par un autre.

La crédulité humaine aujourd'hui s'applique à la politique ; jamais nous n'avons cru tant de mensonges, de billevesées ; jamais nous n'avons été si badauds ; jamais nous n'avons entouré les charlatans plus nombreux que jamais d'une foule aussi compacte et aussi bête.

On ne croit plus en Dieu, mais on croit en M. Gambetta, en M. Ferry, en M. Cazot, etc. ; puis, si l'on cesse de croire en eux, ce sera pour entourer et acclamer MM. Clémenceau, Tony Révillon, qu'on abandonnera un jour pour d'autres aussi semblables à eux qu'ils sont semblables à leurs prédécesseurs.

M. Bert ne croit pas à Dieu, mais il croit à M. Bert.

XIX

RÉVÉLATIONS

Il ne s'agit pas aujourd'hui, comme de coutume, d'une causerie familière. Je vais livrer à la publicité des détails que n'ont pu se procurer ni les journalistes d'ordinaire les mieux informés, ni les plus fins limiers en quête de nouvelles, ni les « reporters » les plus rusés, les plus opiniâtres, les plus impudents.

Ces détails, j'avoue que je les dois au hasard d'une rencontre. Ceux qui s'étonneraient que j'aie de ces hasards et de ces rencontres dans la vie solitaire que je mène à Saint-Raphaël ne savent pas le nombre et la variété des personnages et acteurs de la comédie sociale et politique qui se donnent, pendant les entr'actes, le régal d'un peu de repos sur nos riantes plages méditerranéennes. Là, plus de pompe, plus d'apparat, plus d'attitudes, plus de vie factice.

Il y a une trentaine d'années, un nain célèbre attira l'attention à Paris, sous le nom de « général Tom-Pouce »; il s'était logé sur le boulevard des Italiens et donnait des séances chez lui. Dans la même maison demeurait le chanteur Lablache. Lablache était un beau, un magnifique géant, un colosse. Des étrangers, curieux de voir le nain, montent dans la maison, se trompent d'étage et sonnent chez Lablache, qui vient lui-même ouvrir en robe de chambre.

— Le général Tom-Pouce?

— C'est moi, répond froidement Lablache.

Stupéfaction des étrangers.

— Je comprends ce qui vous étonne, dit le colosse..., c'est que chez moi, quand je ne suis pas en représentation, je me mets à mon aise.

Il en est exactement de même des personnages politiques et autres qui viennent se reposer ici, excepté que c'est tout le contraire : ce sont les géants et les colosses qui se mettent à leur aise, dégonflent leur baudruche et reprennent momentanément les proportions humaines.

Quant aux questions qu'on serait tenté de me faire sur la personne qui m'a fait cette confidence et a commis cette indiscrétion, j'ai promis de ne la pas nommer. Toute question serait donc inutile.

On n'a dit que la vérité en racontant que maître Gambetta, qui s'est déjà fait tant de tort auprès de ses partisans en s'affublant trop tôt des oripea[ux] de la royauté, s'est avisé d'emprunter aux rois le incognito et de voyager sous le nom de M. Mass[a]bie, avocat.

Arrivé près de la résidence de M. de Bismarc[k] il lui a écrit : « Le grand Condé, la veille d'une b[a]taille, disait : Que ne puis-je, pendant une dem[i-]heure, entretenir l'ombre de Turenne! Je ne s[uis] pas le grand Condé, mais je suis sur le point [de] livrer une grande bataille, je vous demande in[s]tamment la faveur d'une heure d'entretien. »

C'est seulement le lendemain que le chanceli[er] lui répondit : « Monsieur, j'ai quelque peu hésit[é,] n'y voyant pas grande utilité, à vous donner l'a[u]dience que vous me demandez; je m'y décide c[e]pendant, sous une condition : c'est que, pend[ant] notre entrevue, vous garderez votre incognit[o,] votre faux nez, et serez M. l'avocat Massabie; [ce] sera plus commode pour vous et pour moi po[ur] parler et entendre parler de M. Gambetta. »

M. Gambetta fut un moment quelque peu em[]barrassé en entrant dans le cabinet de M. de Bi[s]marck; il commença une phrase que le chanceli[er] interrompit :

— Epargnez-vous, monsieur Massabie, tou[te] protestation pacifique à l'égard de l'empire d'All[e]magne; je n'en ai pas besoin; tant que la Fran[ce] sera au pouvoir de M. Gambetta et de ses ami[s,] nous n'aurons aucun souci des idées de revanch[e] toutes les protestations du monde ne vaudraient pas à beaucoup près, pour nous tranquilliser, s'il en était besoin, la guerre étrangement insensée que la France vient de se mettre sur le dos en Afrique; elle y use et y perd son argent, ses soldats, son temps et son reste de prestige.

Ce n'est pas sans un certain plaisir que nous vous voyons éparpiller vos forces. La France fait d'elle-même, pour rassurer ses voisins, ce que les nations rivales de la maison d'Autriche ont, pendant si longtemps, pris tant de peine à lui imposer. Les fins politiques, du temps que la France avait des hommes d'État, prenaient le plus grand souci, dans les traités de paix, de lui laisser et au besoin de lui donner des domaines en Italie et en Flandres; dès que la guerre éclatait entre la maison d'Autriche et la maison de Bourbon, le théâtre en était porté dans les Pays-Bas ou en Italie, et, en même temps, la France pouvait opérer une diversion en Hongrie par ses liaisons avec la Porte ottomane, ce qui mettait la cour de Vienne dans la nécessité d'entretenir au moins trois armées dans des pays si distants l'un de l'autre, qu'elles ne pouvaient se prêter aucun secours.

Nous sommes donc parfaitement tranquilles, monsieur Massabie, et nous n'avons nul besoin d'être rassurés. Il paraît que M. Gambetta va être forcé d'accepter une responsabilité et de devenir ministre de M. Grévy?

M. MASSABIE.

Ministre sans portefeuille, c'est-à-dire n'étant pas astreint à se renfermer dans des limites et des attributions précises, non pas ministre de ceci ou de cela, mais ministre de tout, ministre gouvernant.

M. DE BISMARCK.

Je comprends. Consul avec M. Grévy, comme Napoléon Ier avec Cambacérès et Lebrun. Mais M. Grévy se laissera-t-il faire archichancelier?

M. MASSABIE.

Le bonhomme se laissera faire comme s'est laissé faire M. de Mac-Mahon.

M. DE BISMARCK.

Que M. Gambetta ne s'y fie pas; les silencieux et les renfermés sont quelquefois dangereux. Mais peu m'importe; M. Gambetta va donc se trouver à la tête du gouvernement. Peut-être va-t-il s'apercevoir qu'il a lui-même rendu bien difficile et peut-être impossible l'œuvre qu'il avait pour but. Nous avons un vieux proverbe allemand qui dit : « Il n'est pas facile de gouverner la poudre quand on y a mis le feu. »

Ici, M. Massabie, qui avait repris en grande partie son aplomb, exposa ses plans et ses projets au chancelier; quand il serait président de la République, il ferait rentrer la France dans le concert européen et la rendrait pour l'Allemagne la plus fidèle alliée.

M. DE BISMARCK.

Je serais, monsieur Massabie, assez curieux de savoir si M. Gambetta comprend bien les difficultés de l'œuvre qu'il entreprend de gouverner un grand pays comme la France et un peuple ardent, effaré, effréné comme les Français. Jusqu'ici, il n'a fait que parler, et j'ajouterai que son genre de faconde est plutôt celui qui convient à un commis voyageur, à un charlatan qu'à un homme d'État. La langue vraiment politique, quand on n'a plus affaire à la foule, à la cohue, doit éviter les phrases ampoulées, les grands mots, *sesquipedalia verba,* les grosses sonorités creuses, les gestes de mélodrame; il faut de la simplicité, de la netteté, de la justesse. Pour bien parler à des hommes sérieux, il faut savoir raisonner. Pour raisonner sur la multitude d'éléments qui composent un gouvernement, il faut avoir étudié et bien étudié beaucoup de choses.

M. MASSABIE.

M. Thiers apprenait le matin ce qu'il avait à dire à deux heures à la Chambre et l'avait complètement oublié à l'heure du dîner, pour ne pas compromettre sa digestion.

M. DE BISMARCK.

Dans l'intérêt de votre pays, ne parlez pas de M. Thiers comme exemple; ce petit homme a été

un grand fléau pour la France. Sans lui, s'il n'avai
pas renversé la monarchie de Juillet, la France se
rait encore la France, l'Italie ne serait pas l'Italie,
et la Prusse ne serait pas l'empire d'Allemagne.

M. Gambetta se trompe sur lui-même, sur sa
propre valeur et sur son avenir, s'il ne sent pas la
nécessité de savoir beaucoup de choses. Sait-il,
par exemple, que la politique ne consiste pas à se
jucher avec des complices aux fonctions largement
rétribuées, mais bien dans l'étude et la connaissance des problèmes les plus propres à rendre u
État formidable et ses citoyens heureux?

Sait-il, comme le disait votre Jean-Jacques Rous
seau, que, quand on veut fonder une Républiqu
il ne faut pas commencer par la remplir de mécon
tents?

Sait-il qu'un État régulier n'est que l'assemblag
d'une multitude d'hommes qui habitent la mêm
contrée et qui réunissent leurs forces et leur
volontés pour se procurer toute l'aisance, tous le
agréments et toutes les sécurités possibles?

Sait-il bien l'histoire ancienne et moderne, mili
taire et civile? Une erreur pour laquelle vos peti
journaux l'ont fort bafoué peut faire douter qu"
sache la géographie.

Sait-il la situation de chaque pays, leurs fron
tières, leurs voisins, leurs intérêts, leur commer
actuel et possible, leur navigation, leurs mers
leurs fleuves, leur histoire, leurs prétentions, leur

forces de terre et de mer, leurs finances, la généalogie, le caractère, la valeur des divers hommes d'État?

Connaît-il le droit naturel et le droit des gens! Sait-il notre Pufendorf et votre Montesquieu? Connaît-il...

M. MASSABIE, *interrompant* :

Pendant qu'on perdrait son temps à apprendre toutes ces choses, l'occasion elle-même se perdrait, et on se trouverait porté de la tête à la queue. Il s'agit d'arriver, et, après, on verra.

M. DE BISMARCK.

Ce que vous me dites, monsieur Massabie, me confirme tout à fait dans une pensée que j'avais déjà; M. Gambetta n'est pas républicain.

M. MASSABIE, *majestueux* :

Monsieur!...

M. DE BISMARCK.

N'oubliez pas que c'est à M. Massabie que je parle, et que M. Massabie n'oublie pas non plus que je ne suis pas homme à me laisser prendre aux hameçons avec lesquels M. Gambetta pêche ses partisans. M. Gambetta n'est pas et ne sera jamais un homme d'État, M. Gambetta vise simplement au rôle d'usurpateur.

M. MASSABIE, *comme offensé* :

Monsieur!...

M. DE BISMARCK.

Ne m'interrompez pas, monsieur Massabie; car l'heure que vous m'avez demandée est avancée, et moi je travaille et j'étudie beaucoup, j'ai tant de choses à apprendre !

Pour le rôle d'usurpateur, il n'y a pas besoin de savoir tant de choses, mais il faut avoir le tempérament, et ça n'est pas à la portée de tout le monde.

Voyons un peu, monsieur Massabie, quels étaient certains usurpateurs célèbres, et voyons s'il s'en trouve un qui ressemble à M. Gambetta.

Pisistrate était parent de Solon, noble, riche, brave, politique habile, ami des lettres; c'est lui qui réunit les poésies d'Homère, etc.; passons à un autre.

Périclès était brave, riche, magnifique, généreux; il fit construire des monuments splendides, porta au plus haut degré la puissance d'Athènes, protégea les sciences et les lettres et leur donna un magnifique essor, et son époque s'appelle encore le siècle de Périclès. Je sais bien que, du temps de M. Gambetta, des poètes ont publié l'*Amant d'Amanda* et *C'est dans l'nez que ça m'démange*. Mais, cependant, cherchons encore ailleurs; nous ne trouverons pas notre affaire chez les Grecs.

Chez les Romains, nous avons Sylla, issu d'une

grande famille, très brave et très habile ; il vainquit Mithridate ; ça n'est pas ça.

Jules César, grand guerrier, grand homme d'État, grand écrivain ; ça n'est pas encore ça.

Octave Auguste ; général habile, il suppléait à une certaine audace dans les combats qu'on lui disputait, mais qu'il savait sinon avoir, du moins montrer quand il le fallait, par le choix intelligent de ses généraux ; il n'eût pas employé M. Farre ; c'était du reste un très grand esprit et qui, comme Périclès, a laissé son nom à son siècle.

Ces Grecs et ces Romains sont ennuyeux, monsieur Massabie ; ce sont des géants ; il est trop humiliant de se comparer à eux ; n'y comparons donc pas M. Gambetta.

Vous avez chez vous le Normand Guillaume, Guillaume le Conquérant...

M. MASSABIE.

... Fils d'une blanchisseuse de Falaise.

M. DE BISMARCK.

Ah ! vous savez un peu d'histoire... Oui, il était fils d'une blanchisseuse... mais ça ne suffit pas. Il y a beaucoup de fils de blanchisseuses, de filandières, de boulangères, d'épicières, etc., qui n'ont pas pour cela conquis l'Angleterre et n'ont même pas essayé ; mais le père n'était pas blanchisseur... c'était Robert le Diable ; pour le fils, c'était un intrépide batailleur... Il y a cependant un point de ressemblance : il était très gros et très gras ; cependant ça n'est pas assez.

Vous avez encore dans votre histoire Pépin le Bref et Hugues Capet : le premier, brave jusqu'à la témérité ; en même temps, il n'était pas assez béjaune et laïque pour se brouiller avec l'Église dans un moment de crise, et il se fit sacrer par saint Boniface.

L'autre, très brave et très avisé, s'appuya sur l'Église et s'en trouva bien.

Parlerons-nous des deux Napoléons, l'oncle et le neveu, monsieur Massabie? Napoléon III était le neveu de son oncle et a grugé l'héritage ; n'en disons rien. Si Napoléon Ier n'était pas un sabreur comme son beau-frère Murat, il savait braver la mort quand il fallait entraîner les soldats, et puis, sous certains rapports, c'était un homme de génie.

M. MASSABIE.

.... Mais, monsieur, vous insistez toujours sur la bravoure des usurpateurs... M. Gambetta s'est battu, il y a peu de temps.

M. DE BISMARCK.

Oui... au pistolet..... à trente-cinq pas, cinq pas de plus qu'on n'avait jamais vu.

Écoutez-moi, monsieur Massabie, M. Gambetta, qui n'est pas, il s'en faut... du tout, un homme d'État, n'a pas non plus le tempérament d'un usurpateur ; les sorcières de Macbeth, s'il était un assez grand personnage pour qu'elles lui apparussent, lui corneraient aux oreilles : Tu ne seras pas roi.

Je n'ai qu'un conseil à lui donner : qu'il continue à faire sa pelote, et... ensuite, qu'il s'en aille à temps. (Tirant sa montre) : L'heure, M. Massabie, que vous m'aviez fait l'honneur de me demander s'est écoulée, et trois minutes avec; je suis parfaitement votre serviteur.

Et le chancelier sortit de son cabinet, y laissant maître Gambetta très ahuri.

Cette entrevue, sur laquelle on avait des doutes, a donc réellement eu lieu, et c'est depuis cela que les familiers de maître Gambetta lui trouvent l'air souvent abattu et presque découragé.

XX

PLUS ÇA CHANGE.....

Grâce aux pseudo-républicains, aux charlatan[s]
aux hableurs, qui n'attaquent les abus et les priv[i]-
lèges que pour les conquérir et en jouir à· leu[r]
tour; grâce aux incapables, aux affamés, aux c[o]-
quins, qui, semblables à la fange devenue écum[e]
quand on trouble l'eau, montent à la surface d[ans]
les moments d'agitation, la République en Franc[e]
n'existe pas, n'a jamais existé et n'existera jamai[s,]
les soi-disant républicains, démocrates, etc., s[e]
chargeant de la rendre odieuse et impossible. No[us]
l'avons vue deux fois naître, agir et mourir [de]
même sous les coups de ses partisans, et no[us]
assistons à un spectacle qui finira encore par u[n]
dénouement semblable,·les acteurs d'aujourd'h[ui]
n'étant que les copistes et les parodistes de ce[ux]
qui ont « créé les rôles ».

Grâce à eux, à leur mauvaise foi, à leur avidit[é]

à leur ignorance, à leur impuissance, à leur criminelle bêtise, grâce à l'aveugle et sotte crédulité des autres, la République n'est pas en France une situation politique; c'est une maladie épidémique, contagieuse comme la peste, le choléra, la variole, etc., qui a sa période d'incubation, sa période ascendante et sa période descendante, jusqu'à une guérison qui laisse, je le crains, la constitution du malade affaiblie pour longtemps, peut-être pour toujours.

Personnellement, d'éducation, de sentiment, de raisonnement, je suis républicain; j'ai la conviction que la République serait la forme de gouvernement la plus noble, la plus équitable, la plus morale, la plus heureuse, et c'est comme républicain que, depuis que je tiens une plume, j'ai dû attaquer, harceler sans relâche les divers farceurs, histrions et coquins qui viennent effrontément jouer la même pièce devant un public toujours volé et trop longtemps patient. C'est ainsi que, en 1848 après quinze jours de République, j'écrivais à Lamartine : « Il est déjà temps de défendre la République contre M. Ledru-Rollin et les soi-disant républicains. » — Je me trompais, il n'était déjà plus temps; ni Lamartime, ni Cavaignac, ni les cinq ou six républicains de conviction qui les entouraient, qui sont morts et n'ont pas été remplacés et ne pourraient l'être, n'ont pu empêcher les soi-disant démocrates de rendre la République

14

odieuse et ridicule et de l'assassiner. La République, qui devrait être le gouvernement des meilleurs choisis par tous, n'est que le gouvernement des pires choisis par les mauvais.

Je veux aujourd'hui, pour la... je ne sais combientième fois, démontrer par un exemple que nos maîtres d'aujourd'hui ne sont que la parodie de ceux de 1848, qui étaient la parodie de ceux de 1793. Un seul rôle aujourd'hui ne peut être rempli. Il y avait alors des fous convaincus et des fanatiques. Personne n'est aujourd'hui capable de tenir cet emploi ; il n'y a plus que des avides et des vaniteux.

Quand la République est à l'état d'incubation, les charlatans et leurs pîtres ne trouvent pas d'encens assez vertigineux et assez grossier pour ce qu'ils appellent « le peuple ».

Le peuple, pour eux, n'est pas, comme il le devrait être pour la langue, pour la raison, pour la justice, l'universalité de la nation. Le peuple, c'est d'abord l'amas de nigauds prêts à faire cercle autour de tous les charlatans et escamoteurs, et disposés à croire non seulement que tous les maux inhérents à la condition humaine, que les souffrances, fruits naturels de la paresse et des vices, leur sont volontairement infligés par « le pouvoir », mais aussi que les hableurs et marchands d'orviétan qui les haranguent peuvent faire disparaître ces maux et ces souffrances, pourvu que « le peuple » les aide à supplanter et à devenir « le pouvoir » à leur tour.

A ces nigauds se joignent tous les vauriens, tous les chenapans, toutes les « fripouilles », tous les coquins, tous les scélérats. Que les meneurs alors ne s'avisent pas de tenter un triage et une épuration, car c'est surtout de ceux-ci qu'ils ont besoin pour l'agitation, pour l'émeute; c'est surtout à eux qu'on verse dans de plus grands verres plus remplis de vin empoisonné.

Comme un pouvoir régulier ne punit pas les gens honnêtes et paisibles, on ne pourrait dire : le « pouvoir », la « tyrannie » opprime, persécute, emprisonne, et même guillotine quelquefois le peuple, — et un grand effet serait manqué ; — il faut avoir avec soi des gens qui méritent d'être emprisonnés et guillotinés; il faut avoir ceux qui ont eu des « difficultés » avec la justice ou qui s'exposent à en avoir demain. Aussi c'est dans les bas-fonds des villes, dans les cloaques que l'on recrute avec les ouvriers paresseux et débauchés, appelés par antiphrase « travailleurs », les « repris de justice », les victimes et les martyrs de la loi, de la justice et des tribunaux, pour en former l'armée sauvage, affamée, haineuse, que les meneurs pourront lancer à l'émeute, en tenant la précieuse peau desdits meneurs à l'abri des horions. C'est cette armée qui est pour eux « le peuple » par excellence; c'est le peuple, le grand peuple, le peuple souverain; remarquez qu'on excepte en général de ce « peuple » presque la totalité des paysans, des agriculteurs, des nourriciers, qui forment les trois quarts de la nation, mais qui, occupés de leurs travaux, moins assidus au cabaret et au café, se grisent moins facilement des grosses phrases des avocats de bec et de plume. Voyez avec quel mépris les « amis du peuple » parlent quelquefois des « ruraux ».

Si les orateurs et gribouilleurs savaient ce qu'ils disent, et si leur auditoire comprenait ce qu'il entend, on verrait clairement la niaiserie et l'injustice d'appeler « le peuple » une partie de la nation, et de déclarer ce « peuple » souverain: souverain, c'est-à-dire tyran du reste de la nation; ce n'est pas moins bête, ce n'est pas moins injuste que si l'on déclarait souverains les ferblantiers, les marchands de peaux de lapins ou les vidangeurs.

Le peuple qu'ils rassemblent et qu'ils exploitent se compose uniquement des malheureux, des mécontents (peu importe que leur malheur provienne fatalement des conditions de l'humanité, ou de leur paresse, ou de leurs vices), des affamés, des altérés dont ils exaspèrent la faim et la soif par des fariboles poivrées, pimentées, etc.

Ils disent à ces malheureux : — Si vous êtes obligés de travailler, si vous avez faim, si vous avez soif, c'est la faute du « pouvoir » qui est votre ennemi et qui vous noie, c'est la faute des riches, c'est la faute des bourgeois, c'est la faute des hypocrites qui, sous prétexte de travailler, restent à l'atelier au lieu de venir nous écouter. Chez tous ces gens-là, « pouvoir », riches, bourgeois, ouvriers arrivés à l'aisance par le travail, il y a non seulement du pain et du vin, mais aussi de l'or et de l'argent et toutes les jouissances; il dépend de vous de vous en emparer, il ne s'agit que de suivre nos conseils, de mettre le feu partout et d'enfoncer les portes.

Le coup est fait. Les portes sont enfoncées, très bien; mais il ne faut pas laisser tout brûler et tout emporter; le « peuple » est le faucon qu'on lance sur le gibier, mais auquel on ne permet pas de le manger; il faut lui enlever sa proie, le « recoiffer » et le remettre en cage.

Comme on ne veut, pas plus qu'on ne peut, assouvir les fringales, étancher les soifs qu'on a excitées, comme on sait de quoi sont capables les fous et les scélérats qu'on a enrégimentés, que les chiens haletants auxquels on ne veut ni ne peut donner la curée promise se retourneraient contre les chasseurs et les dévoreraient, on s'aperçoit qu'il est prudent de prendre des précautions contre les molosses désappointés et de les faire, de gré ou de force, rentrer au chenil.

On découvre que le « peuple souverain » est bien mêlé, on fait le démembrement de l'armée victorieuse, et on procède au triage et à l'épuration.

On s'aperçoit, comme s'en est aperçu M\ Gambetta l'autre jour, à son grand étonnement, qu'il s'est glissé dans les rangs du peuple souverain bon nombre de « gueulards, d'ivrognes, de souteneurs de filles, de pris et repris *justement* de *justice*, de voleurs, d'escrocs, d'incendiaires, d'assassins, etc. » et, qui pis est, de gens votant contre lui.

C'est alors que le pouvoir nouveau se hâte de ramasser les armes qu'il a fait tomber des mains du pouvoir renversé, de les fourbir, de les aiguiser et de s'en servir contre les alliés et complices d'hier.

C'est alors qu'un nouveau préfet de police augmente de deux mille agents cette police tant vilipendée, tant honnie, tant attaquée autrefois, cette police dont « il ne fallait plus ».

C'est ce qu'eût fait M. Andrieux, s'il était resté en place, c'est ce que fait M. Camescasse, c'est ce qu'avait fait Caussidière en 1848.

Je connaissais un peu Caussidière; je l'avais vu pour la première fois en 1847, je crois, lorsqu'il était gérant responsable du journal la *Réforme*, dont Louis Blanc était le rédacteur en chef; je publiais alors le *Figaro* avec Gérard de Nerval, Théophile Gautier et Ourliac. Un jour, chez moi, Gérard, debout près d'une fenêtre, essayait de retrouver je ne sais quel air arabe en tambourinant sur les vitres avec ses ongles, lorsque tout à coup il s'arrêta et dit froidement : — Tiens ! l'Ogre et le Petit-Poucet qui viennent ici.

Le petit Poucet, c'était Louis Blanc, qui avait alors la hauteur d'une colonne et demie du *Moniteur* et n'a pas grandi. L'ogre, c'était Caussidière, un géant, cinq pieds onze pouces, gros, large, épais, carré. Louis Blanc, faute de bottes de sept lieues, pour le moins, devait faire trois pas pendant une enjambée de Caussidière. Ils venaient pacifiquement et cordialement demander je ne sais quoi au *Figaro*, peut-être la rectification d'une nouvelle inexacte.

Caussidière était l'ennemi le plus acharné de la police, et la police lui rendait ses sentiments; elle le trouvait dans tous les tumultes, dans tous les charivaris, dans toutes les émeutes, dans toutes les Sociétés secrètes, etc., etc.

Selon Caussidière, la police était une institution infâme qu'il fallait détruire, parce qu'elle « opprimait le peuple », et par le peuple il entendait très principalement tout ce qui avait maille à partir avec la police, à quelque titre que ce fût, depuis le cocher mis en fourrière pour injures ou coups de fouet aux bourgeois, depuis l'ivrogne ramassé et mis au violon, jusqu'à l'assassin conduit à l'échafaud et pour lequel déjà alors on proclamait le respect de la vie humaine... des assassins.

Voici 1848. « Le peuple a recouvré ses droits. » Ces droits consistaient surtout, comme ils consistent aujourd'hui, à procurer des places largement rétribuées à un certain nombre d'avocats. Ajoutez-y le droit d'aller en prison quand l'émeute ne réussissait pas, et la chance d'être tué dans les barricades même quand elle réussissait.

Un des droits que venaient de reconquérir le peuple était que Caussidière ou Sobrier fût préfet de police. Les avis étaient assez partagés. Caussidière, qui était malin et retors, avec cette assez belle et commune et épanouie figure de bois vivant et le « cœur sur la main », prit la parole et dit : Je n'accepterai la préfecture de police que si Sobrier y est avec moi. Le coup était paré, on nomme Caussidière et Sobrier préfets de police, et quinze jours après Caussidière met amicalement Sobrier à la porte, en lui faisant une petite part de ses gardes du corps, les « montagnards », aux bonnets, cravates et ceintures rouges, sabre et pistolet dans la ceinture. Sobrier installe une petite préfecture de police de garçon, rue de Rivoli, au premier au-dessus de l'entresol.

Voici donc Caussidière préfet de police. Nous allons le laisser parler lui-même, car il a publié des mémoires, probablement écrits par Lingay, le publiciste le plus antirépublicain de ce temps-là, mais qui admirait Caussidière.

Page 50. — La volonté du peuple a choisi pour ses délégués à la préfecture de police les citoyens Caussidière et Sobrier.

Caussidière ne fera reparaître le titre de préfet de police que quand il sera seul.

Page 68. — Je réorganiserai la police et les brigades de sûreté.

Page 69. — On recruta pour l'organisation de la garde du peuple; le premier titre exigé pour en faire partie était un certificat d'écrou de condamné politique.

Quatre compagnies de six cents hommes, les montagnards, les compagnies de Saint-Just, etc. Elles furent bientôt renforcées sous le nom de « la garde républicaine » et portées au chiffre de 2 700 hommes, uniforme, cravate et ceinture rouges.

Page 71. — Nous mîmes en liberté les prisonniers condamnés par la monarchie; avec quelle joie j'embrassais ces nobles victimes!

Page 79. — A dater de ce jour, Sobrier, évincé de la préfecture de police, reprit son titre et la plénitude de ses attributions, telles qu'elles sont déterminées par l'acte constitutif du 12 messidor et par les lois et règlements postérieurs (lois et règlements de la tyrannie).

Je remis en vigueur l'ordonnance du 19 juillet 1836 (ordonnance du tyran Philippe).

Page 91. — Il s'agissait d'en imposer aux *perturbateurs*.

Page 92. — Aux malfaiteurs, aux incendiaires.

« 29 *individus* furent transférés à la Conciergerie. »

Caussidière commence, comme on voit, à faire

des découvertes et un triage dans le peuple, « le premier peuple du monde, » page 242.

Il vient de découvrir des perturbateurs, des malfaiteurs, des incendiaires et même... des individus.

Page 93. — Une troupe indisciplinée.

Page 94. — Certains employés admis par moi un peu légèrement à la préfecture étaient d'une moralité plus que suspecte.

Page 96. — Les pillards.

Page 107. — Une bonne police est nécessaire.

Page 124. — Moi semblable aux prêtres du Christ.

C'est bien clérical, et M. Camescasse n'oserait pas dire cela.

Page 127. — La licence des prostituées était devenue sans bornes après les journées de Février. Il fallut remettre en vigueur les règlements qui les concernent (règlements faits par la tyrannie).

Page 129. — Dans la première quinzaine de mars, on fit une razzia de vagabonds.

Page 175. — Le nombre des gardiens de Paris fut arrêté à 2 000. « Un temps viendra où les vrais représentants de l'ordre social n'auront plus besoin de la force. »

Page 199. — Je voyais avec douleur la nécessité de recourir à la force.

Page 227. — Des hommes tarés s'étaient glissés parmi les montagnards.

Page 306. — Une bonne police est le meilleur instrument de sécurité publique.

Cette odieuse police, qu'il fallait supprimer sous les Bourbons et sous la monarchie de Juillet, est bien vite relevée et accrue sous la République.

C'est toujours l'histoire d'une querelle entre un homme qui a une canne et un homme qui n'en a pas. — Lâche! dit celui-ci, pose ta canne. — L'adversaire pose sa canne. L'autre la prend et le roue avec.

Il s'ensuit que les pseudo-républicains juchés au pouvoir seraient bien embarrassés si les monarchies qu'ils ont renversées n'avaient pas fait des lois et des ordonnances qu'ils ramassent, essuyent et remettent à neuf, en les grossissant, les exagérant et les appliquant de travers et haineusement.

*
* *

Je ne sais si cela fait le même effet de près que de loin; mais, d'ici, l'attitude de maître Gambetta paraît de la plus insolente et ridicule fatuité.

Maître Gambetta va voir les souverains étrangers, leur parle de nos affaires, prend leurs avis ou leurs ordres.

Maître Gambetta parcourt la France; ses Dangeau lui ont fait des ovations, des réceptions, où jouent des rôles les fonctionnaires, les troupes, etc.

Maître Gambetta dit dans son journal : « Nous

ne souffrirons pas ceci ou cela... Nous permettons jusque-là, nous ne permettons pas au delà... Si l'on dépasse les limites que j'assigne, on sera écrasé, etc. »

Or à quel titre maître Gambetta va-t-il voir les monarques, est-il reçu triomphalement dans les villes, promulgue-t-il des lois, permet-il ceci ou défend-il cela?

Au fond, qu'est maître Gambetta? Il a fait ses preuves d'incapacité, d'ignorance, d'égoïsme, d'avidité, de non-témérité?

Mais ce n'est pas de cela que je veux parler.

Qu'est-il politiquement, légalement, civilement?

Il n'est plus président de la Chambre des députés, puisque la Chambre dont il était président n'existe plus.

Il est le moins élu, le moins député de tous les députés, et peut-être même il n'est pas député.

Cette situation, cette burlesque et outrecuidante attitude ne sont donc fondées que sur ceci :

« M⁰ Gambetta est, selon M. Thiers, le fou furieux auquel la France doit la moitié de ses pertes en argent, en territoire et en hommes. »

Il va être, dit-on, premier ministre; ne croyez pas qu'il s'efforce d'obtenir le concours des hommes les plus distingués et les plus capables; allons donc! on verrait sa taille; il lui faut des Constans, des Cazot, des Farre. Et pourquoi en chercher d'autres alors? En ce genre, il trouvera difficilement mieux. C'est qu'il aimerait mieux avoir toujours des Farre. L'autre jour j'entendis rire des jeunes gens dont un avait le crayon à la main et semblait servir de secrétaire. J'approchai; on parlait du futur ministère et on recueillait des Farre pour M° Gambetta.

On en avait déjà trouvé quelques-uns : Farre-ceur, Farre-ibole, Farre-iné, Farre-amineux, ca-Farre, soif-Farre, Farre-niente, etc. Je les laissai cherchant encore, et je proposai d'envoyer la liste à M° Gambetta.

XXI

RENGAÎNES

Je sais un excellent moyen de ne pas être accusé de se répéter; c'est, selon les circonstances, de dire aujourd'hui le contraire de ce qu'on pensait et disait hier.

Mais il faut reconnaître que, pour certaines gens, ça serait par trop commode qu'il ne fût permis de crier : au voleur! à l'assassin! au feu! que la première fois qu'ils volent, assassinent ou mettent le feu à la ville; après quoi ils pourraient recommencer et continuer sans trouble et sans danger.

On te prend ton mouchoir, tu cries : au voleur! je le veux bien; mais si, quand on te prend ta montre, tu cries encore au voleur; si, quand on te prend ta bourse, tu cries une troisième fois au voleur, tu m'avoueras que c'est ennuyeux. Suis l'exemple de gens de bon sens qui, loin de se répéter, appelaient, il est vrai, en 1871, voleurs, assassins, incendiaires, tous ceux qui volaient, qui assassinaient et mettaient le feu à la ville, mais aujourd'hui les appellent « frères absents, frères égarés, vaincus et victimes de nos discordes civiles, » et autres euphémismes plus ou moins tendres. Imite maître Gambetta, qui, selon les temps, les lieux et le tempérament probable de son auditoire, professe des idées, des opinions, des sentiments toujours variés, souvent contradictoires, mais qui ne permettent pas qu'on l'accuse de se répéter.

Si j'avais... l'honneur... d'être député, dès la première séance je demanderais la parole, je monterais à la tribune, et je dirais :

— Il est des points sur lesquels il est nécessaire, il est temps de rassurer le pays. Nous pouvons, sans grand danger, ne pas être d'accord sur beaucoup de détails; mais, sur la question d'honneur, de moralité, de salut de la patrie et de la société, les représentants du peuple français ne doivent, ne peuvent avoir qu'une même opinion et un même sentiment. Je propose que, solennellement, la Chambre des députés français déclare que, quelles que soient leurs divergences et leurs nuances sur les questions politiques, les députés sont unanimes sur ceci : — Que les hommes qui, en 1793, ont ensanglanté la patrie et nous ont conduit par leurs crimes à un despotisme fatal et nécessaire, étaient des fous, des scélérats et des monstres; que ceux qui, en 1871, ont imité leur folie féroce et leurs crimes, sont également des insensés, des scélérats et des monstres, qui nous inspirent une égale et juste horreur, et qu'aucun de nous n'acceptera jamais de pacte ni d'alliance avec eux.

Il serait utile et intéressant de se compter sur cette proposition, et je veux croire que le pays prendrait bonne note des votes pour et contre. Si, ce que je ne veux pas supposer, la majorité repoussait ma motion, je remonterais à la tribune, je dirais : — Je n'ai absolument rien à faire ici et avec vous. Je donne ma démission.

Et je retournerais à mon canot et à mes rosiers.

En attendant, tant que je verrai répéter les sottises, les folies, les vols, les inepties, les imprudences, les trahisons, les crimes contre la France et contre la société, je répéterai sans scrupules mes accusations et mes attaques.

Deux questions entre autres sont en ce moment à l'étude. La première : les pauvres, les mendiants, le paupérisme; la seconde : les ouvriers. Mais il est une question qui prime ces deux-là et toutes les autres, et empêche fatalement de s'en occuper sérieusement et de les résoudre : c'est ce qu'on appelle « la question politique ». La question politique consiste, pour les uns, à se cramponner aux sièges sur lesquels ils se sont juchés; pour les autres, à les arracher de ces sièges, pour prendre leurs places; tout le reste n'est rien et ne préoccupe en réalité personne de ceux qui sont censés nous gouverner et travaillent à les culbuter pour jouir à leur tour.

Voyez, en effet, où nous en sommes.

Sous le règne du tyran Louis-Philippe, comme sous celui du neveu de Napoléon, tous ces avocats de bec et de plume, en même temps que de la main droite ils menaçaient le pouvoir et frappaient le marbre de la tribune (la tribune a-t-elle un marbre?) ou les tables des cafés, brasseries et cabarets, selon qu'ils étaient députés ou devaient le devenir, dans la main gauche fermée ils prétendaient tenir la liberté, la fortune, la gloire, le bonheur de la France, l'égalité pour tous, la suppression des abus, la fraternité, la vie facile, la vieille gaieté française disparue, etc. Ils n'avaient qu'à ouvrir cette main, et tous ces biens tombaient sur nous comme une pluie bienfaisante en août; mais ils n'ouvriraient cette fameuse main gauche que quand ils seraient au pouvoir, et ils continuaient à menacer de la main droite, à taper sur les marbres, ne s'interrompant que pour allumer leurs pipes, remplir et vider leurs verres.

Eh bien, d'arriver au pouvoir, le malheur de la France, auquel ils ont largement contribué, leur a fait ce bonheur. Voilà dix ans qu'ils sont les maîtres, et, de leur propre aveu, ils n'ont absolument rien fait, car les opportunistes annoncent que la République va paraître, que l'on va enfin cesser de se battre dans les coulisses en se disputant les rôles, et que la pièce va commencer. Les intransigeants, au contraire, disent que les opportunistes ne se sont pas contentés de ne rien faire, qu'ils ont entravé, muselé la République, et que nous en sommes plus loin que jamais, à moins d'une nouvelle révolution, d'une nouvelle Terreur, d'une nouvelle Commune.

La question de la pauvreté, de la mendicité et du paupérisme, les questions des ouvriers, de leurs droits et de leurs devoirs, ne sont pas neuves ; moi qui ai le temps, j'y ai beaucoup pensé, je les ai sérieusement étudiées, et, dussè-je être accusé de rengaîne, je vais résumer le plus brièvement possible ce que j'ai appris, ce que je sais, ce que j'ai dit sur ce sujet depuis près d'un demi-siècle.

La pauvreté est une situation.

La mendicité est une profession.

Le paupérisme est une maladie et une menace pour l'existence de la société.

Toute la question est peut-être dans cette distinction bien établie.

La pauvreté est la situation d'un être humain qui, n'ayant aucune fortune, aucune propriété, ne peut pas ou ne peut plus « gagner sa vie », c'est-à-dire subvenir à ses nécessités. Cette situation peut arriver par la vieillesse, par la maladie, par le manque d'ouvrage relatif aux forces et aux aptitudes de l'individu.

Cette pauvreté doit être efficacement secourue par la société, qui est une « assurance mutuelle ». Pour qu'elle soit secourue efficacement, il faut que quelques individus n'usurpent pas les ressources qui doivent être partagées entre tous. La pauvreté qui n'a pas pour cause la vieillesse et les infirmités incurables est une situation momentanée. Les secours donnés à Jean malade ou manquant d'ouvrage doivent, aussitôt qu'il est guéri et peut travailler, lui être repris et mis à la disposition de Paul ou de Pierre. Il ne faut pas permettre que le pauvre, devenu mendiant, se fasse une profession perpétuelle d'une situation accidentelle.

Les mendiants sont les parasites et les voleurs des pauvres.

Les pauvres, le plus souvent, sont chez eux dans des greniers, dans des taudis, malades, au lit, parfois cachant leur misère; il faut les chercher, il faut les trouver, il faut se déranger et prendre de la peine.

Le mendiant, au contraire, se présente à vous, il vient à votre porte, il vous attend au passage, il ne vous laisse prendre aucune peine, ne vous cause aucun dérangement; il vous rend la charité facile, il permet à la bonté d'être paresseuse, il ne vous laisse ni ignorer ni oublier sa misère; il en occupe opiniâtrement vos yeux et vos oreilles; au besoin, si vous ne cédez pas à sa peine, il vous vaincra par son importunité.

Une fois la pudeur perdue, il n'y a peut-être pas de profession manuelle qui rapporte autant que la mendicité.

J'ai habité Nice assez longtemps, et j'y cultivais de grands jardins, où il y avait toujours toute sorte de besognes à faire, n'exigeant de la force qu'à divers degrés, plusieurs même n'en exigeant pas du tout. Quand il venait un mendiant à ma porte, on lui disait : « — Qu'espérez-vous ? — Recevoir un ou deux sous ? — Eh bien, il y a ici trente sous à vous si vous voulez travailler pendant le reste de la journée. » Eh bien, en douze ans, pas une seule fois cette proposition n'a été acceptée.

Le mendiant n'attend pas, ne cherche pas d'ouvrage ; il a son industrie qu'il exploite, il cultive la charité et la compassion comme le laboureur cultive son champ, comme le menuisier rabote ses planches. Et il absorbe beaucoup plus des deux tiers de ce que les bonnes âmes veulent et peuvent donner aux pauvres. De sorte que, en France, où l'on donne facilement et beaucoup, il n'arrive aux pauvres volés, dépouillés par les mendiants, qu'une minime partie de ce qu'on donne pour eux.

On a essayé, on essaye encore de réprimer, de supprimer la mendicité. On affiche à l'entrée des villes que « la mendicité est interdite ». Ça n'amène aucun résultat, et c'est tant mieux, tant qu'on confond les mendiants avec les pauvres.

La charité, parfois, ne pouvant pas d'ailleurs

avoir de renseignements certains, soulage moins de pauvres qu'elle n'accroît le nombre des mendiants.

Je le répète, on donne énormément, le remède serait de « canaliser la charité », que les eaux bienfaisantes arrivassent aux terres cultivables, au lieu de se perdre en route dans des sables infertiles.

Pour cela, il est un moyen simple, facile, d'empêcher les mendiants d'intercepter le bien des pauvres :

Que chaque commune garde ses pauvres. Là, tout le monde se connaît, on sait si Paul est réellement malade, on sait quand il va mieux et quand il est guéri; on sait que Pierre, qui ne trouvait pas d'ouvrage, est aujourd'hui occupé; on sait la réalité, la somme et la durée des besoins; ce qu'on donnait à Pierre et à Paul va être transmis à Jean et à André. Il ne se perd pas une goutte de l'eau du ciel, pas un rayon de la charité des cœurs.

Alors, seulement alors, vous aurez le droit et le moyen de proscrire entièrement la mendicité et surtout la mendicité errante.

Autrement, Pierre, qui, malade, a vécu sans travailler, et s'éloigne de sa commune quand il est guéri, et ne peut plus rien attendre que de ses bras, va de ville en ville; il adopte la profession de mendiant et s'adresse à des gens qui ne peuvent ni vérifier, ni contrôler, ni mesurer sa misère et ses besoins. Il a mendié le matin pour le pain, il mendie dans la journée pour le « fricot », et le soir pour l'eau-de-vie et l'absinthe ; c'est un faux pauvre, qui absorbe à lui seul la substance au moins de dix pauvres réels.

Chaque commune, gardant et secourant ses pauvres, avec la même somme de libéralités, nécessairement accrues par la certitude du bon emploi de ce qu'on donne, obtiendrait des résultats efficaces et peut-être complets ; d'ailleurs, la commune, considérée comme une famille exerçant non une charité, mais une assurance mutuelle, inscrirait une somme spéciale à son budget, ce qu'elle fait déjà, mais d'une façon insuffisante ; si une commune pauvre était surchargée, le département viendrait à son secours, et l'État à l'aide du département, pauvre lui-même, si le département était surchargé à son tour.

Cependant il ne faut pas s'abuser sur ce qu'on appelle les pays pauvres.

Par exemple :

Dans le département de la Creuse, pays sans industrie, tout le monde est pauvre, c'est-à-dire n'arrive à satisfaire que ses simples besoins, sans se permettre aucun luxe ; mais il n'y a qu'un indigent sur trois cent trente habitants.

Dans le Rhône, un de nos plus riches départements, il y a un indigent sur neuf habitants.

La Dordogne, pays pauvre et sans industrie,

compte un indigent sur trois cent quatre-vingt-huit habitants.

Tandis que le département du Nord, le plus riche peut-être et le plus industriel de tous nos départements, compte un indigent sur six habitants.

A Paris, on comptait, il y a quelques années, sur douze habitants, quelques statistiques même disent sur neuf habitants, un indigent « légal », c'est-à-dire « assisté ».

Comme ce sont les villes et surtout les grandes villes, et toutes aujourd'hui s'efforcent de s'agrandir, qui font le plus grand nombre de pauvres et de misérables en attirant les habitants des campagnes, il ne serait pas juste qu'elles renvoyassent au lieu de leur naissance les paysans usés, fourbus, corrompus, qui seraient une charge exorbitante pour la commune qu'ils ont abandonnée au temps de leur vigueur. Quant aux villes ambitieuses, agrandies démesurément, débarrassées des mendiants de profession qu'on n'aurait plus besoin de ménager quand on ne craindrait plus, en les frappant, de frapper les vrais pauvres, elles s'arrangeraient plus facilement et plus efficacement qu'aujourd'hui pour payer ainsi les frais de leur luxe. Elles me permettront de leur dire que, pour venir à bout de ce devoir, il n'aurait pas fallu persécuter, chasser les congrégations religieuses. Ceux qui n'ont pas visité un de ces asiles ouverts aux indigents par les « petites sœurs des pauvres » ne peuvent comprendre qu'imparfaitement que ce qu'elles font ne peut être fait par des laïques.

Résumons. Canaliser la charité, trier, secourir, adopter les pauvres à leur commun; les pauvres à adopter sont ceux qui ne peuvent pas ou ne peuvent plus travailler. Quant aux mendiants de profession qui ne veulent pas travailler, parce qu'ils sont paresseux et y perdraient, les considérer comme ennemis de la société, volant à la fois l'argent des compatissants et le pain des vrais pauvres, et recrues toutes prêtes pour le crime.

XXII

FIN

Certes... je la regretterais...

Qui regretteriez-vous?

La République qui vient de finir; je la regretterais, si ça avait été une vraie république, si ça n'avait pas été simplement un fantôme, une larve, une lémure de république.

Ça devait fatalement finir, mais enfin ça pouvait finir plus mal que ça; nous avons eu un peu de Terreur en 1871; nous avions eu pas mal de Directoire depuis quatre ans, mais enfin nous n'avons pas eu de Deux-Décembre; pas même de Dix-huit Brumaire, car il n'y a pas eu besoin de faire sauter les Cinq-Cents par les fenêtres.

La Chambre de l'année dernière est sortie par une porte et rentrée par une autre; juste le temps où elle aurait pu être gênante. C'est M. Thiers qui a inventé le procédé en 1849 : envoyer les Chambres se promener quand on a quelque chose à faire qu'elles ne pourraient absolument pas approuver, comme on dit aux enfants à la fin du dîner si l'on veut causer sérieusement ou librement : « Allez-vous-en au jardin voir si j'y suis. »

L'Assemblée des députés était donc allée « s'amuser au jardin »; elle avait joué à l'élection, était rentrée quand on l'avait rappelée et invitée à juger le ministère.

L'accusation était grave; il avait, au mépris de la loi, commencé et mal commencé une guerre; il avait, sans l'assentiment des Chambres, disposé de l'argent et des hommes.

En république, la loi doit être obéie religieusement, il ne doit jamais y avoir de peine trop terrible pour le ministre qui ose l'enfreindre, même dans le plus petit détail; en république, la représentation nationale ne doit pas plus s'absenter que le gouvernement qu'elle est chargée de surveiller et de maintenir dans ses limites.

L'Assemblée, appelée à juger le ministère accusé de mépris de la loi, d'abus de pouvoir, de compromission de la fortune et de l'honneur de la France, de criminelle négligence pour les besoins des soldats, etc.; l'Assemblée, sur l'invitation de M⁰ Gambetta, au lieu de répondre : Le ministère est coupable, ou n'est pas coupable, a répondu : « La France accepte le traité fait avec le bey de Tunis, » à peu près comme si elle avait dit : Fromage à la crème.

C'était dire que le pouvoir peut aujourd'hui suivre toutes ses fantaisies, traiter la loi sans égards, ou n'avoir de loi que sa volonté. C'était déclarer César dictateur ; il ne manque que de décréter, comme pour le premier des Césars, qu'il aura de droit à sa discrétion toute femme qui lui plaise.

Mᵉ Gambetta entre donc au pouvoir dans de rares conditions. Peu importe le choix à faire de ses ministres. Il est trop petit pour choisir des grands. Ce sont des Farre, des Constans, des Cazot, etc. Mais ce qui est mieux, c'est que l'Assemblée entière, du moins 379 membres de l'Assemblée sont tous des Farre, des Constans et des Cazot.

A voir les noms sortis de l'urne, on n'aurait pas cru que cette Assemblée accomplissait l'œuvre de renverser la troisième république ; elle ne renferme qu'en très petit nombre les génies transcendants ; elle n'est même pas, il faut l'espérer, l'élite du pays. Mais Dieu protège encore la France..... De temps en temps, de loin en loin, pour donner un signe de sa protection, il a voulu que nous dussions notre salut à des êtres faibles, sans valeur personnelle, comme il a suscité le jeune berger David contre Goliath ; une faible femme, Judith, contre Holopherne, la bergère Jeanne contre les Anglais.

Tacite raconte comment les Hébreux ne sont pas morts au désert : « Ils étaient à demi morts de soif et couchés par terre, lorsqu'un troupeau d'ânes sauvages quitta son pâturage pour courir vers un rocher couvert d'arbres épais. Moïse pensa que ces animaux connaissaient ou sentaient de l'eau; il les suivit, et, en effet, trouva de l'eau en abondance. »

Cette assemblée, qui, sans bruit, sans trouble, sans tumulte, sans scandale, a mis fin à la troisième république, aura sa place et son nom dans l'histoire.

Nous avons eu, en France, le célèbre parlement Maupeou en 1771, et la « Chambre introuvable » en 1815.

Les Anglais ont eu le « court parlement » en 1646, le « long parlement » qui lui succéda, le « petit parlement » institué par Cromwell en 1653, autrement dit « parlement Barebone », c'est-à-dire « de l'os sec », dont les membres s'intitulaient eux-mêmes les « décharnés ».

Au sujet du parlement « croupion », le long parlement, je crois faire ma cour à Polyphème Ier, en lui apprenant comment un autre « conquérant » se défaisait d'une Chambre qui avait cessé de lui plaire.

Cromwell, mécontent du parlement croupion, entre un jour à la Chambre, s'assied et reste silencieux pendant un quart d'heure; puis il se lève et charge le parlement des plus terribles accusations; il lui reproche sa tyrannie, son ambition, ses oppressions, ses vols publics. — Fi! dit-il, fi! retirez-vous, et faites place à de plus honnêtes gens, vous n'êtes plus un parlement, sortez.

Quelques-uns se levèrent et sortirent. A ceux qui hésitaient, le protecteur s'adressait personnellement en les tirant par le collet de leur habit; il dit à un membre : « Tu es un coureur de filles, va-t'en; » à un autre : « Tu es un adultère, va-t'en; » à un autre : « Tu es un voleur, va-t'en; » à un autre : « Tu es un ivrogne, va-t'en, » etc.

Tout le monde sorti, il ferma la porte et mit la clef dans sa poche.

Notre Assemblée actuelle donnant un blanc-seing et assurant d'avance son assentiment régulier au César-pékin, sans manquer en rien au respect que je lui dois et que je professe pour elle, rappelle ces Chinois, ces magots de plâtre dont certains bourgeois ornent leur cheminée; la tête mobile maintenue par un contrepoids, se met en mouvement au moindre ébranlement et, selon la façon dont le contrepoids est placé, dit *oui* en s'abaissant et se relevant, ou bien *non* en se balançant de gauche à droite. 379 diront *oui*, quelques douzaines seulement feront, sans conséquence, le signe contraire, et diront *non* pour la variété et l'ornement de la cheminée.

Peut-être le nom de parlement-magot ne serait pas à dédaigner pour consacrer et éterniser la reconnaissance du pays à la Chambre nouvelle.

Cette situation peu commune donne libre carrière au génie de l'enfant de Cahors. On va voir ce qu'il sait et peut faire, mais aussi ce qu'il ne sait pas et ne peut pas.

Beaucoup aujourd'hui crient que personne ne gouverne et ne mène rien, que le pouvoir opportuniste, comme le meunier de Sans-Souci :

> ... De quelque côté que vint souffler le vent,
> Il y tournait son aile et s'endormait content;

que la France vogue au hasard, comme ces navires enchantés, sans pilotes ni matelots, que dans les romans de chevalerie les enchanteurs et les fées mettent au service de leurs amis et protégés.

Cette appréciation très plausible acceptée, et nos destinées étant remises au hasard, il est moins défendu que jamais de consulter le sort pour notre avenir, d'avoir recours aux augures, aux aruspices, aux devins, aux somnambules, aux cartes, au marc de café, aux tables tournantes, etc., etc.

J'avais eu l'intention de parler aujourd'hui du paupérisme et de la situation de la classe ouvrière, mais ce sera pour une autre fois. Il n'est pas probable que, quelque avantageuse que soit sa position, le nouveau César ait d'ici à huit jours tiré du trésor de sa serviette d'avocat les moyens de guérir le paupérisme et de satisfaire les vœux de la classe laborieuse. Il l'a dit : vous aurez toujours des pauvres parmi vous.

Pour aujourd'hui, j'ai voulu demander des oracles à la science des nombres préconisée par Pytagore, et dont les savants attribuent l'invention à Énoch.

Pythagore a établi que « le principe de toutes choses réside dans les nombres. » Selon lui, Dieu est un nombre. Tout l'univers se gouverne par des proportions harmoniques qui consistent dans des nombres.

Agrippa, dans le second livre de la *Philosophie occulte*, traite de la vertu des nombres. « L'échelle numérique, dit-il, est, dans le monde, archétype, l'essence divine dans le monde intellectuel, l'intelligence suprême dans l'homme, le cœur. »

Ce qui me détermine en faveur de ce mode d'enquête pour connaître et classer les bienfaits que nous pouvons attendre de Polyphème Ier et du parlement-magot, c'est que nous possédons encore pour quelque temps le suffrage universel et que c'est le nombre qui gouverne tout chez nous.

Voyons donc ce que nous annonce ce nombre fatidique de

379

Constatons d'abord que, de l'avis de tous les anciens, le nombre impair est consacré aux divinités célestes, le nombre pair aux divinités infernales. « L'impair est mâle, dit Macrobe, le pair est femelle. »

Dieu aime le nombre impair, dit le poète.

Eh bien, 379, nombre impair, se compose de

trois chiffres, représentant également chacun un nombre impair. C'est déjà d'un bien favorable augure.

379

3. — Le nombre 3, selon Aristote, est l'abrégé de la nature ; il réunit un commencement, un milieu et une fin ; que M. Barthélemy Saint-Hilaire, rendu à « ses chères études », dise si je me trompe. Les chrétiens reconnaissent un Dieu en trois personnes.

Suivant les rites hébraïques, le livre de la Loi, dans certains jours solennels, est lu par trois personnes. Dans les jours de jeûne, il n'est permis de manger qu'après avoir vu au ciel au moins trois étoiles. Il est aussi prescrit de louer Dieu trois fois le jour, et de s'incliner trois fois à la triple élévation du livre de la loi. Les Chaldéens et les Egyptiens réduisaient les attributs de la divinité à trois : « puissance, intelligence, amour ». Virgile fait dire à la magicienne :

> Faites *trois* nœuds de *trois* couleurs.

Et nous aurions mauvaise grâce à ne pas aimer et respecter le nombre trois, nous dont le drapeau a trois couleurs, comme les nœuds d'Amaryllis.

7. — Je ne sais plus quel philosophe donnait le nombre 7 comme la marque et le symbole de la pureté et de la virginité ; j'ai oublié ses raisons

encore plus que son nom. Théodore de Samosate prouve l'excellence du nombre 7, en racontant que Jupiter avait passé les 7 premiers jours après sa naissance à rire continuellement de l'espèce humaine. Hippocrate, le premier, se fondant sur l'excellence du nombre 7, a déclaré que les enfants nés à 7 mois ont plus de chance de vivre que ceux nés à 8 mois. Les autres médecins se sont fondés sur Hippocrate et professent la même opinion. Le septième jour est celui où Dieu, ayant accompli son œuvre, se reposa, et est le jour du repos chez les juifs comme chez les chrétiens. Il y a 7 notes dans la musique et l'harmonie; les écrivains religieux comptent 7 cieux, et, quand on veut parler d'un suprême bonheur, on dit qu'on monte au septième ciel. On comptait 7 merveilles du monde, et la Grèce se vantait de 7 sages.

9. — Plusieurs savants et philosophes et aussi Horace, qui était un grand philosophe, préféraient le nombre 9 à tous les autres nombres. Les mathématiciens disent que « c'est le premier carré produit par le premier des nombres impairs ». Il y avait 9 muses, et on vidait 9 coupes en leur honneur :

..... Qui musas amat impares
Ternos ter cyathos.............
HORACE.

Suivant les pythagoriens, « 9 est le complément de la première progression numérique » : il était consacré à honorer les morts. Les funérailles duraient 9 jours ; à la fête des lémurales, le père de famille jetait 9 fois des fèves noires par-dessus sa tête, et, frappant 9 fois sur un vase d'airain, il répétait 9 fois : « Sortez, mânes paternelles. »

Continuons nos questions à l'oracle à propos de ce nombre béni et puissant de 379.

3 et 7 font 10 ; le nombre 10 renferme en soi tous les avantages de l'unité, du nombre de 2, du nombre de 3, du nombre de 7 et du nombre de 9. Beaucoup le considéraient comme le plus parfait de tous, et ses partisans soutenaient que l'excellence de ce nombre est la raison pour laquelle, après lui, on recommence à compter par l'unité il est la base du système décimal des modernes.

9 et 3 font 12. En 12 il y a le nombre 1. L'unité est le principe général ; tout commence par un. Ce principe simple et sans composition de parties est l'image de l'immortalité.

2. Averroës dit que les anciens avaient en grande estime le nombre 2. C'était pour eux, dit-il, « la proportion qui joint le ciel à la terre, et qui est le lien des substances spirituelles et des corps. »

9 et 7 font seize, dont la moitié est 8, et, selon Macrobe, le nombre 8 est le symbole de la justice ; si la moitié est si belle, que sera donc le chiffre total ? Je ne pousserai pas ces calculs plus loin.

Il s'ensuit donc que, d'après les sages, les savants, les illuminés de l'antiquité, le nombre de 379 est un des nombres les plus heureux qui se puissent rencontrer et un des plus fertiles en promesses et en garanties.

Entourons donc le parlement-magot de respects, de soins et d'hommages, et ne le dérangeons pas dans l'accomplissement de son œuvre : la fin de la pseudo-république.

Et voyons comment va se tirer d'affaires l'avocat triomphant que, depuis son voyage en Allemagne, on appelle Léon le Germanique, comme Caligula.

Nous allons le voir s'élever comme un cerf-volant; mais il n'a plus « sa queue », et ceux qui se souviennent de leur enfance savent qu'un cerf-volant sans queue tournoie et tourbillonne affolé.

De plus, il est maître absolu; rien ne l'arrête, ne le retient. On sait encore ce qui arrive à un cerf-volant qui a rompu sa ficelle; il n'est plus retenu : il tombe en roulant et vient se briser à terre. Ce sera le dernier acte de la tragi-comédie.

XXIII

DIX MINUTES D'ARRÊT

Eh bien, malgré tout ce que j'ai vu et ce que je vois tous les jours d'étrange, d'invraisemblable, d'impossible, il est encore des choses qui m'étonnent, en reculant les limites du monstrueux et de l'absurde où je nous croyais arrivés déjà depuis quelque temps.

Par exemple, une foule d'avocats, émaillée de quelques médecins, se presse, se coudoie, se bouscule en faisant queue aux abords du pouvoir, c'est-à-dire des places grassement rétribuées. Le gendarme qui s'efforce de maintenir l'ordre parmi cette cohue, en tenant un bras étendu entre les deux barrières de bois, lève le bras et en laisse passer dix ; puis, quand il pense que ces dix sont assis, il en laisse passer dix autres, qui jettent à la porte les dix premiers, lesquels vont se remettre à la queue et pousser, jusqu'à ce que, de dix en dix qui entrent successivement et chassent ceux qui les précèdent, ils voient revenir leur tour.

Une des choses qui m'étonnent, c'est de voir ces dix qui, à peine assis, entendent déjà ceux qui doivent les chasser trépigner dans les couloirs, s'installer, se mettre à leur aise, tirer leur lorgnette, demander un programme, etc., comme s'ils devaient assister à toute la représentation, parlent de ce qu'ils feront dans l'entr'acte, entre le quatrième et le cinquième acte, etc.

Il me semble voir des voyageurs qui, en chemin de fer, arrivant à une station, où les hommes d'équipe annoncent dix minutes d'arrêt, ne se contentent pas de ce qui se trouve au buffet, veulent qu'on leur fasse rôtir des grives et déclarent qu'ils vont agrandir la gare ; jusqu'au moment où les mêmes hommes d'équipe crient : « En voiture, on part, » où le convoi, au sifflet du chef de gare, s'ébranle, roule et les laisse regardant le panache de fumée qui s'étend sur le train en route.

Écoutez les nouveaux ministres : avec quelle assurance, quel aplomb, ils parlent de l'avenir, ils s'occupent des générations futures; ils disent que, dans cinq ans, dans dix ans, dans vingt ans, ils conduiront plus facilement les enfants devenus hommes auxquels ils vont pendant cinq ans, dix ans, vingt ans, donner une éducation laïque et athée qu'ils appellent républicaine.

A peine ont-ils fini leurs discours que l'on entend les hommes d'équipe crier : Allons, messieurs, en voiture, on part !

Jusqu'à aujourd'hui, je n'avais vu qu'un exemple de cette illusion ; c'était en 1848, lorsque ce bon et honnête Normand, Senard, fit planter des pommiers dans le petit jardin du ministère de l'intérieur, ce qui ne l'empêcha pas de plier bagage, et de s'en aller de bonne grâce et sans murmurer de ne pas boire le cidre de ses pommiers. A la même époque, mon vieil ami Achille de Vaulabelle, qui est venu mourir à Nice il y a deux ans, était ministre de l'instruction publique. S'il couchait au ministère, c'est qu'il n'aimait pas à se lever de bonne heure, mais jamais il ne s'y installa. Tous les matins, sa femme de ménage lui apportait de son petit logis de la rue Neuve-Coquenard un mouchoir à carreaux et un faux col, et tous les deux jours des chaussettes et une chemise.

Une autre bizarrerie de nos nouveaux ministres, c'est de voir ceux qui, par hasard, ne sont pas avocats, se dire : — Croit-on que, parce que nous ne sommes pas avocats, nous ne savons pas parler comme d'autres? et ils se livrent à une curieuse intempérance de langage.

Voyez, entre autres, M. Gougeard et M. Bert.

Mᵉ Gambetta a-t-il enfin trouvé le Farre d'eau salée qu'il cherchait? Il a dû, dans cette recherche, descendre jusqu'à un capitaine de vaisseau en retraite, les amiraux Jauréguiberry et Cloué s'étant montrés impropres à ce rôle, et rien ne lui faisant espérer d'être plus heureux avec les autres.

Parlons un peu de M. Bert.

— Nous ne reverrons pas 93, disait-il l'autre jour, et il croyait devoir en donner une raison.

On aurait pu croire que cette raison était un certain adoucissement des mœurs qui permettait de ne plus voir s'élever des scélérats et des monstres comme Robespierre, Marat, Collot-d'Herbois, Carrier, etc., etc., etc., ou bien la pensée que l'on ne tendrait plus aussi pacifiquement le col au couteau.

Non.

La raison donne que M. Bert est toute différente. « Nous ne reverrons pas 1793, dit-il, parce que nous n'aurons ni émigrés ni traîtres. »

Donc, la Terreur était légitime et nécessaire quand il y avait des émigrés et des ennemis du despotisme sanguinaire de la Convention déclarés traîtres.

Donc, nous aurions encore 1793 et la Terreur, si le dégoût de ce qui se passe créait des émigrés, et si la partie la plus bruyante d'une Assemblée déclarait traîtres une autre partie de ses membres; ce serait alors nécessaire et légitime, comme ce l'avait été à la fin du siècle précédent... selon M. Bert.

Or qu'appelez-vous des traîtres, monsieur Bert? Allez dans les réunions qui se tiennent dans les

Élysées, les Vauxhalls et autres bastringues, écouter Louise Michel, Paule Minck et les autres, et vous entendrez que c'est maître Gambetta et ses accolytes, et conséquemment vous et vos collègues, qu'on appelle traîtres.

Et vous-mêmes, n'appelez-vous pas traîtres les intransigeants et les autres soi-disant républicains socialistes, nihilistes, anarchistes, etc., vos anciens complices auxquels vous refusez leur part du butin et qui méditent le plus horrible de tous les forfaits, prendre votre place?

N'appelez-vous pas traîtres ceux qui s'efforcent de mettre des digues à vos sinistres folies; même ceux qui, partisans d'une vraie République, veulent vous empêcher de la rendre à jamais impossible et de faire du nom même de République un objet à la fois d'exécration et de moquerie?

Quant à des émigrés, vous vous occupez d'en faire.

Donc il y aura, selon vous, des traîtres et des émigrés, et alors une nouvelle Terreur deviendra toujours, selon vous, nécessaire et légitime.

Et, d'ailleurs, vous nous promettez que nous ne reverrons pas 1793, sous des conditions que vous imposez; mais comment ferez-vous pour l'empêcher? Comment gouvernerez-vous le vaisseau après avoir jeté le gouvernail par-dessus bord et perforé la coque, comme autant de tarets qui se sont relayés depuis dix ans?

N'avez-vous pas imité ces imbéciles de Troyens introduisant dans leur ville par une brèche le fameux cheval de bois plein de soldats grecs, *machina fœta armis*, quand vous avez rappelé avec une tendresse lâche et hypocrite les assassins, les voleurs et les incendiaires de la Commune?

Eux, ne nous promettent pas que nous ne reverrons pas 1793; ils font publiquement l'éloge des condamnés, et crient : Vive la Commune! Vous avez peur d'eux, et, pour ne pas leur laisser de prétextes, vous vous empressez de faire vous-mêmes les sottises, les injustices, les turpitudes qu'ils inscrivent sur leur drapeau, en vous écriant : — Mais il n'y a pas besoin de vous, c'est fait.

Comme cette femme qui disait : — Quand j'ai une querelle avec une autre femme, je me dépêche de l'appeler... catin, pour la prévenir.

Si bien qu'il viendra un jour où vous aurez si bien élargi la bande rouge du drapeau tricolore, que le blanc et le bleu ne seront plus qu'un liséré, et les deux drapeaux se ressembleront si bien que vos anciens complices se glisseront parmi vous et vous jetteront par les fenêtres.

Comment alors empêcherez-vous le retour de la Terreur et de la Commune, qui n'en est qu'une sinistre parodie? Vous leur préparez les voies. Vous enrôlez les acteurs pour une « reprise ». Vous avez déjà deux ou trois Théroigne. Les petits Marat pullulent. Des comédiens se font une tête de

Fabre d'Églantine et de Collot-d'Herbois. Vous, monsieur Bert, vous avez accueilli et mis en place le prêtre défroqué M. Quilly, qui vous donne des notes contre l'Église dont il a été chassé. C'est l'acquisition de l'ex-capucin Chabot de 1793. On parle beaucoup d'un évêque qui a des conférences avec Mᵉ Gambetta. Se destinerait-il à jouer les évêques constitutionnels Grégoire ou Goblet?

Et vous-même, monsieur Bert? Nous reviendrons à vous tout à l'heure.

Je traitais tout à l'heure de tarets une partie des ministres qui ont défilé sous nos yeux depuis quelques années, les comparant à ces insectes qui à une certaine époque ont failli submerger et noyer la Hollande, en perçant et détruisant ses digues. Taret, M. Farre, qui a désorganisé l'armée. Taret, M. Albert Grévy, qui a compromis l'existence de notre colonie africaine. Tarets, ceux qui ont amnistié les communards en ne mettant pas pour condition qu'ils nous amnistieraient. Taret, M. Gougeard, le nouveau ministre de la marine. Et il continue ce qu'il a commencé à ses débuts, en réintégrant deux agents maritimes révoqués pour infraction grave à la discipline, à l'imitation de M. Farre réintégrant le major Labordère. N'est-ce pas la parodie des Suisses insurgés de Nancy, en 1792, et arrivant à Paris avec le bonnet rouge?

Taret vous surtout, monsieur Bert, dans vos attaques puériles et acharnées contre la religion de la très grande majorité des Français.

Quand je disais tout à l'heure : « et vous-même, monsieur Bert, » je voulais parler du rôle que vous avez dans la parodie de 1793 ; ne craignez rien : encore quelques lignes, et nous y arriverons.

Vous avez débuté par une gaminerie, en essayant de faire revivre une loi de la Convention du 26 messidor an IX, de supprimer la soutane et d'obliger les prêtres à porter « l'habit à la française » ! Pourquoi pas la perruque à la Louis XIV ? Pourquoi pas une pantoufle jaune dans le dos, comme les juifs au moyen âge ?

Ah ! si le jour de la justice arrive, je ne détesterais pas qu'on obligeât tous les acteurs du carnaval actuel à porter toute leur vie des costumes d'arlequin, de polichinelle, de pierrot, de Scaramouche, etc.

Si tous, tant que vous êtes, vous ne joignez pas à l'ignorance et à l'incapacité l'absence complète d'instinct et de sens moral et politique, vous sauriez et vous comprendriez que le christianisme est un bienfaisant instrument de gouvernement, non seulement des États, mais des sociétés. Constantin, déifié par les païens et canonisé par les chrétiens, l'avait bien compris.

Une religion qui enseigne au peuple que cette vie n'est qu'un passage, une épreuve ; que la pauvreté et la misère ne sont pas un mal, au contraire ;

qu'après les quelques jours de cette vie terrestre s'ouvre surtout, pour les pauvres, les déshérités, les affligés, une vie éternelle pleine de délices; qu'ils entreront de droit dans cette félicité, où il sera si difficile de s'introduire aux riches et aux heureux; que ceux qui sont frappés, ceux qui souffrent, ceux qui pleurent sont les préférés de Dieu, et qu'il ne s'agit pour eux que d'attendre un peu avec patience pour devenir à toujours les riches, les puissants, les bienheureux !

Vous essayez cruellement et bêtement de persuader au peuple que cela n'est pas vrai. Si vous y réussissez, qu'en arrivera-t-il ? Que le peuple dira tout haut ce qu'il commence, grâce à vous, à murmurer tout bas : Je veux ma part tout de suite ! Et alors comment empêcherez-vous les révolutions, les jacqueries, la Terreur, la Commune et la rechute en sauvagerie ?

Maître Gambetta, homme médiocre s'il en fut, ignorant à vue courte et obtuse, n'a été préoccupé dans le choix de son grand ministère que de trouver des obéissants dont aucun ne s'avisât de n'être pas plus petit que lui; il n'a pas compris que, pour faire accepter la république, il fallait qu'elle fût ou du moins parût « le gouvernement des meilleurs choisis par les bons », qu'il ne fallait confier le pouvoir qu'à des hommes auxquels l'opinion publique ne peut refuser une juste estime et dont aucun n'eût la plus légère tare.

Grâce à lui et à ses choix, la république s'étend comme une tache d'huile, mais elle ne fait pas de racines.

Qu'êtes-vous, entre les autres, vous, monsieur Bert? — Un prétendu savant qui a consacré une partie de sa vie à cette absurde et inutile pratique de la vivisection, à torturer des animaux et à inventer pour eux les supplices les plus cruels, les plus ingénieux.

Magendie, votre maître, avouait que, après avoir ainsi disséqué vivants des milliers d'animaux, il n'était sûr de rien, et vous, comme Magendie, avez-vous, grâce à ces cruautés, guéri ou prévenu la moindre maladie de l'espèce humaine?

L'Aréopage, raconte Quintilien, en vraie et pleine république, condamna à mort un enfant qui s'amusait à crever les yeux à des cailles, disant qu'on ne saurait trop se presser d'étouffer un monstre.

Cette prétendue science, qui n'inspire pas autant de répugnance et d'horreur qu'elle le devrait, ne s'excuserait, et encore à un certain point, que par des découvertes utiles à l'humanité, ne s'expliquerait que par une sorte de fanatisme, de folie scientifique qui absorberait totalement l'individu, l'empêcherait de voir et de sentir tout ce qui ne se rattacherait pas à ses recherches.

Mais non, vous n'y teniez pas tant. Vous avez abandonné votre chambre aux tortures pour un ministère, un ministère qui, surtout aujourd'hui, devrait être une chose si petite, si méprisable pour un vrai savant.

Dans la République actuelle, à côté du **prêtre** apostat et interdit que vous avez nommé bibliothécaire aux cultes pour avoir toute prête la parodie de l'ex-capucin Chabot, vous ferez la parodie du boucher Legendre.

Et à cette époque où il n'y a plus même de fanatiques, mais seulement des affamés, des altérés et des vaniteux, si vous nous préservez du retour de la Terreur, c'est par le ridicule sous lequel vous enfouirez à jamais l'idée et le nom de la République.

XXIV

SUR PLUSIEURS SUJETS

J'ai un ami lointain, Allemand de naissance; je n'affirme pas qu'il soit Français, mais à coup sûr il est Parisien, et, quand il parle de la capitale de la France, il dit : « notre Paris. »

Dernièrement, il m'a fait voir un très curieux album qu'il possède ; je veux communiquer à mes lecteurs trois autographes placés sur la même page et très intéressants surtout par le rapprochement; c'est une profession de foi en dialogue par trois personnages célèbres à différents titres :

Ma longue vie m'a appris deux sagesses que j'ai eu souvent à pratiquer, l'une de beaucoup pardonner, l'autre de ne jamais oublier.

GUIZOT.

Un peu d'oubli ne nuit pas à la sincérité du pardon.

A. THIERS.

Ma vie m'a appris que j'ai beaucoup à oublier et beaucoup à me faire pardonner.

BISMARCK.

Berlin, 17 novembre 1871.

Chez M. Guizot, la raideur puritaine et l'austérité protestante, quelque peu hypocrite, qui nous ont coûté si cher.

Chez M. Thiers, l'esprit, l'abandon et la finesse, — finesse dont il avait même la prétention, — ce qui lui fit dire un jour au roi Louis-Philippe : « — Ah ! sire, je suis plus fin que vous ! — Non, répondit le roi, puisque vous me le dites. »

Ces deux rôles étant pris, il ne restait à jouer au chancelier allemand que le rôle de bonhomme.

*
* *

Il vient de se présenter à l'Académie française une circonstance qui, je le pense, sans en être cependant certain, n'a pas dû souvent se reproduire : trois nominations à faire le même jour.

Je vais soumettre à la « docte assemblée », avec toute l'humilité convenable, la proposition d'une petite modification à ses statuts, laquelle, ce me semble, la rajeunirait et serait en même temps un progrès sérieux et logique.

Les visites, les trente-sept, trente-huit ou trente-neuf visites à faire aux académiciens, doivent être, je le suppose, gênantes et ennuyeuses pour les candidats, mais aussi un peu embarrassantes et très fastidieuses pour les académiciens.

Quelle en est l'utilité? Recevoir sèchement, être reçu sèchement, ou bien demander et faire une promesse ou quasi-promesse défendue, je crois, par les statuts. Car, si je ne me trompe, il est, ou du moins il était d'usage que les académiciens, avant le vote, affirmassent qu'ils n'avaient promis leur voix à personne.

Le candidat espère-t-il, dans le court espace de cette visite, faire naître chez le visité une soudaine admiration, une brusque sympathie, modifier ou changer une opinion sans aucun doute déjà arrêtée ?

Je propose donc de supprimer les visites des candidats aux académiciens, mais de les remplacer par une autre et nouvelle combinaison.

Quel est le but de l'Académie? quel doit être celui des membres qui la composent?

Réunir les quarante écrivains les plus distingués de l'époque en laissant à part, selon la tradition, un fauteuil pour un grand seigneur, tant qu'il en restera encore quelques-uns, et un fauteuil pour un prélat.

Quel est alors le devoir de l'académicien?

Surveiller tout talent qui se manifeste à sa naissance et dans ses progrès, s'il y a progrès. Le suivre avec intérêt; peut-être, s'il paraît mériter une attention sérieuse et donner des espérances, l'encourager et, au besoin, l'avertir. A ce sujet, un journal mensuel de critique éclairée et impartiale publié par l'Académie rendrait de grands services aux lettres et rehausserait singulièrement l'importance et le prestige de l'institution.

De temps en temps, en séances non publiques, les académiciens passeraient en revue le personnel de l'armée littéraire ; on constaterait, on discuterait au besoin la situation des candidats possibles.

— Où en est le jeune poète Trois-Étoiles ? Ses dernières odes sont-elles en progrès ? paraît-il justifier les espérances qu'il nous avait fait concevoir ?

— Il faut lire le dernier ouvrage de l'historien Quatre-Étoiles. C'est mieux, c'est aussi bien, ou c'est moins bien que le précédent.

— Avez-vous lu la comédie de Cinq-Étoiles ? C'est magnifique, ou c'est nul, ou c'est absurde. Il respecte ou il néglige la langue ; il faut le louer de sa correction ou l'avertir de son incorrection.

— Six-Étoiles vous semble-t-il mûr pour l'Académie ? Son talent vous semble-t-il à une hauteur suffisante ? A-t-il jeté les gourmes de jeunesse ? Est-il devenu un maître ? ou n'a-t-il eu qu'un éclair et doit-il retomber dans l'ombre et les limbes ?

Puis arrive une vacance.

Alors trois académiciens choisis par le sort ou à l'élection vont faire une visite au candidat choisi et lui disent :

— Nous représentons l'Académie française. L'Académie a suivi vos travaux avec intérêt depuis vos premières publications. Elle vous a reconnu arrivé à un point de maturité complet; elle pense que votre réception dans son sein sera à la fois un acte de justice et un accroissement d'éclat, de prestige et de popularité pour elle. Nous sommes chargés de vous notifier sa décision : l'Académie vous invite à occuper le fauteuil devenu vacant par la mort de ***.

De bonne foi, croit-on que cela n'aurait pas plus de dignité? La visite du candidat aux académiciens remplacée par une visite de l'Académie à celui qu'elle choisirait sans pression, sans brigue, sans génuflexions, sans importunité.

*
* *

On va, dit-on, vendre les diamants de la couronne, ou du moins une partie de ces joyaux.

Causons un peu des diamants de la couronne.

Il y a dix ans, il s'est agi de payer aux Allemands notre rançon et d'acheter leur agréable absence, rançon doublée par l'aveugle et intéressée et criminelle prolongation d'une guerre impossible et finie : ce qu'on appelle, aujourd'hui que M Gambetta est au pouvoir, « n'avoir pas désespéré de la France », et ce qui s'appellera autrement plus tard ; déjà même on a vu quelle gaieté a excitée la plaisanterie un peu forte d'un Normand qui a traité Mᵉ Gambetta de brave et d'intrépide.

Il y a dix ans donc, dans une correspondance assez curieuse que j'eus avec mon vieil ami Crémieux, correspondance qui a été publiée dans un livre : *Plus ça change, plus c'est la même chose*, je proposais, avec une énergique et opiniâtre insistance, non pas la vente, mais la mise en loterie des diamants de la couronne. Nous étions alors intéressants, on nous plaignait, on nous aimait ; l'appât, du reste, était alléchant : pour un louis, on pouvait avoir le Régent ; le monde entier eût pris des billets autant qu'on en aurait voulu faire ; nous eussions tiré de là au moins une grande partie de notre rançon.

M. Thiers et son subordonné M. Pouyer-Quertier préférèrent avoir recours à un emprunt.

Les emprunts pour payer ne font que changer le créancier.

Le premier créancier payé au moyen de l'argent emprunté, pour payer le second ou du moins les intérêts du prêt, il faut des impôts.

M. Thiers et M. Pouyer-Quertier se mirent à inventer des impôts absurdes, contradictoires, ruineux, imposant sous un nom ce qui l'était déjà sous un autre, imposant le produit fabriqué dont tous les éléments avaient déjà payé ?

Les deux hommes d'État se mettaient à une fenêtre et regardaient passer les citadins.

— Tiens! dit M. Thiers, un homme avec un parapluie! Imposons les parapluies.

— Quels sont ces chants, dit M. Pouyer-Quertier?

— C'est un serin qui chante dans une cage, dit M. Thiers.

— Imposons les serins.

— Imposons les cages.

— Imposons le millet et le mouron.

— Voici une femme qui paraît jolie, mais son voile cache la moitié de sa figure.

— Imposons les voiles.

— Oh! comme cet homme a le nez rouge!

— Imposons les nez rouges, etc.

Si bien que la vie devint beaucoup plus chère pour tous, difficile pour presque tous, impossible pour beaucoup.

De ces impôts mis à tout hasard, quelques-uns ont dû nécessairement disparaître ou être diminués; mais la plus grande partie écrase encore la population.

Je demandais donc alors qu'on mît en loterie les diamants de la couronne.

On ne l'a pas fait alors, et on parle de les vendre aujourd'hui.

Aujourd'hui, c'est tout à fait absurde et inutile.

Aujourd'hui même, il ne faudrait plus les mettre en loterie, parce que la loterie risquerait fort de n'avoir que de piètres résultats.

Nous ne sommes plus intéressants, on ne nous plaint plus, on ne nous aime plus.

Il ne resterait pour faire prendre nos billets que l'appât du gain, ça n'en ferait pas prendre assez.

D'ailleurs les Prussiens sont chez eux.

Ah! si les fous, les coquins, les bavards, les incapables, les avides, voulaient s'en aller à leur tour avec leur « blague » du suffrage universel, en fixant une somme pour nous débarrasser d'eux et ne pas achever de détruire la France, ça serait différent. Je serais encore pour la loterie, parce nous exciterions de nouveau une certaine sympathie.

Mais la vente pure et simple des joyaux, la vente d'une partie de ces joyaux, ne servirait absolument à rien.

Si ce n'est...

Que les gaillards juchés sur nos têtes n'espèrent pas avoir leur part des diamants, mais qu'ils comptent bien avoir leur part de l'argent qui en proviendrait.

Ça pourrait servir à créer encore deux, quatre, six nouveaux ministères : un gâteau pour six affamés.

P.-S. — On vient, paraît-il, de jouer à Paris avec un grand succès une nouvelle pièce de M. Sardou.

Cette pièce et son succès ressuscitent la question du divorce.

A ce sujet, je veux répéter encore une fois ce que je demande depuis quarante ans aux diverses législatures qui se sont succédé.

En attendant la loi du divorce, il est un article qui ferait disparaître un des dangers et des malheurs qu'entraîne la séparation de corps aujourd'hui.

Dans la séparation, une femme emporte les biens qu'elle a apportés, mais en même temps elle emporte le nom que le mariage avait rendu commun à elle et à son mari.

Ce nom, c'est l'honneur, toute la vie de l'homme; toute la vie parfois de ses ancêtres a été employée à le rendre honorable. Si l'homme séparé déshonore son nom, rien n'est plus facile à la femme que de le quitter; mais si la femme libre et désormais sans direction se plaît à traîner ce nom dans la boue et à en faire l'enseigne d'une courtisane, l'homme doit continuer à le porter, tout traîné qu'il est, et les enfants ne recevront cette part, qui devrait être si précieuse, de leur héritage, que détériorée et salie.

Que dans la séparation de corps et de biens la femme emporte sa fortune, mais qu'elle laisse le nom à la maison; qu'elle reprenne son nom de fille en se faisant appeler madame. Sa famille, au besoin, peut exercer encore sur elle une certaine autorité, que n'a plus le mari.

XXV

UN ENTÊTÉ BORNÉ

On lit dit dans le *Moniteur* de l'opportunisme :
« *Le général Cavaignac, avec son entêtement borné de soldat.* »

Puisque vous commencez, parlons de l'*entêtement borné* d'Eugène Cavaignac.

Il n'était pas opportuniste ; il ne changeait ni ses convictions, ni ses principes, ni ses idées, ni son langage au gré de son intérêt personnel : entêtement borné !

Quand les soi-disant républicains qui ne voient pas dans la république un but, mais une échelle pour se hisser aux places bien rétribuées, déchaînèrent dans Paris les scélérats et les fous, cet essai de la Commune fut vigoureusement et tristement réprimé par Cavaignac, qui pensait aux fous. Mais c'était un devoir ; il sauvait Paris de ce que vous avez amené et subi en 1871, de ce que vous avez rappelé et ramené en 1880. Ni dangers, ni menaces ne l'arrêtèrent : il était si entêté et si borné !

Les amis des insurgés, ceux qui ne sont jamais tués, ceux qui se tiennent toujours à l'abri des coups jusqu'au moment du butin et de la curée, osèrent parler d'accusation, et portèrent cette accusation devant l'Assemblée.

Cavaignac, averti et pressé par ses amis de préparer sa défense, s'y refusa avec ce même entêtement borné. « Je ne préparerai rien, disait-il ; je sais que j'ai fait mon devoir ; je verrai ce qu'ils diront, et je sais qu'ils ne prouveront pas que je n'ai pas fait mon devoir. »

Certaines pièces cependant assez nécessaires, furent, à son insu, rassemblées et classées par Lamoricière et par Charras, qui ne les lui donnèrent qu'à l'Assemblée.

Ce jour-là, ce soldat entêté et borné, qui n'avait jamais prononcé un mot en public, se montra le plus éloquent, le plus puissant, le plus triomphant des orateurs ; ce jour-là, il fut donné d'entendre une véritable éloquence; et non une jonglerie exécutée avec une trentaine de mots creux et sonores. L'Assemblée, presque à l'unanimité, déclara que « le général Cavaignac avait bien mérité de la patrie ».

Ce même jour, il donna une autre preuve de son entêtement borné : le pauvre Garnier-Pagès, le frère de son frère, comme M. Albert est le frère de

M. Jules, Garnier-Pagès, de sa voix grêle, flûtée, fausse, s'écria : « Général, vous avez commis des fautes énormes en stratégie. »

La France était encore alors à peu près représentée par ses représentants, lesquels la représentèrent dignement par un homérique éclat de rire.

— Ne riez pas, messieurs, dit Cavaignac ; je suis soldat ; je sais commander, mais aussi je sais obéir. Le jour auquel M. Pagès fait allusion, il était mon supérieur ; je devais lui obéir, je lui ai obéi, et je vais vous le prouver.

Et il le prouva : est-ce assez borné ?

Oui, il était borné et invinciblement borné par le devoir, par la loi, par l'amour vrai de la patrie, et ces bornes saintes, il ne les franchissait pas en avant, et jamais on ne les lui aurait fait franchir en reculant : entêté et borné !

Quand on put prévoir la folie qui allait s'emparer de la France au nom de Napoléon, l'Assemblée se montra disposée à ne pas attendre et subir les funestes résultats de cet engouement, et à nommer directement Eugène Cavaignac président pour cinq ans.

Il s'y refusa « carrément », mot qu'il mit alors à la mode. Ses amis, j'avais l'honneur d'être du nombre, le pressèrent en vain de se « laisser faire » ; tout fut inutile. Cet entêtement doit exciter, je le comprends, la pitié des opportunistes. Pour mon compte, j'en étais désolé, tant il était facile de prévoir ce qui allait arriver. Je l'en blâmai avec franchise; je quittai la partie et je m'en retournai à mon jardin et à mon canot de Sainte-Adresse, inquiet, chagrin, fâché contre lui, mais l'en estimant et l'en aimant davantage.

Cet entêté borné, n'admettant pas la moindre infraction à la loi, descendit volontairement et noblement du pouvoir, quand, aux élections, les soi-disant républicains démocrates votèrent tous contre lui, les uns aveuglément pour le « prince Louis » pensant qu'ils auraient plus facilement raison de lui que de Cavaignac, les autres bêtement pour Ledru-Rollin, pour Blanqui, pour l'homme au camphre, qui n'avaient aucune chance, mais enlevaient ainsi des voix à Cavaignac.

Et cependant si Cavaignac, contre lequel votre parti a intrigué et voté, avait été élu, la République aurait eu alors de s'établir en France des chances beaucoup plus sérieuses que celles qu'elle a aujourd'hui.

Cavaignac, républicain de conviction, de religion, avait donné de terribles gages au respect des lois. On savait qu'il n'avait pas essayé de rester au pouvoir cinq minutes au delà de son mandat. Les avides, les bas ambitieux, les bavards, les décorés, les déclassés, les chenapans, les fripouilles, les voleurs, les incendiaires, les assassins seraient par leur poids retombés vase et fange, d'écume qu'ils avaient été un moment, et auraient disparu, et les honnêtes gens de tous les partis auraient pu accepter au moins un essai véritablement loyal de la République.

Je doute fort que vous, qui n'êtes pas entêtés et savez si bien vous soumettre aux circonstances, vous qui ne savez borner ni vos désirs ni vos appétits, vous exerciez la même influence sur le pays et sur l'installation de la République qu'eût exercée cet entêté borné, ce brave soldat, ce grand citoyen, Eugène Cavaignac.

XXVI

HEAUTONTIMORUMENOS

LE BOURREAU DE SOI-MÊME [1]

Un plus ou moins ancien disait tous les soirs :
— Mon Dieu, défendez-moi contre mes amis ; je me charge de mes ennemis.

Certes, je ne nierai pas que les amis ne soient le plus souvent ceux qui nous jouent les plus mauvais tours. Cependant je modifierai la pensée que je viens de citer :

Défiez-vous de vos amis, mais défiez-vous auparavant et surtout de vous-même.

Il ne nous arrive guère, dans la vie, d'ennuis, de malheurs, de misères, de ruines, etc., dont nous ne soyons le principal ouvrier, et, quand la même mauvaise chance se reproduit plusieurs fois contre nous, ce n'est pas à « la Providence » ou à un « destin contraire », à une « fortune mauvaise » qu'il faut s'en prendre, mais à un défaut... quelque-

---

1. Térence.

fois à une qualité de notre tempérament ou de notre caractère.

Les vainqueurs en politique ne sont à peu près jamais ceux qui font avec habileté de grandes choses, mais ceux qui savent profiter des sottises de leurs adversaires.

Les prétendus républicains se sont juchés au pouvoir; chaque jour ils poussent la France dans la voie de la ruine. Voyez combien peu parmi eux, je ne dirai pas d'hommes supérieurs, mais seulement d'hommes de quelque capacité et de quelque valeur. Ils ont avoué l'autre jour en pleine Assemblée des représentants que, dans les situations graves, ils étaient bien obligés d'appeler des hommes ne faisant pas, tant s'en faut, partie de leur coterie.

Ce n'est donc ni par les talents, ni par l'habileté, ni par la force du caractère, ni par la bravoure, — ce seul mot fait rire quand on le leur applique, — qu'ils ont obtenu leur triomphe.

C'est par l'indécision, l'irrésolution, l'abstention du reste de la nation.

Aussi n'est-ce pas la grande majorité de la nation, tout opposée qu'elle est à leurs principes, à leurs idées, à leurs prétentions, à leur despotisme, qui les renversera.

Ils se renverseront eux-mêmes, et ils s'en occupent activement.

Je dois ici parler du procès Rochefort-Roustan;

mais je n'entrerai pas dans le fond ni dans les détails du procès; je n'en parlerai que parce que j'y trouve un argument et une preuve en faveur de la cause que je soutiens.

Sous l'Empire, M. Rochefort était un des deux ou trois jeunes gens écrivant dans les petits journaux qui possédaient le plus de l'esprit parisien, de « blague » parisienne, de cette bonne humeur tapageuse et irrévérencieuse, — peut-être était-il le premier; — on le lisait avec d'autant plus de plaisir que, tout en étant gai, irrespectueux, amusant, cela n'avait rien de dangereux ni de sérieux.

Les « amis » et les domestiques de l'Empire s'avisèrent de le poursuivre avec acharnement, de lui donner « le baptême de la police correctionnelle », de le faire prendre au sérieux, en le prenant au sérieux eux-mêmes; ils exigèrent que M. de Villemessant lui fermât son journal. M. de Villemessant, monarchiste, légitimiste, du moins à ses heures, aida M. Rochefort à publier la *Lanterne* et lui donna le secours de son immense publicité.

Et ainsi fut créé un nouveau Rochefort, qui fit beaucoup de mal à l'Empire et aussi aux idées monarchiques, avec l'aide de l'Empire et d'un monarchiste.

Passons au procès Roustan. Il a été évident que M. Rochefort avait agi avec la légèreté ordinaire de son tempérament; ce n'est que longtemps après la publication des articles incriminés, et après qu'ils ont été incriminés, qu'il a cherché, qu'il a trouvé, qu'il a connu les documents qui ont été plus ou moins acceptés comme preuves de ses assertions.

Selon moi, M. Rochefort n'a peut-être pas suffisamment prouvé que ce qu'il avait dit était vrai; mais, par contre, M. Roustan n'a peut-être pas assez prouvé que ce n'était pas vrai.

Quoi qu'il en soit, le cas était grave pour M. Rochefort et la situation périlleuse. Mais voilà que Mᵉ Gambetta, qui avait au moins permis le procès; que M. Barthélemy, quittant « ses chères études », déjà trop longtemps pour tout le monde abandonnées, se sont avisés de venir jouer un rôle au procès; c'est ce qui a sauvé M. Rochefort et perdu M. Roustan.

Les jurés ne se sont plus occupés ni du prévenu ni du plaignant; ils n'ont vu que le gouvernement; et c'est le ministère Ferry et le dictateur Gambetta qu'ils ont condamné; ni M. Rochefort ni M. Roustan n'ont à s'en louer ni à s'en plaindre.

Comme rien n'est éternel, surtout en France, même le mal; comme il faut que la maladie improprement appelée république se passe, comme les soi-disant conservateurs ne s'opposent en rien aux soi-disant républicains, le devoir, la mission, la fonction de mettre fin au fléau incombe totalement et fatalement à ceux-ci; et on ne peut pas leur reprocher de ne pas faire de leur petit mieux pour y parvenir.

Leur incapacité flagrante, leur avidité à peine déguisée, leur despotisme irritant ne leur suffisaient pas; ils ont imaginé le luxe d'une guerre à l'Église qui n'a pour résultat que de ranimer, de réveiller un peu la foi endormie de beaucoup de gens, et de réduire à un silence honnête les écrivains qui jusque-là s'étaient donné mission de détruire certains abus. Ce n'est pas ce que faisait Bonaparte en Égypte, qui s'était fait quasi musulman, et se fit sacrer à Notre-Dame de Paris. C'est que celui-là connaissait son métier d'usurpateur, tandis que ses parodistes d'aujourd'hui n'ont que des appétits, des faims et des soifs.

Ce n'était pas assez, cela ne leur donnait des ennemis que d'un côté, ça pouvait durer; ils ont inventé le rappel des voleurs, des assassins et des incendiaires de la Commune, et ils se sont bêtement figurés que ces gens allaient se remettre à leur service et derrière eux qui les avaient poussés en avant et lâchement abandonnés; qu'ils se contenteraient de respirer « l'air de la patrie », comme s'il y avait une patrie pour ces gens-là, et de regarder se prélasser, se goberger, s'empiffrer leurs anciens complices, qui, au moment du coup de balai, avaient su se jeter du côté du manche, sans réclamer, sans exiger leur part de la curée, faucons obéissants revenant sur le poing du chasseur et se laissant de nouveau « chaperonner ».

On a vu comment Mᵉ Gambetta, qui se croyait un grand dompteur, a dû à Belleville s'évader en grande hâte de la cage des fauves non repus où il avait eu l'imprudence d'entrer.

Un autre danger menace en ce moment la coterie soi-disant républicaine, et ce danger est assez gai ; il est donc bon de le signaler.

Depuis bien longtemps, les compétitions de places grassement rétribuées se passaient entre un petit nombre de gens, en général des avocats nés ou devenus Parisiens. Ceux qu'on envoyait de province à l'Assemblée « nationale » savaient bien un peu exécuter chez eux le « boniment du candidat » :

Si vous nommez mon adversaire, c'est la ruine et la honte, et la misère et l'esclavage.

Si vous me nommez, c'est l'élévation, la gloire, la richesse et la liberté, etc. Envoyez-moi à Paris toucher les neuf mille francs, et vous verrez comme vous serez heureux, etc.

Et une fois à l'Assemblée, embarrassés de leur dialecte, de leur patois, de leur allure, ils n'ouvraient plus la bouche que pour manger et boire les neuf mille francs.

Mais les soi-disant républicains, opportunistes fidèles à leur mission de détruire les républiques, ont permis, encouragé les assemblés, les réunions politiques publiques et privées, les clubs, etc.

Ç'a été pour les fruits secs de province, pour les avides, les altérés, les « ésurients », les vaniteux, une école, un manège, un gymnase, un cirque, une palestre où ils se sont exercés à jongler avec les mots et les phrases qu'ils lisaient dans les journaux ; ils ont pris de l'aplomb, de l'assurance, de l'audace, de la suffisance, et voilà que ceux qui arrivent à Paris ne disparaissent plus dans les chœurs ; tous veulent jouer les premiers rôles ; tous ténors, ils demandent la parole, ils assiègent la tribune ; dix fois dans une séance, ils parlent de tout, sur tout, à propos et hors de propos de tout ; il n'y en a plus que pour eux ; les chefs d'emploi, les vieux ténors, les ex-premiers rôles ne peuvent plus aborder la tribune.

C'est un scandale, c'est une désolation ; on parle de rétablir les clepsydres, les horloges à eau qui, chez les anciens, mesuraient aux orateurs le temps pendant lequel ils pouvaient parler chacun à son tour.

Non, il ne s'agit, sous ce régime, ni de savoir ni d'étudier ; il ne s'agit que de parler, et le républicain Prud'homme, l'auteur du *Miroir de Paris*, raconte que, sous la Convention et sous la Terreur, beaucoup de comédiens, tous les dentistes en plein vent, les vendeurs d'orviétan, les pîtres, les escamoteurs et tous les gens accoutumés à parler effrontément en public, disparurent des rues et des places publiques et jouèrent un rôle dans la politique de ce temps-là.

Notez que, aujourd'hui, les nouveaux venus s'en tirent aussi bien que les anciens; ça n'est pas difficile : il ne faut que de l'aplomb.

La langue politique des clubs, des avocats et de beaucoup de journaux se compose de cinquante mots.

Deux ou trois sénateurs, un ou deux députés en ont soixante, — je ne parle pas de quelques lettrés et esprits supérieurs, *rari nantes ;* mais, parmi les autres, il en est qui n'ont à leur disposition que quarante ou trente mots. Ces pauvres mots, on les mêle comme des cartes, on les agite comme les morceaux de verroterie d'un kaléidoscope, et ça produit un très grand nombre de combinaisons, au moyen desquelles on ruine les nations et on ébranle les sociétés.

Ceux des lecteurs qui pourraient croire que je plaisante ou que j'exagère changeront d'avis quand ils auront examiné avec moi la quantité de combinaisons que peuvent produire les sept notes de la musique, les sept couleurs du prisme, les quelques morceaux de verre dans le tube du kaléidoscope, et un nombre de mots bien inférieur à soixante, à cinquante, à quarante, à trente mots.

Ce vers, composé en l'honneur de la mère de Jésus :

> Tot tibi sunt dotes, virgo, quot sidera cœlo,

se compose de huit mots, et ces huit mots peuvent recevoir quarante mille trois cent vingt permutations, dont trois mille deux cent soixante-seize conserveraient la mesure d'un vers hexamètre.

Ajoutons quatre mots à ces huit, ou mieux présentons la question sous une autre figure imaginée par Ozanam dans ses *Récréations mathématiques* (tome I, p. 118) :

« Si le jour de la Cène, dit-il, les douze apôtres, après la leçon d'humilité que venait de leur faire Jésus, avaient cédé réciproquement les uns aux autres les premières places, de sorte qu'ils eussent changé de situation à table autant de fois qu'il était possible, ils se seraient arrangés en quatre cent soixante et dix-neuf millions six cent manières différentes. »

Vous voyez que ces trente, quarante ou cinquante mots ont suffi pour dire et redire toutes les sottises, billevesées, mensonges, puérilités, absurdités, calomnies, atrocités, boniments, contes bleus, etc., qui depuis bientôt cent ans ont rendu agité, triste, malheureux et quelquefois enragé un peuple que la Providence, que les autres peuples auraient pu accuser de partialité, avait fait particulièrement gai, heureux, généreux, humain.

De ce que je viens de vous dire Molière savait quelque chose, et il en fait parler le maître de philosophie dans son *Bourgeois gentilhomme* :

« On peut dire : Vos beaux yeux, belle marquise, me font mourir d'amour; ou bien : D'amour mourir me font, belle marquise, vos beaux yeux; ou bien :

Mourir vos beaux yeux, belle marquise, d'amour me font, etc. »

De loin en loin, un mot nouveau, une phrase bizarre vient enrichir un peu cette langue si pauvre. Alors tout le monde se jette dessus comme « misère sur pauvreté », et ça se répète partout dans les Chambres, dans les assemblées, dans les réunions publiques ou privées, etc.

Je veux, pour ma modeste part, contribuer de mon obole à la faconde soi-disant républicaine et au vocabulaire des clubs; à vrai dire, je trouve leur éloquence un peu pâle, un peu flasque, en comparaison de celle de leurs modèles de 1793.

Je n'en excepte pas même les trois ou quatre tricoteuses et furies de guillotine, qui font le plus bel ornement de ces bastringues politiques. Voici, par exemple, une phrase de Barras à Carnot, et ça à une époque déjà refroidie, qui possède une saveur dont les jeunes orateurs intransigeants, dont Louise Michel et Paule Minck n'approchent pas, et qui pourrait un de ces jours se placer avec beaucoup d'effet et exciter de légitimes applaudissements :

« Carnot, vil scélérat, dit Barras, il n'y a pas un pou de ton sale corps qui n'ait le droit de te cracher au visage [1]. »

A la bonne heure ! c'est parler, ça.

---

[1]. Lettre de Lavalette, aide de camp de Bonaparte, à son général, du 29 thermidor an V.

XXVII

PARENTHÈSE

C'était en 1832.

La duchesse de Berry se tenait cachée à Nantes chez les demoiselles Duguigny. Deutz la vendit à M. Thiers, et on fit avec de nombreux agents de police et des soldats une minutieuse perquisition dans la maison désignée par le misérable.

Une cachette avait été préparée derrière la plaque d'une cheminée rendue mobile dans une mansarde de la maison; architectes, sapeurs, agents avaient fouillé, sondé, « ausculté » toute la maison pendant une demi-journée sans découvrir la cachette. On décida que la duchesse s'était évadée, et le préfet donna le signal de la retraite. Seulement, par surcroît de précaution, on laissa quelques gendarmes dans quelques chambres.

La nuit était humide; la cachette était sous le toit, et le froid filtrait à travers les ardoises et glaçait les prisonniers entassés au nombre de quatre : la duchesse de Berry, mademoiselle Stylite de Kersabiec, M. de Mesnard et M. Guiboury.

Deux gendarmes étaient dans le grenier et grelottaient de leur côté; voilà bien une cheminée, mais pas de bois. L'un d'eux avisa dans un coin du grenier un amas, une montagne de numéros de la *Quotidienne*, journal ultra-royaliste auquel les demoiselles Duguigny étaient abonnées depuis sa fondation. — Eh mais! dit-il, voici notre affaire! Il prit un des ballots, le jeta dans la cheminée et y mit le feu, ce qui produisit une flamme claire et pétillante; un second paquet suivit le premier, un troisième le second, et toujours comme cela; au bout de quelque temps, la plaque s'échauffa, et les prisonniers sentirent avec plaisir une douce et opportune chaleur; mais ce plaisir ne fut pas de longue durée : ce feu de papier qu'on ne ménageait pas finit par amener une très vive chaleur et une fumée qui se glissa par quelques lézardes du mur de la cheminée ébranlé par les coups de marteaux des chercheurs; l'air de la cachette bientôt ne fut plus respirable, ceux qu'elle renfermait étaient obligés d'appliquer leur bouche contre les ardoises pour trouver un peu d'air extérieur; la duchesse était celle qui souffrait le plus, parce que, entrée la dernière, elle se trouvait appuyée contre la plaque; au danger d'être asphyxiés dans ce réduit de 3 pieds et demi de long sur 18 pouces de large vint bientôt se joindre le danger d'être brûlés vifs ; la plaque était rouge, et le bas des vêtements des femmes menaçait de s'enflammer ; déjà deux fois le feu avait pris à la robe de la duchesse, elle l'avait étouffé en se brûlant cruellement les mains ; deux ou trois nouveaux paquets de la *Quotidienne* jetés au feu mirent le comble au supplice ; le feu prit pour la troisième fois à la robe de la duchesse. Mademoiselle de Kersabiec cria à haute voix : — Nous nous rendons, nous allons ouvrir, ôtez le feu !

Les gendarmes s'élancèrent sur le feu qu'ils divisèrent et dispersèrent à coups de pied. La duchesse sortit la première, forcée de poser ses pieds et ses mains sur le foyer brûlant ; il était neuf heures et demie du matin, et depuis seize heures les quatre personnes étaient enfermées dans cette cachette, sans aucune nourriture...

Sans cet amas du journal royaliste, la trahison de Beutz était déjouée, la duchesse de Berry s'évadait de Nantes et.... n'était pas enfermée à Blaye, etc.

Le traître Deutz n'avait pu, que la vendre ; la *Quotidienne*, journal ami et fidèle, la livrait.

XXVIII

CÉSAR TOQUÉ

BRAHMANES ET SOUDRAS

Quand il s'agit de se jucher, je ne dirai pas au pouvoir, ils n'ont pas l'âme si haute, mais aux *places* grassement rétribuées, les soi-disant républicains, sachant au fond leur peu d'haleine et de jarrets, visent à miner, à démolir, à renverser, en un mot, à abaisser les sommets. Quand ils ont réussi, ça va bien au commencement, ils s'installent, ils émargent, ils se font donner de l'excellence, etc.; mais il vient nécessairement un moment où les *places* sont aussi des *fonctions;* ils n'y avaient seulement pas pensé.

On se rappelle un passage des *Confessions* de Jean-Jacques Rousseau :

« ..... Ayant été présenté à M. de Treytorens, qui aimait la musique et faisait des concerts chez lui, je me mis à composer une pièce pour son concert aussi effrontément que si j'avais su comment m'y prendre.

» J'eus la constance de travailler pendant quinze jours à ce bel ouvrage, de le mettre au net, d'en tirer les parties et de les distribuer avec autant d'assurance que si c'eût été un chef-d'œuvre d'harmonie. »

Cela ressemble déjà beaucoup à la promesse du grand ministère. Les parties sont distribuées à MM. Bert, Cazot, Rouvier, etc. Mais continuons :

. . . .

« Enfin, tout étant prêt, je frappe avec un beau rouleau de papier sur mon pupitre; on fait silence, je me mets gravement à battre la mesure. On commence... Non, de la vie on n'ouït un semblable charivari. Quoi qu'on eût pu penser de mon prétendu talent, l'effet fut pire que tout ce qu'on semblait attendre. Les auditeurs ouvraient de grands yeux et auraient bien voulu fermer les oreilles... J'entendais dire autour de moi : « Mais il n'y a rien là de supportable! quelle musique enragée! quel diable de sabbat! J'entendais partir de toutes parts les éclats de rire, etc. »

Tout y est. M° Gambetta frappe sur son pupitre. Le grand ministère paraît. On lit le morceau si éloquent que vous savez. Le charivari commence, et les auditeurs disent : Mais il n'y a rien là de supportable! Quelle musique enragée, etc. Et les éclats de rire se font entendre de toutes parts. « Je n'ai pas besoin, dit Jean-Jacques, de dépeindre mon angoisse, ni d'avouer que je le méritais bien. »

Ici s'arrête la ressemblance; ils ne s'avouent pas à eux-mêmes leur ignorance, leur incapacité, leur insuccès. Aussi ne s'en relèveront-ils pas; tandis que Jean-Jacques fit plus tard ce charmant *Devin du village*, qui amena une réforme dans la musique française.

Réforme... un mot dont on a bien abusé et dont on abuse encore effrontément.

Réforme, dans son sens primitif et grammatical, signifie l'action de rétablir dans son ancienne forme ou dans une forme meilleure. C'est, par extension, par catachrèse, qu'on l'emploie quelquefois dans le sens de suppression, de destruction.

C'est ce sens exceptionnel qu'ont adopté les soi-disant hommes d'État qui sont censés nous gouverner. Pour rétablir les lois, les usages, les mœurs dans leurs anciennes formes ou dans une forme meilleure, il faut beaucoup d'intelligence, d'études, de tact, d'amour du bien, de talent, de fermeté : ça n'est pas à la portée de tout le monde; nos hommes politiques ont trouvé plus commode, plus dans leurs moyens, d'entendre et de faire entendre au peuple crédule le mot de réforme dans le sens de briser, de détruire, de casser. Il faut être verrier pour faire un verre à boire; le premier venu peut le casser : c'est plus aisé, plus prompt, et ça fait plus de bruit.

Sénèque disait : « C'est un signe de corruption des mœurs quand la langue se corrompt et quand les mots disent autre chose que ce qu'ils disaient au temps de la belle langue et des bonnes mœurs. »

Il y aura bientôt besoin de faire, non pas un dictionnaire latin-français, mais français-français, qui à la fois donne l'ancienne et la nouvelle acception des mots, pour mettre à même les hommes d'un certain âge de comprendre le langage d'aujourd'hui et les hommes plus jeunes de comprendre la langue de Rousseau, de Montesquieu, de Diderot, etc.

Le mot réforme exigera un long article.

— Je réforme l'armée, dit un de nos hommes d'État. Et quelque temps après il n'y a plus ni discipline, ni traditions, ni rien ; mais le ministre touche 60 000 francs.

— Je réforme l'intérieur, dit un autre. Lisez : je touche 60 000 francs par an.

— Je réforme les finances. Tantôt ça veut dire : j'arrange les miennes ; tantôt ça veut dire : flambez, finances, etc.

— Il faut réformer les abus, dit Voltaire, à moins que la réforme ne soit pire que l'abus.

— Le pire des abus, dit Condillac, c'est de les réformer sans règle ; cent exemples prouvent la vérité de ce principe.

Paul-Louis Courrier, qui n'était pas non plus un clérical, se moque dans le *Pamphlet des pamphlets*, de la manie de prétendre tout réformer.

On appelle volontiers abus ce qui n'est qu'un obstacle à son ambition et à ses appétits. La prétendue réforme électorale a amené le suffrage dit universel, le plus effronté et le plus dangereux des mensonges ; si dangereux que, pour le salut de la France, il faut demander aujourd'hui et amener, à tout prix, les réformes de la réforme.

Un procédé oratoire, familier à nos Cicérons de taverne et de balcon, c'est de demander la réforme d'abus de leur invention ou qui ont disparu depuis des siècles. Il n'est pas de fièvre électorale pendant laquelle quelque candidat ne demande la démolition de la Bastille et n'effraye les auditeurs en leur disant que, si l'on ne lui donne pas neuf mille francs de rente pendant quatre ans, si on les donne à son concurrent, on rebâtira la Bastille, on rétablira le droit de jambage, et les *vilains* devront, la nuit, battre l'eau dans les fossés des *châteaux* pour faire taire les *grenouilles* qui troubleraient le sommeil de leurs *seigneurs*.

C'est ce qu'on appelle en termes de vénerie faire « prendre le change »; tandis que les populations enivrées et affolées se mettent à la poursuite des fantômes qu'on évoque, d'autres abus plus graves, plus menaçants, se manifestent sans trop de bruit ni d'obstacles.

Plus de rois, plus de dynasties. Et on a renversé une royauté beaucoup plus voisine de la République que tout ce que nous avons jamais vu sous le nom usurpé de République. Nous n'avons plus un roi, mais nous avons une succession de tyranneaux aussi affamés qu'incapables.

— Il faut amener à la surface de nouvelles couches sociales, dit un tribun, au hasard de la phrase.

Cette figure, empruntée à l'agriculture, a besoin d'être expliquée et modifiée par le raisonnement et l'expérience. Si ledit tribun savait ce qu'il dit, il saurait que ce n'est qu'après avoir étudié le sol et le sous-sol qu'on décide quelle sera la profondeur du labour et la quantité de terre qu'il faut amener à la surface.

Si le sous-sol est glaiseux, ocreux ou pierreux, il faut se garder d'un labour profond, qui ferait disparaître le sol arable sous des matières stériles.

On en a eu des exemples récents en 1830, en 1848, en 1870. On a vu quelle était la couche qu'on amenait à la surface.

Mais ce n'est qu'une phrase; le coutre de la charrue de nos modernes tripoteurs ne descend pas si bas que cela : ils se contentent d'égratigner la terre juste à la profondeur où se trouvent leurs précieuses personnes, et ils forment à eux seuls la couche sociale qu'ils prétendent étendre sur la surface du sol.

Nous n'avons plus de dynasties, nous n'avons plus de rois; on a désarmé et renversé ce qu'on appelait les « classes dirigeantes », qui se recrutaient parmi les plus instruits, les plus intelligents, les plus laborieux, et on ne s'aperçoit pas qu'il s'élève sur nous une caste semblable aux castes indiennes : la caste des avocats joue le rôle de la caste des brahmanes; on ne demande pas si un avocat est honnête, capable, patriote, etc.; il est avocat, il est de la caste des avocats, c'est suffisant; il sera ministre de la guerre, des finances, de la marine; il est avocat; la Chambre des députés est composée pour près de la moitié d'avocats; quand ils sont fatigués, usés, fourbus, on les envoie au Sénat, qu'ils commencent à envahir.

A trois exceptions près, si je ne me trompe, les douze ministres sont avocats; presque tous les sous-ministres, les chefs de cabinet du grand ministère, sont avocats; la plupart des préfets et des sous-préfets, des ambassadeurs, des consuls, tous avocats. A la tête de tout, dans tout, à la porte de tout, attendant l'occasion, on ne voit qu'avocats. Si à la Chambre, dans les couloirs des ministères, partout où il y a des traitements, des émoluments à ronger, vous marchez sur le pied de quelqu'un, vous pouvez sans risquer de vous tromper dire : Pardon, monsieur l'avocat.

Une caste rivale commence à élever la tête : c'est celle des médecins. Me Gambetta oppose le docteur Bert, le canicide, au docteur Clémenceau, comme on fait en Afrique des régiments d'indigènes.

En présence de cette caste privilégiée et émargeante des avocats, il peut être intéressant de voir quelle était chez les Indiens la caste correspondante, les brahmanes. Il n'est nullement exagéré de dire que les avocats se sont emparés de la France, comme les Tartares de la Chine.

Je vais prendre les lois de Manou, le code indien, et, substituant le mot avocat au mot brahmane, je ferai voir où nous en sommes et où nous allons. « Au commencement du monde, celui existant par lui-même, qui n'est pas à la portée des organes des sens, qui est sans parties visibles, l'âme de tous les êtres que nul ne peut comprendre, déploya sa propre splendeur. »

Brahma produisit le Brahmane de sa bouche, le Kchatriya de son bras, le Voisia de sa cuisse et le Soudra de son pied, tous enfants de Dieu, mais inégaux devant lui.

Les Brahmanes, la classe qui domine de très haut toutes les autres : aujourd'hui les avocats.

Les Kchatryas, la classe militaire et royale, encore assez supérieure, mais infiniment au-dessous des Brahmanes (avocats).

Les Voisias, petit monde, petits bourgeois, classe commerçante et agricole.

Les Soudras, classe servile, les ilotes indiens, la plèbe, les ouvriers.

Aux Soudras, le souverain maître n'assigna qu'un seul office : servir les autres classes et se dévouer corps et âme aux Brahmanes (faux avocats), voter pour les avocats, se battre pour eux, jeûner pour eux, aller en prison pour eux, se faire tuer pour eux.

Livre Ier, 98. — La naissance de l'avocat (du brahmane) est l'incarnation éternelle de la justice. Le brahmane s'identifie avec Brahma.

99. — Le brahmane (l'avocat), en venant au monde, est placé au premier rang sur cette terre; souverain seigneur de tous les êtres, il veille à la conservation des lois civiles et religieuses.

100. — Tout ce que ce monde renferme est, en quelque sorte, la propriété du brahmane; par sa primogéniture et par sa naissance, il a droit à tout ce qui existe.

Lois du Manou, livre III, verset 116. — Lorsque les brahmanes ou avocats, leurs parents et leurs domestiques, sont rassasiés, que le maître de la maison et sa femme mangent ce qui reste du repas.

Livre IV, 169. — On ne doit jamais attaquer un avocat ou brahmane, ni le frapper, fût-ce avec un brin d'herbe. Autant le sang, en coulant à terre, absorbe de grains de poussière, autant de milliers d'années celui qui a fait couler ce sang verra, dans l'autre monde, ses chairs toujours renaissantes dévorées par des animaux carnassiers.

Livre VII, 133. — Un roi même, lorsqu'il meurt de besoin, ne doit rien demander à un avocat ou brahmane, ni rien recevoir de lui.

Livre VIII, 381. — Il n'y a pas de plus grand crime que le meurtre d'un brahmane; c'est pourquoi le roi ne doit pas même concevoir l'idée de mettre à mort un avocat, quand même il aurait commis tous les crimes.

Livre VIII, 281. — Un soudra, un paysan, qui s'avise de prendre place à côté d'un brahmane, d'un avocat, doit, de par le roi, être balafré au-dessous des reins et ensuite banni.

Livre IX, 313. — Dans quelque détresse que se trouve le roi, qu'il se garde d'irriter les avocats en prenant leurs biens; car, une fois irrités, ces brahmanes le détruiraient sur-le-champ avec son armée, par leurs imprécations.

317. — Savant ou ignorant, l'avocat ou brahmane est une divinité puissante.

Livre X, 62. — Un soudra, ouvrier ou paysan, mourant volontairement pour un brahmane ou avocat, peut parvenir au ciel.

123. — Servir les brahmanes ou les avocats est l'action la plus louable pour le paysan ou l'ouvrier, le soudra.

Livre XI, 1. — Quand les avocats (brahmanes) n'ont rien, il faut leur offrir des dons en or et en bestiaux.

6. — Que le roi, que tout homme fasse des présents aux brahmanes.

49. — Celui qui a volé de l'or à un avocat a une maladie des ongles.

261. — Un brahmane possédant le *Rig-Veda* (les cinq codes et l'amitié de M. Gambetta) tout entier, ne serait souillé d'aucun crime, même s'il avait tué tous les habitants des *trois mondes*.

204. — L'homme qui a imposé silence à un avocat (ou brahmane) doit se baigner et ne rien manger le reste du jour.

(Heureux si on lui laisse de quoi manger les jours suivants !)

305. — Celui qui l'a emporté sur le brahmane (ou avocat) dans une contestation doit calmer son ressentiment en se jetant à ses pieds.

Etc., etc.

Ne riez pas; la forme seule, tout au plus, de ce que je vous dis est plaisante. Mais, à voir la situation et l'attitude du président, — sorte de roi empaillé, — à voir les généraux, les ambassadeurs, les bourgeois soi-disant conservateurs obéissant à la toque devenue une couronne, — encore un certain nombre de réformes, — s'il y a encore des kchatryas (soldats) et des *voisias* (des bourgeois, des ouvriers et des paysans), ça n'est pas pour longtemps, et nous serons tous des soudras, c'est-à-pire des îlotes, des esclaves d'un César « toqué ».

XXIX

POUR CHANGER

Ce n'est pas que je me soucie à aucun degré des partis, des coteries, des écoles, des discussions littéraires; il ne s'agit pour moi aujourd'hui, comme de coutume, que de jaser un peu de ce qui se passe, avec mes lecteurs, mes amis connus et inconnus.

En littérature comme en politique, il y a toujours une mode, une folie régnante. On peut placidement laisser le soin d'y mettre ordre ou de les détruire, aux ultras du parti, de la coterie, de la folie à la mode.

Les choses de ce monde ont reçu dès le commencement leur pesanteur relative; une tempête vient de temps en temps les troubler et les confondre, mais la vase devenue écume dans l'eau agitée redevient vase, et redescend fatalement à sa place; c'est quelquefois long, mais il s'agit de ne pas mesurer l'éternité aux bornes de la vie humaine.

Il est au-dessus de la vie et des mondes un grand horloger qui de temps en temps, parfois de loin en loin, vient régler la pendule et faire, comme il lui plaît, l'avance ou le retard.

C'est ce que le vulgaire appelle le hasard.

Que dans un wagon de chemin de fer vous vous placiez de façon à être porté en avant ou en arrière, à voir les arbres, les villes, les rivières qui viennent, les arbres, les villes et les rivières qui s'éloignent, le train ne s'arrête pas; de temps en temps, il entre sous terre et traverse un tunnel. Quelques-uns ferment les yeux pour se faire croire à eux-mêmes que c'est volontairement qu'ils ne voient plus clair; mais il peut être amusant de frotter une allumette et de constater les mains et même les museaux qui se sont un peu ou beaucoup rapprochés dans la nuit. C'est ce que nous allons faire.

Il y a en ce moment deux folies, deux maladies régnantes : en politique, une fausse, absurde, impuissante, menteuse et dangereuse République; en littérature et en arts, le naturalisme et l'impressionnisme. Il est de coutume presque constante que la politique et la littérature soient simultanément frappées d'une maladie analogue, identique même et parallèle, provenant du même principe sous des noms différents : de 1826 à 1832, il y avait le libéralisme et le romantisme; aujourd'hui, les intransigeants et les naturalistes.

Le romantisme, sous le règne de Charles X, faisait partie de l'opposition. C'était un petit corps chevelu, hérissé, armé à la légère, mais harcelant deux ennemis et un unique et même principe : la monarchie et l'Académie.

Combat des tignasses contre les perruques.

Le naturalisme aujourd'hui joue le même rôle contre les conservateurs, les opportunistes. Que sont devenus les libéraux et les romantiques de 1830? Les tignasses d'alors ont perdu beaucoup de leur inculte chevelure, et plusieurs ont adopté la perruque. De nouvelles et jeunes tignasses veulent prendre leur place, comme les tignasses d'alors ont pris la place des perruques monarchistes et classiques.

Les romantiques et hugolâtres, en 1830, ont appelé Racine « polisson »; je ne désespère pas de voir un de ces jours Victor Hugo traité à son tour de polisson par quelques jeunes naturalistes un peu intimidés et empêchés encore par la majesté du dieu honoraire.

En 1830, romantiques et bousingots;

En 1870, naturalistes et intransigeants;

C'est-à-dire absolument la même chose;

Les uns comme les autres ayant la prétention de faire commencer dès leur avènement la littérature française dont ils sont le sommet, du brûler tout ce qui a été écrit avant eux, et de lessiver le papier blanc sali par leurs prédécesseurs pour le couvrir d'œuvres romantiques en 1830, naturalistes en 1880, rappelant le calife Omar et les palimpsestes.

Deux choses peuvent étonner ceux qui ont conservé la précieuse et agréable faculté de s'étonner.

Toute prétention finit par s'établir, pourvu qu'elle soit assez résolument et assez longtemps soutenue.

Voyez les gens qui, un jour, de leur autorité privée, se promulguent marquis, comtes ou barons. Voyez ceux plus modestes qui, ne pouvant se contenter des dix, douze, quinze lettres, parfois de tout l'alphabet qui composent leur nom, en y comptant les noms de baptême, font consister leur bonheur à y ajouter les lettres D et E.

Voyez une femme sans beauté réelle, mais précisément à cause de cela plus apte à obéir à tous les caprices de la mode, s'établir jolie et dire : nous autres. Tout cela finit par s'installer, être accepté, et on n'en rit que tout bas.

Les deux choses dont il est permis de s'étonner, c'est d'abord la singulière infatuation des gens qui finissent par être dupes eux-mêmes de leurs inventions, et se croire sérieusement marquis, comtes, barons, jolies femmes, artistes illustres, écrivains de génie, etc.

Parmi les soi-disant naturalistes, je suis persuadé qu'il en est de bonne foi et de naïfs, qui croient consciencieusement avoir inventé quelque chose.

Le second étonnement permis est la badauderie,

la jobarderie du public qui s'assemble et se presse autour des charlatans et dentistes en plein vent, politiques, trafiquants, artistes, littérateurs, etc., et qui écoute, applaudit et achète la grrrande et nouvelle découverrrte... si longtemps attendue du café au lait, de la farine de lentilles, du naturalisme et des pommes de terre frites.

Cherchons en effet ce que les soi-disant naturalistes prétendent avoir inventé.

A-t-il jamais existé, je ne dirai pas une littérature, mais un écrivain, prosateur ou poète, qui ait prétendu ne pas « faire » vrai ?

Il arrive parfois aux écrivains ce qui arrive aux peintres : tel *fait* gris ou vert, lumineux ou sombre, parce qu'il voit gris ou vert, lumineux ou sombre; mais tous veulent et, le plus souvent, croient « faire » vrai.

Au fond, je sais bien ce qui distingue l'école des soi-disant naturalistes, et je le dirai tout à l'heure; mais un peu de patience.

Leur invention consiste-t-elle à ne reculer devant rien, à braver certaines conventions, certaines bienséances, certaines répugnances? Mais, pour cela, on ne les a pas attendus.

Avec des génies, des talents, des tempéraments divers, à divers et inégaux degrés de hauteur, d'étendue, de splendeur, de sincérité, de naïveté, de vulgarité même, on rencontre cette audace dans le roman grec de *Daphnis et Chloé*, dans l'*Ane d'or* d'Apulée, dans Pétrone, dans Ovide, dans Rabelais et tous nos vieux conteurs français, dans les *Confessions* et l'*Héloïse* de J.-J. Rousseau, dans la *Religieuse* et *Jacques le Fataliste* de Diderot, dans Crébillon fils, dans Montaigne, dans Le Sage, dans Restif de La Bretonne, et de nos jours, à leur rang, dans Paul de Kock, Gavarni et Henry Monnier, qui ont reproduit avec une entière liberté et sans scrupus des tableaux aussi vrais, aussi nus, aussi crus qu'on peut le désirer... quand on le désire.

Qu'est-ce que les naturalistes ont fait ou prétendent faire de plus ?

On l'a dit il y a longtemps,

> Tous les genres sont bons... sauf le genre ennuyeux.

Mais les tempéraments et les goûts sont divers : Louis XIV ne pouvait supporter la vue des tableaux de kermesses flamandes, et Lamartine me querellait de ce que j'aimais à un certain point Rabelais, qu'il ne pouvait lire, comme un génie unique, audacieux, ne procédant que de soi-même.

Ceux qui n'aiment pas ces choses ont raison de ne pas les aimer, comme ceux qui les aiment ont raison de les aimer, mais non de demander au nouveau ministre de l'instruction publique et des cultes, d'en rendre la lecture obligatoire.

Si j'aime, pour mon compte, Rabelais, à un certain point, je le répète, je n'en ferai pas mon compagnon de voyage ni de solitude.

La lecture, pour moi, comme pour beaucoup d'autres, est une agréable et utile absence de moi-même, de ma propre vie, de mes ennuis, parfois de la trop prosaïque réalité quotidienne. Il m'arrivera de pleurer délicieusement pour un héros et une héroïne imaginaire, pour ne pas pleurer sur moi-même. Mais alors je veux des chagrins, des douleurs choisies, nobles et élevées.

Je veux, par la lecture et l'imagination, sortir de la vie et de ma propre peau, mais pour avoir quelques heures d'une vie plus belle, plus poétique et plus noble; entrer dans la peau du héros que j'aurais voulu être; voir, aimer la femme que j'aurais rêvée et voulu rencontrer.

Je crois que nous avons le droit de penser et de sentir ainsi; mais je reconnais à d'autres un droit égal de penser et de sentir autrement, et même tout le contraire.

Ainsi, j'ai lu l'*Assommoir* de M. Zola; je ne le relirai pas; mais je dirai hautement que c'est un beau livre, malgré quelques emprunts hardis faits à l'auteur sans talent d'un livre antérieur curieux, le *Sublime;* ce serait même une œuvre courageuse, si M. Zola n'avait pas eu la faiblesse de s'en excuser.

Mais pourquoi M. Zola ne se contente-t-il pas non seulement d'être, mais d'être reconnu comme un écrivain de race et d'un talent hors ligne? pourquoi veut-il être prophète, novateur, chef d'école? Sur quoi fonde-t-il cette prétention, qui n'aurait pas grand inconvénient et ne nuirait qu'à lui-même, si l'on ne voyait sortir de terre, comme des crapauds en temps d'orage, une foule d'imitateurs qui se disent ou se croient une «.école »?

Les romantiques de 1830 n'ont pas non plus inventé grand'chose, par haine de l'imitation des anciens Grecs, Latins et Français des siècles de Louis XIV et de Louis XVI; ils ont imité Ronsard, Shakespeare, Byron, etc.

Cependant ils ont produit quelques belles œuvres, qui sont entrées triomphalement et dont quelques-unes resteront immortelles dans le trésor de la langue française et de l'intelligence humaine.

Espérons qu'il en sera de même de la génération actuelle.

Je veux seulement constater encore l'identité du procédé.

Les naturalistes d'aujourd'hui sont aux romantiques ce que les intransigeants sont aux soi-disant républicains.

Mais qu'est-ce, pour y revenir, que l'école naturaliste? Les romantiques avaient dit : Le beau, c'est le laid. A ce paradoxe, nous avons dû pas mal de sottises, mais deux types peut-être immortels, *Quasimodo* et *Triboulet*.

Le public est blasé, froid, paresseux; un peu de scandale fait un bruit qui le réveille et, en hâtant le succès des grandes et belles œuvres, procure, au moins pour quelque temps, un succès tapageur aux médiocres.

Madame Patti, mademoiselle Sarah Bernhardt et leurs cornacs et barnums le savent bien. Sans les démêlés de mademoiselle Bernhardt avec la Comédie-Française et de la marquise de Caux avec son mari, le « coup » d'Amérique si fructueux, malgré le talent des deux virtuoses, n'était pas possible. Elles doivent permettre auxdits cornacs et barnums de s'aider du scandale et de publier et répandre sur elles quelques aperçus et anecdotes alléchantes, les unes vraies, les autres fausses, mais en dehors de l'art qui ne suffirait pas aux Yankees.

Vers 1830, les saints-simoniens ont éveillé, provoqué la curiosité du public par des bizarreries bruyantes. Mais on a oublié le costume des adeptes, la retraite à Ménilmontant, le père Enfantin, la recherche de la femme libre, etc. Et l'attention surexcitée a permis de venir au jour et de prendre leur place à quelques hommes distingués, comme les Pereire et certains autres, en même temps que certaines idées puissantes et nouvelles en politique, en industrie, en morale.

Les romantiques avaient dit : Le beau, c'est le laid. Les naturalistes aujourd'hui espèrent le même succès en criant :

— Le vrai, c'est le sale!

Mais je leur demanderai :

19.

— En quoi la goutte d'eau qui tombe des nuages et reste suspendue, diamant étincelant, aux pétales parfumés d'une rose, est-elle moins vraie que la goutte de pluie qui tombe sur la poussière d'une rue et devient de la boue?

En quoi la terre des rues délayée en boue est-elle elle-même plus vraie que la terre des prairies couvertes de son beau manteau vert?

En quoi la rose est-elle moins vraie que le crottin?

En quoi l'amour timide et respectueux d'un jeune homme, qui n'ose pas toucher le bord de la robe de l'objet aimé, est-il moins vrai que le rut bestial d'un ivrogne?

En quoi l'étoile et la luciole sont-elles moins vraies que la lanterne rouge du commissaire et du lupanar?

L'art ne consiste pas à copier et à reproduire au hasard ce qui se présente devant l'artiste.

L'art doit être vrai, mais l'art est le choix dans le vrai.

Copier servilement sans choix, au hasard, ce qu'on voit, ce n'est pas de la peinture, ce n'est pas de l'art, c'est de la photographie.

Et encore tout au plus, car la photographie donne les plans et les valeurs.

Que dirai-je de ceux qui choisissent le laid, le malpropre, le fétide, et traitent avec une haine et un dédain grotesques ceux qui préfèrent le beau, le pur, l'embaumé?

Je n'en dirai rien. Mais que M. Zola se défie de sa prétendue école, parce que, pour un chef d'école, son nom est particulièrement malheureux et dangereux.

On a appelé les ultra-romantiques et les séides de 1830 : les hugolâtres.

Toute proportion gardée, on appellera, si l'on se souvient d'eux, les disciples de M. Zola les zoïles.

J'ai donc, je crois, trouvé le nom qu'il est vrai, équitable et sensé de donner à la soi-disant école naturaliste : les photographes intransigeants.

XXX

BRINDILLES

Il est, je l'ai déjà fait remarquer, heureusement en petite quantité, des sols tellement maigres, stériles, pauvres et « ingrats », qu'il n'y croît même pas de mauvaises herbes, et que, si on leur demande des chardons et des orties pour nourrir les ânes, il faut en tirer la graine ou les transplanter ailleurs.

Ainsi, prenons le « grand ministère ». Je lis dans les *Guêpes* de 1840 :

« Le ministère Soult renversé, le roi a fait appeler M. Thiers. Dès le lendemain, les journaux dévoués au petit homme avaient retrouvé dans leurs *casses* les deux lettres S. M., que M. Thiers fait retrancher au roi quand il n'est plus au pouvoir, ainsi que son titre de roi, le désignant par les mots de « pouvoir personnel », « haute influence », etc. On lisait dans le *Constitutionnel,* le *Siècle,* le *Messa-*

ger, le *Courrier français* et quelques autres : « M. Thiers, mandé par le roi, s'est « rendu aux ordres de Sa Majesté ».

Une ordonnance du 1ᵉʳ mars 1840 a fait connaître la composition du nouveau ministère :

Présidence du conseil et ministère des affaires étrangères, M. Thiers.

Ministère de la guerre : M. Thiers, sous le nom de M. de Cubières.

Ministère des travaux publics : M. Thiers, sous le nom de M. Jaubert.

Ministère des finances : M. Thiers, sous le nom de M. Pelet de la Lozère.

Ministère de la marine : M. Thiers, sous le nom de M. Roussin.

Ministère de l'intérieur : M. Thiers, sous le nom de M. de Rémusat.

Ministère des cultes et de la justice, M. Thiers, sous le nom de M. Vivien.

Ministère du commerce : M. Thiers, sous le pseudonyme ridicule de Gouin.

On s'étonna, on se scandalisa un peu à cette époque de voir au ministère des cultes M. Vivien, auteur de quelques ouvrages légers. En ce temps-là, on s'étonnait et on se scandalisait encore.

Voilà pour le grand ministère. Voyons pour les prorogations de la Chambre des députés, c'est-à-dire à la façon de se débarrasser de son contrôle quand on médite quelque sottise.

Cette fois, je citerai les *Mémoires d'un bourgeois de Paris* du docteur Véron :

« Le cabinet du 1er mars venait au monde en pleine session. On suspendit les séances pendant vingt-quatre jours, et, durant ce temps-là, le président du conseil tint, dans son cabinet, une session et des séances à huis clos ; il convoqua un à un, par lettres closes et caressantes, les députés des différents groupes conservacentres, droite, gauche, etc., et pendant vingt-quatre journées il prêcha, il convertit, il donna, il promit, etc. Ça s'appela le système des conquêtes individuelles. » (Véron, tome V.)

Par suite de quoi M. Thiers, qu'on commençait à appeler Mars 1er, à cause de ses attitudes belliqueuses depuis le 1er mars, nous menait droit à une guerre, lorsque le tyran Louis-Philippe crut devoir en préserver son peuple en renvoyant M. Thiers se « retremper dans l'opposition », comme il disait plaisamment, et le *Constitutionnel*, le *Messager*, le *Siècle*, etc., retranchèrent au roi de nouveau les deux lettres S. M.

Voyons maintenant ce que nos maîtres actuels ont inventé, car il faut être juste.

Nous avons vu M. Farre reculer pour lui-même la limite d'âge, en l'imposant au général Bourbaki ; voici le conseil municipal de Paris, dont les membres, sans aucun titre, sans aucun droit que leur volonté et la satisaction de leurs appétits, se votent à eux-mêmes une somme de deux cent quarante mille francs à partager entre eux tous.

C'est une vertu si rare que le désintéressement qu'on ne saurait la payer trop cher.

D'autre part, les députés, qui eux ont conservé un reste de pudeur, cherchent qui fera la proposition d'augmenter leur provende et de la porter de neuf mille à douze mille francs, ces Spartiates ne pouvant vivre avec les vingt-cinq francs par jour qui leur sont alloués.

En tenant compte de la création des deux nouveaux ministères, il me semble qu'on en agit avec une grande désinvolture avec l'argent des contribuables.

Quant au vote de MM. les conseillers municipaux, il est effrontément illégal et fait au gouvernement une situation anxieuse. Osera-t-il l'admettre? osera-t-il le casser? Quelle est celle des deux peurs à laquelle il cédera?

Quant à l'augmentation de l'indemnité des députés, je prétends et je soutiens qu'elle ne peut être adoptée par un vote de l'Assemblée elle-même; elle doit être nécessairement soumise aux électeurs.

Électeurs, vous avez consenti à payer neuf mille francs les services de messieurs tels et tels; à votre avis, ils les valent, et on ne pouvait pas avoir mieux pour ce prix-là, comme valeur personnelle, lumières, éloquence, vertus, etc.; mais valent-ils douze mille francs? Si vous aviez été décidés, lors des élections, à payer vos députés douze mille francs, peut-être auriez-vous été plus exigeants, peut-être auriez-vous demandé et trouvé plus de valeur, plus de lumières, plus d'éloquence, plus de vertus.

Tel se fait habiller dans un magasin de confection, en voyant les prix peu élevés marqués sur les mannequins du tailleur, qui, si, la marchandise livrée, le marchand voulait en élever le prix, s'indignerait, lui jetterait ses habits et ses redingotes au nez et lui dirait : — Pour ce prix-là, je vais aller chez un bon tailleur, ou, du moins, un tailleur à la mode.

Soit devant la Chambre des députés si elle ose se montrer aussi famélique, soit devant les électeurs si la question leur est soumise, je propose un « amendement » :

L'indemnité des députés est supprimée.

Cela diminuerait singulièrement la foule, la presse, la cohue des fruits secs, des avocats à serviette vide, des médecins à sonnette muette, des orateurs de taverne, de balcons et de bastringues.

L'indemnité des députés est une grosse dépense; est-elle nécessaire ? Remontons aux époques du despotisme. Quels sont les hommes de génie, les grands et savants politiques, les sublimes orateurs qui, faute de l'indemnité, n'ont pu siéger dans les assemblées? On a dû les voir se manifester avec éclat depuis l'indemnité. Montrez-les, et comptons-les.

On ne payait pas les députés sous le tyran Louis-Philippe; cela l'a-t-il empêché de former une Chambre où l'opposition a été assez forte pour le renverser?

Mais quelles faims! quelles soifs aujourd'hui !

Moïse, le législateur des Juifs, avant d'aller chercher les tables de la Loi sur le mont Sinaï, commençait par jeûner.

Pour rester à cette époque, constatons que le veau d'or est devenu un bien gros taureau, semblable à celui dont il est question au livre de Job : le bœuf Behemot, pour lequel une montagne avait été créée, dont l'herbe repoussait chaque nuit et était dévorée chaque jour.

Parlons un peu des lycées de filles.

Le prince de Ligne disait en 1789 : « Les femmes, il y a vingt ans encore, ne savaient pas seulement l'orthographe; à présent, je connais dix ou douze Sévigné. Elles ont trop d'esprit; il faudra les arrêter. »

Nos gouvernants ne sont pas de cet avis, pas plus que pour le jeûne de Moïse.

Décidément, ainsi que le disaient les *Guêpes* en 1840, voici venir un gouvernement sauvage qui édicte son code en une loi composée d'un seul article :

Il n'y a plus rien!

M. Farre, ministre de la guerre, était préposé à la destruction de l'armée; le ministre Bert, aidé de M. Castagnary, s'occupera de la destruction de l'éducation et des religions, etc., etc.

Voici qu'on va procéder à la destruction de la femme française, c'est-à-dire de la plus femme des femmes.

Au commencement, Dieu se contenta de donner à l'homme la femelle, comme aux autres êtres créés, laissant à l'homme et à l'amour le doux souci, l'aimable charge de faire de l'hommesse la femme.

On veut aujourd'hui, par une fausse et inepte idée d'égalité, revenir à l'hommesse, toutes Louise Michel et Paule Minck.

La femme est mieux douée que l'homme; voyez comme dans les classes laborieuses elle est plus intelligente que lui, et comme les ménages qui prospèrent sont ceux où la femme commande ou plutôt mène.

Ève a mangé sa part de la pomme de l'arbre de la science dix minutes avant Adam, et elle a toujours conservé son avance.

Les femmes devinent tout. Elles ne se trompent que quand elles réfléchissent. Elles ont en réserve leurs armes enchantées toujours triomphantes, comme celles des anciens chevaliers aimés des fées; si elles les quittent pour prendre les armes des hommes, elles sont perdues.

Un homme qui ne s'est jamais occupé d'escrime est obligé de se battre. Son adversaire, tireur d'une certaine force, a à redouter seulement sa furie, son inexpérience, qui peut lui inspirer des coups impossibles à prévoir par la théorie. Il est un peu inquiet; mais, s'il apprend que l'ignorant a pris deux ou trois leçons d'armes entre la provocation et le combat, il dit : Je le tiens. Il entre dans les conventions de l'escrime, dans mon jeu.

Jamais une femme n'a été trop femme; beaucoup ne le sont pas assez.

Les civilisations intelligentes ont toujours tendu à accroître les différences qui existent naturellement entre les deux sexes.

A elles les cheveux longs, les vêtements flottants et riches, les pierreries, les couleurs brillantes, la vie un peu enfermée et oisive qui donne la blancheur rosée à leur teint, la finesse à leur peau, la douceur à leurs mains, l'élégance à leurs pieds, l'harmonie à leur voix qui ne parle que de près et ne crie pas.

La femme est le soleil de la maison et de la famille. Si la femme quitte la maison, tout s'obscurcit, tout s'éteint, la famille est perdue, les hommes se dispersent.

Elle est la maison, elle est le foyer, elle est le charme. Sans elle, on ne penserait pas à rentrer dans la maison qu'on a quitté le matin.

Pourquoi et pour qui l'homme voudrait-il être

fort, brave, héroïque, savant, puissant, si la femme est elle-même forte, intrépide, héroïque, savante et puissante?

Les héroïnes ont toujours, dans la vie comme dans les romans et les poèmes, fait du tort aux héros d'abord et à elles-mêmes ensuite.

La charmante Camille de Virgile cache ses cheveux sous le casque et prend les armes des guerriers. Le Troyen Arus, qu'elle aurait fait tomber à genoux d'un regard, la tue sans que personne songe à l'en blâmer.

J'ai connu un ménage où l'homme était femme, aimait les belles étoffes, les bijoux, les bagues, les médaillons, les montres, les breloques, les épingles en pierreries, etc.

Ils se sont séparés après une scène violente, un soir qu'allant tous deux au bal et s'habillant ils se disputèrent la psyché.

Dans les ménages où la femme sortira des lycées, l'homme et la femme se disputeront l'encrier et la plume, les journaux; ils ne causeront plus, ils discuteront.

La femme savante conservera difficilement les charmantes bienséances de l'ignorance, on n'aura rien à lui apprendre; fière d'avoir appris l'anatomie, elle saura le nom, le mécanisme et la fonction de tout, et appellera tout par son nom, parce qu'elle saura ce nom en latin.

Alors pourquoi les hommes respecteraient-ils

ces bienséances de l'ignorance perdues? pourquoi cette langue particulière, respectueuse, hiéroglyphique, tout en sous-entendus, en réticences, faisant entendre adroitement, sans en prononcer une, tant de choses que rien n'empêchera de dire crûment et grossièrement?

Pour mon compte, je pousse si loin le culte de la dissimilitude des deux sexes, je hais tellement les femmes-hommes et les hommes-femmes, que je n'aime pas beaucoup les hauts talons que les femmes ont repris depuis quelque temps, après les avoir autrefois adoptés et abandonnés; ils donnent au pied une certaine grâce, mais en déplaçant l'aplomb; ils n'augmentent pas le nombre des jolis pieds, mais en font paraître jolis plus qu'il n'y en a. Le principal défaut, à mon gré, est d'élever la taille des femmes de telle sorte que toutes les femmes sont aujourd'hui et paraissent aussi grandes que les hommes de taille moyenne, c'est-à-dire le plus grand nombre, et que les femmes qui dépassent de quelques lignes une hauteur de cinq pieds, la taille attribuée à Vénus, sont plus grandes que la plupart des hommes.

Or, dans la rue comme dans la vie, la femme doit s'appuyer sur un homme un peu plus grand qu'elle.

Ah! les femmes savantes! Que de choses elles vont perdre, ne plus savoir et oublier!

Ah! les femmes fortes et braves! que de corvées qu'elles ignorent, tant on les leur épargnait, elles vont avoir à accomplir avec étonnement et indignation!

Des lycées de filles! La fille ne doit quitter la maison de sa mère que pour entrer dans celle de son mari.

Mais des maris? Pour quoi faire? L'homme et la femme ne seront plus deux moitiés d'un être se trouvant et se réunissant pour se compléter. Ce seront deux êtres semblables qui n'auront de raison de se rapprocher plus intimement qu'un moment, de loin en loin, vers le mois de mai.

Il y a un joli conte de fées, *Gracieuse et Persinet*... Gracieuse, sourde aux prières de Persinet, veut sortir du palais que la fée mère de Persinet a bâti pour eux. Elle sort, marche, s'éloigne, puis entend un grand bruit et se retourne : c'est la maison qui vient de s'écrouler.

XXXI

QUELQU'UN DE GAI

Quelqu'un de gai me demande si je vais tourner au gambettisme, aujourd'hui qu'on va vendre les diamants de la couronne et qu'on parle d'établir l'impôt sur le revenu.

Un des malheurs de ces temps troublés est qu'il faut abandonner, au moins pour un temps, jusqu'à ses propres idées, parfois même les combattre, quand elles sont en apparence adoptées par les pauvres gens qui sont censés nous gouverner.

Un homme taré, un jour, à Athènes, monta à la tribune et émit une idée qui frappa les chefs de la République. La pensée est bonne et utile, dirent-ils, mais il est nécessaire qu'un honnête homme monte à la tribune, la prenne à son compte et la propose.

En effet, un couteau est un instrument utile; une allumette est un engin indispensable dans des mains sages et honnêtes; mais le couteau peut servir à un assassinat et l'allumette à un incendie.

J'ai répondu il y a peu de temps au premier point, la vente des diamants. Je n'ai jamais demandé la vente, mais la mise en loterie, et cela au temps où l'on ne pouvait dire de nous, comme aujourd'hui, que nous méritions notre sort. Il s'agissait alors de trouver une ressource. Le projet de les vendre aujourd'hui n'est qu'un acte de haine et « d'iconoclastie ».

Cette pensée inutile aujourd'hui d'une attaque et d'une insulte à la monarchie rappelle l'acte odieux du pape Étienne VI, qui fit déterrer son prédécesseur et concurrent le pape Formose, revêtit son cadavre des habits pontificaux, lui fit intenter un procès, le condamna et lui fit couper la tête.

Ce qui ne lui porta pas bonheur et excita une telle indignation, que le peuple le mit en prison, où il mourut étranglé, et Formose fut réhabilité par le pape Jean IX.

Quant à l'impôt sur le revenu, ce n'est pas dans l'esprit des soi-disant républicains, qui le demandent depuis longtemps, un acte de justice et d'économie. Faites expliquer au public des clubs ce qu'il entend par là : c'est de faire payer tous les impôts aux « riches ». Ce qui serait aussi injuste, aussi odieux que bête et impossible ; la promesse qu'on en fait aujourd'hui n'est qu'une amorce et une satisfaction aux braillards, aux voraces, avec les-

quels on ne croit pas avoir encore le moyen de se brouiller tout à fait. C'est une promesse de curée :
— Citoyens, vous vivrez des rentes des autres.

L'idée de l'impôt sur le revenu, qui ne peut s'élucider que sous un gouvernement sérieux, sensé, honnête, est fondée sur ceci :

La variété des impôts nécessite pour la seule perception quelque chose comme deux cents millions.

L'impôt ne devrait commencer qu'au-dessus des besoins rigoureux des nécessités indispensables.

Les impôts indirects surtout frappent inégalement et frappent le pauvre, et c'est après un examen sérieux de cette situation que j'ai écrit il y a longtemps :

« Il n'y a pas beaucoup de riches qui auraient le moyen d'être pauvres. »

Grâce aux impôts frappant les objets de nécessité rigoureuse et les objets de consommation, nous voyons se réaliser ce phénomène d'États riches composés de peuples pauvres.

Dans la riche Angleterre, une partie de la population présente le tableau de la plus horrible misère qu'il y ait en aucun pays. Les Irlandais bientôt n'auront plus à manger que les Anglais.

Paris, la capitale opulente du monde civilisé, compte un *indigent légal*, c'est-à-dire assisté, sur douze habitants, disent certaines statistiques, sur neuf selon d'autres, et les statistiques ne tiennent pas compte de la misère honteuse, dissimulée, qui attend la mort en se cachant. La vie est trop chère.

L'impôt sur le revenu ne pourrait s'établir que par un nombre égal de journées de salaire, de profits ou de revenu, payé par tous ceux qui auraient ou gagneraient un peu plus qu'un certain petit revenu. C'est ainsi que chez les Romains Servius Tullius, ce roi qui, selon un ancien, enseigna la liberté au peuple, fit une loi par laquelle ceux qui ne possédaient rien, ou ne possédaient pas plus de quinze cents as, ne payaient aucun impôt.

Mais tout cela, si c'est possible, présente de grandes difficultés et exige de sérieuses études, et on ne peut s'empêcher d'avoir de l'inquiétude quand on voit la cohue au pouvoir prétendre légiférer et toucher à de redoutables questions dans lesquelles, vu l'incapacité et l'ignorance des uns, la complicité, la servilité des autres, les appétits et la boulimie de tous, je les ai entendus appeler « corneilles abattant des lois ».

Aujourd'hui, il faut attendre; parlons donc, en dehors de la politique, des pierres précieuses, à propos de cette vente.

A vrai dire, je ne les trouve pas assez précieuses pour le prix qu'on y met, je suis sensible à l'éclat et surtout à l'harmonie des couleurs autant qu'à la mélodie et à l'harmonie de la musique; mais ces couleurs, on les trouve au ciel le matin et le soir, au lever et au coucher du soleil; on les trouve sur les fleurs, sur les oiseaux, sur les papillons, sur les gouttes de rosée, sur les bulles de savon que gonfle un enfant, et d'ailleurs on imite aujourd'hui les pierres dites précieuses d'une si merveilleuse façon, que j'ai entendu même des joailliers dire qu'ils avaient besoin de voir les imitations de très près pour les distinguer de la sincérité des autres.

Je ne parle pas des vrais diamants, rubis, émeraudes, qu'on commence à produire par la chimie, mais qui jusqu'à présent coûtent plus cher que ceux qui se font tout seuls.

Dans le fameux procès de madame Lafarge, son amie lui écrivait : « N'ayez jamais de diamants, cela donne trop de soucis pour les conserver, et trop de chagrin quand on les perd. »

Quant aux joyaux de la couronne, si je trouve inutile, bête et odieux de les vendre aujourd'hui, je ne les aurais guère regrettés si, en 1870, ils nous avaient épargné une bonne partie des charges qui pèsent encore aujourd'hui sur le peuple français. A qui cela fait-il plaisir ? qui les a jamais vus ? qui peut affirmer qu'ils ne sont pas vendus ou volés depuis longtemps et remplacés par du strass ?

On voit, et j'ai vu à Dresde le trésor royal saxon, la riche collection de pierreries, joyaux et rares « bibelots » de « la salle verte » (Grüne gewalbe). C'est au moins une petite récréation, un petit plaisir pour le peuple de Dresde, et encore on n'y va guère, on visite beaucoup plus le musée des tableaux; quant aux joyaux, on a vu ça une fois dans sa vie et c'est assez, il n'en est pas de même d'une ménagerie ou d'une chanteuse à la mode.

On y voit cependant le plus large grenat qui existe et des hyacinthes d'un rouge orange très rare, à ce qu'il paraît; un diamant vert très célèbre; des diamants jaunes, roses, noirs, bleus; deux gros saphirs taillés en cabochon, dont un s'appelle « le Nez de Pierre le Grand », qui fit présent des deux.

Je comprends la valeur qu'on attachait aux pierres précieuses du temps qu'elles guérissaient de toutes les maladies, servaient de talisman, prédisaient l'avenir et rendaient des oracles. La médecine par les pierres précieuses l'emportait beaucoup sur les sales et nauséabondes et répugnantes drogues qu'on a fait nécessairement avaler aux pauvres malades, à mesure qu'elles ont été à la mode.

En ce temps-là, le diamant préservait de tout venin, de la peste, de la folie, des terreurs vaines, de l'attaque des démons mâles et femelles, incubes et succubes, et de leurs embûches et prestiges. Il perpétuait l'amour des époux et s'appelait « pierre de réconciliation ». Il préservait la pudicité des filles et des femmes de toute agression, etc.

Excepté « la réconciliation », le diamant aujourd'hui semble avoir perdu toutes ses vertus, et, quand il se mêle de la vertu des femmes, ce n'est guère pour la préserver.

J'emprunte ces documents à un livre curieux écrit en latin par Anselmus Boëtius de Boot, médecin de l'empereur Rodolphe II : *Gemmarum et lapidum historia*, suivi du livre grec de Théophraste sur les pierres.

De Boot donne l'histoire, la formation, la valeur, la « dignité » et les vertus de chaque pierre.

Selon de Boot, le pontife Aaron possédait un diamant qui lui rendait très facile de rendre la justice. Quand l'accusé avait mérité d'être lapidé, le diamant devenait noir, et rouge quand il devait être décapité. Mais, en présence d'un innocent, il restait blanc et redoublait de splendeur et d'éclat. Il serait aujourd'hui d'un secours incomplet, restant muet sur les circonstances atténuantes.

Le rubis dissipait la tristesse, excitait une douce gaieté, conservait la santé. Il annonçait un danger en devenant plus sombre et reprenait son éclat quand le danger était passé.

Le rubis balai refrénait les passions.

L'hyacinthe portait avec le rubis le nom d'escarboucle; les plus beaux sont d'un rouge orangé. Cette pierre était autrefois plus prisée qu'aujourd'hui, et c'est non plus à de Boot, mais à Mahomet et au Coran, que j'emprunte la particularité que voici :

Lorsque Mahomet, sous la conduite de l'archange Gabriel, fit son voyage aux sept cieux, monté sur la «jument Elborak, magnifique bête d'un gris argenté,» il arrivait au *lotos* qui termine le jardin des délices. Il trouva là un temple bâti d'*hyacinthes* où les esprits célestes vont chaque jour rendre hommage à l'Éternel, au nombre de soixante-dix mille, et les mêmes anges n'y entrent jamais deux fois.

Revenons à Boot.

L'hyacinthe accroissait la prudence de l'homme et augmentait ses richesses, si on le portait au col en amulette.

L'améthyste préservait de l'ivresse; celui qui portait une améthyste se conciliait facilement la faveur des princes. Boot ne dit pas si c'est en leur en faisant cadeau.

Le saphir arrêtait les hémorragies, guérissait les maladies des yeux, cicatrisait les blessures, réjouissait le cœur.

S'il était porté par un débauché ou une femme vicieuse, on voyait sa belle couleur bleue perdre sa splendeur et se salir; il trahissait ainsi l'impudeur et l'adultère des femmes. Les prêtres, les vestales et les personnes vouées à la chasteté lui devaient d'être exempts de pensées et de mouvements dangereux.

L'opale était réputée la plus belle des pierres précieuses, dont elle réunit toutes les couleurs; de même, elle réunissait toutes les vertus des autres pierres.

L'émeraude guérissait d'un grand nombre de maux, et elle prenait tellement à cœur le salut des malades que, si une maladie lui résistait, de désespoir de se sentir vaincue, elle se brisait en morceaux ; elle se brisait également si celui où celle qui la portait commettait un adultère ; elle effarouchait les démons, augmentait la mémoire, aiguisait la vue ; elle donnait de l'éloquence et faisait deviner l'avenir. En 1560, l'émeraude donnait encore d'utiles avertissements. Téligny, un des chefs de l'armée protestante, marchant avec douze cents hommes à une entreprise sur Nantes, s'arrêta et rebroussa chemin en s'apercevant que l'émeraude de sa bague était tombée.

La topaze s'opposait victorieusement aux calculs et à la pierre des reins.

L'agathe préservait du poison, et, en ce temps-là encore, en 1500, l'aigle avait l'habitude d'en mettre une pierre dans son nid pour en éclarter les serpents, scorpions, etc.

La turquoise... de Boot affirme sur l'honneur — *sancte affirmare possum* — avoir vu une turquoise mise en vente après le décès d'un Espagnol ; elle avait perdu son doux éclat et sa belle couleur bleue et tournait au verdâtre. Mise au doigt d'un homme sain, elle redevint bleue et splendide.

Le corail, en ce temps-là, était une plante dont un savant se rendit célèbre pour l'avoir vue fleurir ; il était mou comme toute plante et ne devenait pierre qu'au sortir de l'eau :

> Sic et corallium quæ primum contigit aureis
> Tepire, durescit, mollis fuit herba sub undis.
> (Ovide.)

La liste est trop longue des vertus du corail pour que je l'écrive ici. La foudre, les tempêtes, la tristesse, les poisons, la rage, tout est vaincu par lui. Ajoutons à l'opinon identique de Boot celle de saint Isidore.

Les perles, les perles guérissaient de tout et sous toutes les formes.

Elles réjouissent le cœur et arrêtent les larmes, dit le médecin de Rodolphe II. Hélas ! tout le monde sait quelles atroces calomnies un collier de perles fit déchaîner contre Marie-Antoinette, calomnies qui ne contribuèrent pas peu aux misères de la fin de sa vie et à son assassinat.

Ce qu'on ne sait pas autant, c'est l'histoire de perles de Joséphine.

Je l'ai lue autrefois dans des mémoires d'un camarade de Napoléon à Brienne.

Joséphine, femme alors du premier consul, avait tellement le goût de la dépense que Bonaparte un jour, pour y subvenir, n'eut plus le moyen de ne pas se faire empereur. Elle contractait d'énormes dettes. Son mari se fâchait, elle se faisait pardonner ; on payait les dettes, et ce payement ne servait qu'à lui fournir le moyen d'en contracter de nouvelles.

Elle apprit un jour que le grand joaillier de ce temps-là avait une magnifique collection de perles « ayant appartenu à Marie-Antoinette »; elle voulut les voir, puis décida qu'elle ne pouvait s'en passer. Le joaillier ne les donnait pas à moins de deux cent cinquante mille francs. Elle eut recours à Berthier. Berthier se rongea longtemps les ongles, selon sa coutume, prit les deux cent cinquante mille francs sur la liquidation des créances sur les hôpitaux d'Italie. La joie de posséder le collier ne dura pas. Un collier dans un écrin, à quoi bon ? Il fallait s'en parer et le faire voir. Mais le premier consul était irrité des dépenses et des dettes de sa femme, et il était, disent les contemporains de son intimité, un peu « tatillon », un peu « Catherine »; il aimait à tout savoir, à tout voir; il connaissait les bijoux de sa femme. Cependant madame Bonaparte, n'y pouvant plus tenir, prit un grand parti. Un jour de grande réunion, elle mit résolument le collier, en recommandant à M. de Bourrienne, alors secrétaire du premier consul, de ne pas la quitter.

Bonaparte ne tarda pas à voir le collier et dit : — Comme te voilà belle ! Qu'est-ce que ce collier, il me semble que je ne le connais pas ? — Quoi ! ce collier, dit Joséphine, tu dis que tu ne le connais pas ? Mais c'est un vieux collier, il y a un siècle que je l'ai, tu l'as vu vingt fois; c'est celui que m'a donné dans le temps la République cisalpine.

En effet, la République cisalpine lui avait donné « dans le temps » un collier de perles, mais qui ne valait pas la dixième partie de celui-là.

— Il me semble pourtant..., dit Bonaparte.

— Demande à Bourrienne, qui a plus que toi le temps de regarder les colliers.

— Est-ce que vous connaissez ce collier, Bourrienne ?

— Certainement, citoyen consul, je l'ai déjà vu.

Il entre des perles dans l'orviétan, la thériaque et le mithridate.

Il n'y a très longtemps que l'on a tout à fait abandonné en médecine et en pharmacie le fameux remède des « cinq fragments précieux ». Ce remède se composait de la poudre de certaines pierres taillées par les lapidaires ; selon Valmont de Bomase, ces pierres étaient le rubis, le saphir, l'émeraude, la topaze et l'hyacinthe, et, selon Ambroise Paré, qui les ordonnait encore au XVI° siècle, le saphir, le grenat, l'hyacinthe, l'émeraude et la cornaline.

Aujourd'hui, toutes ces pierres ne guérissent plus rien, et je ne vois pas en quoi elles méritent les prix scandaleux qu'elles obtiennent : elles sont remplacées par la farine de lentilles, et qui sait si un jour cette farine, la douce revalescière elle-même, ne perdra pas ses vertus et ne sera plus qu'un vulgaire potage ?

Parmi les pierres précieuses, célèbres, souveraines, les plus triomphantes, les plus recherchées n'étaient pas les plus éclatantes.

Je ne parlerai que pour mémoire de la pierre noire du temple de la Mecque et des pierres que, selon l'Alcoran, l'Éternel envoya au secours des musulmans. Un jour de bataille, une multitude de grands oiseaux, planant au-dessus de l'armée ennemie, laissèrent tomber chacun trois pierres, tenues une au bec, une de chaque patte; sur chaque pierre était inscrit le nom de celui qu'elle devait tuer.

Mais je dois parler des bezoards qui ont guéri tant de maux, et les guérissaient encore du temps d'Ambroise Paré, qui le premier osa émettre des doutes sur leur puissance.

Les bezoards étaient des pierres qu'on trouvait dans l'estomac, le foie ou le fiel d'une sorte de chèvre sauvage des Indes.

Le bezoard expulsait tout venin, cicatrisait toute blessure et conservait aux femmes une éternelle jeunesse.

André du Laurens, premier médecin de Henri IV, se plaint dans le livre de ses « Advis » de la fabrication des faux bezoards.

On ne s'en tint pas aux chèvres : il y eut des pierres extraites de la tête, du foie, du fiel de toutes sortes d'animaux, toutes souveraines contre quelque maladie : la pierre d'aigle, pour les femmes en couches; la pierre d'hirondelle (chélidoine), pour les maladies des yeux; la pierre du coq, — pierre alectorienne, — qui faisait remporter la victoire; celle du porc-épic, contre le venin; celle du crapaud, celle du crabe, du serpent cobra, du castor, de la tortue, qui, selon Pline, faisait deviner l'avenir à ceux qui la mettaient sous la langue; la pierre ou les œufs d'écrevisses, la pierre du caïman, de la limace, du crocodile, du vautour, la pierre ostéocole, qui raccommode les os brisés; la pierre du dragon, du temps qu'il y avait des dragons.

Plutarque parle d'un certain nombre de pierres encore plus merveilleuses.

Sur les bords du Méandre, on trouvait la pierre sophron, qui, jetée dans la poitrine d'un homme, le mettait en fureur et lui faisait tuer un de ses parents.

Sur les rives de l'Inachus, une pierre vert de mer, qui devenait noire aux mains de l'homme qui allait commettre un parjure, et une pierre noire, qui détruisait toute apparition, prestige, etc.

Sur les bords de l'Indus, on ramassait une pierre, qui mettait les vierges à l'abri de toute violence; une autre, sur le mont Taurus, avait la même vertu, mais était difficile à trouver, parce qu'elle changeait de couleur quatre fois par jour.

Sur les bords du Tigre, la pierre modan préservait de la dent et des griffes des bêtes féroces.

Au Cydnus, la pierre lychnis, dont j'ai oublié les

vertus, mais qu'on ne pouvait trouver qu'aux sons de la flûte pendant le décours de la lune.

Au Tanaïs, selon Ctésiphon et Aristobule, était une pierre représentant grossièrement un homme couronné : quand le roi du pays était mort, le peuple se ruait sur les bords du fleuve, et celui qui trouvait cette pierre était immédiatement déclaré roi.

Aussi on trouvait dans le Pactole la pierre toujours rare et chère argurophylax; les Lydiens riches la plaçaient sur le seuil de leur trésor : aussitôt qu'un voleur s'en approchait, cette pierre rendait le son éclatant d'une trompette guerrière.

Tout cela ne se trouve plus, mais ce qui a survécu à tout, c'est la crédulité et la bêtise humaines, lisez les annonces des journaux, et vous y verrez tellement d'antidotes et de panacées pour tous les maux, que les médecins sont obligés d'inventer des maladies nouvelles pour leur donner de l'emploi, et j'aime au moins autant la pierre du Tanaïs que le suffrage dit universel.

Un petit prince allemand, ayant avec un roi de Saxe visité le trésor de « la chambre verte », lui dit : — Oserai-je demander à Votre Majesté ce que tout cela lui rapporte? — Absolument rien, dit le roi, et même la conservation et la garde me coûtent quelque chose.

— Eh bien, dit le prince, je n'ai que quatre

pierres que j'oserai, comme les vôtres, appeler précieuses; il est vrai que les miennes sont beaucoup plus grosses, mais elles me rapportent quinze cents marcs par an : ce sont des meules de moulin.

XXXII

LE BANQUET

Le plus loin possible de tout, avec la mer, mon jardin, mes roses, mes souvenirs, un très petit nombre d'affections, avec la conscience sereine et joyeuse de n'être rien, de n'avoir jamais rien été dans rien, de n'être responsable que de mes propres sottises, et de n'en avoir à répondre qu'à moi-même, vivant surtout plusieurs heures chaque jour dans la société des grands esprits et des grands morts de tous les temps et de tous les pays, je me plais quelquefois à leur faire rendre des oracles, à demander l'avenir au passé; car ce n'est que rarement que les hommes inventent de nouvelles sottises, de nouvelles folies, de nouveaux crimes. La Providence a donné aux choses leur pesanteur relative, et, après les troubles, les uns remontent, les autres retombent, et tout retrouve sa place fatalement assignée.

C'était donc Plutarque qui, l'autre jour, me faisait l'honneur de passer avec moi les quelques heures silencieuses, calmes, reposées, qui précèdent le lever du soleil, après un sommeil paisible dû, le plus souvent, au maniement de la rame ou des arrosoirs.

Et on tomba sur le *Banquet des sept sages*, — les anciens aimaient cette forme de dialogue; — on connaît le fameux *Banquet* de Platon, l'*Orateur* de Cicéron, les *Saturnales* de Macrobe, les *Symposiaques* du même Plutarque, etc.; ils demandaient à des repas sans intempérance une douce gaieté qui leur faisait traiter avec plus d'agrément les plus intéressantes questions de la philosophie, des arts et de l'histoire.

Je me demandais ce que devaient être, en comparaison de ces agapes des sept sages de la Grèce, les banquets de nos sages d'aujourd'hui, — dont nous possédons cinq cents à vingt-cinq francs par jour, — sans compter les sénateurs, qui coûtent plus cher, mais comptent parmi eux le major Labordère.

Je ne m'occupe pas des grands banquets des marchands de vins, des commis voyageurs et des marchands de peaux de lapins, que se font honneur de présider nos hommes d'État.

Je fis naître l'occasion d'apprendre ce qui s'était passé dans un banquet, qui avait eu lieu, comme celui de Plutarque préparé par Périandre, « non à la ville même, mais au port de Léchée », à Ville-d'Avray, près de Paris; de même encore que le banquet de Périandre, qui « n'était pas seulement composé des sept sages, mais de dix-sept convives, » celui de Ville-d'Avray était assez nombreux.

Pour faciliter la comparaison, il est bon de se rappeler quelques-uns des sujets traités dans le *Banquet des sept sages*.

Le comble de la gloire pour un roi, dit Bias, est d'être le premier à observer les lois.

C'est, dit Anacharsis, d'être le plus sage de son royaume.

La meilleure république est celle, dit Anacharsis, où, tout le reste étant égal, le vice et la vertu déterminent seuls les rangs.

C'est celle, dit Chilon, où l'on écoute beaucoup les lois et peu les orateurs, etc.

On comprend que ce n'est pas ainsi qu'on parle dans un banquet de « sages » de ce temps-ci, presque tous avocats.

Je ne crus pas devoir emprunter mon titre entier à Plutarque : le *Banquet des sept sages*.

J'avouerai même tout bas qu'en songeant à ce que j'ai prouvé bien des fois, par des faits incontestables, que nous n'assistons aujourd'hui qu'à une sinistre et ridicule parodie, que nos grands hommes sont de tristes et grotesques imitateurs des fous et de scélérats de la Convention et de la Terreur, j'eus quelque envie d'intituler mon récit : le

« Banquet des sept singes »; mais j'y renonçai par respect.

— Mes bons amis, dit le maître de la maison, je vous ai réunis parce qu'il est temps de prendre un parti; ne craignez pas le brouet noir des Spartiates. Trompette, le ministre de mon intérieur, y a pourvu.

Nous avons renouvelé en abrégé et en raccourci les diverses époques de la Révolution de 1789; nous avons eu une courte terreur sous la Commune : cette terreur a précédé le Directoire. Le moment est venu d'amener le Consulat; sans quoi les braillards et les ivrognes de Belleville nous ramèneraient la Commune, et il faudrait recommencer une autre Terreur et un autre Directoire, en attendant un autre Consulat qui aurait le très grand tort que d'autres s'en empareraient.

Je me crois prédestiné à ce rôle, comme l'était le général Bonaparte; je suis Génois comme il était Corse; comme lui, je ne me crois lié par aucune de ces puérilités qu'on appelle professions de foi, promesses, serments, etc. Mon nom de Léon est presque semblable au sien.

Une voix. — Un diminutif!

— Qui est-ce qui a prononcé une parole inconvenante?

Personne ne répond. L'amphitryon continue :

— Je ne prétends pas arriver seul, et j'ai convié aujourd'hui plusieurs de mes anciens complices et camarades à ma Malmaison de Ville-d'Avray, qui se trompent sur mes intentions et me font la guerre, ne comprenant pas que je dois rassurer, dorloter, endormir les bourgeois et les conservateurs.

Ceux que j'ai eu l'air de négliger, toi, Edmond, toi, Francisque, et tant d'autres, c'est que je n'ai pas voulu les compromettre, les gardant pour la réserve, et pour décider la victoire.

Quand on a affaire au peuple le plus spirituel de la terre, il faut imiter les escamoteurs. Il faut avoir des compères dans la foule; mais il ne faut pas que ces compères soient soupçonnés, ce qui aurait lieu si l'opérateur avait l'imprudence de les saluer, de leur faire un signe d'intelligence ou « une risette ».

Permettez-moi de reprendre le parallèle.

Bonaparte l'emportait sur moi par la gloire militaire, je l'avoue; j'ai fait ce que j'ai pu, parce que je n'ignore pas que les peuples n'admirent et n'aiment rien autant que ceux qui les déciment comme la peste ou la famine et se font un piédestal de leurs os; j'ai cependant commandé en chef, avec Freycinet, la continuation de la guerre de Prusse; j'ai essayé une petite pointe en Grèce; j'ai menacé le Grand Seigneur, j'ai fait la guerre de Tunisie; mais qu'est-ce que cela auprès des cinq millions d'hommes que Bonaparte a fait tuer en dix ans?

Mais si c'était un héros, c'était un bien pauvre financier; je n'en donnerai qu'un exemple: croirait-on qu'il avait enfoui quarante millions dont vingt-deux millions en or dans les caves des Tuileries? quarante millions improductifs, qui pouvaient si facilement se décupler par la Bourse, sans compter que le Sénat lui en a repris une partie, ce qu'il n'aurait pas pu faire si...

LA VOIX. — S'il avait été révisé.

— Qui est-ce qui parle? Personne ne répond; continuons. Un autre avantage que j'ai sur Bonaparte, c'est que c'était un aristo. Son père était gentilhomme, tandis que le mien était épicier, et il disait à l'île d'Elbe qu'il avait commencé sa carrière avec six francs dans sa poche. Six francs! mais dans ma poche à moi... les toiles se touchaient sans obstacle avec une tendresse mélancolique.

Il s'agit donc de procéder au Consulat; le second consul est tout trouvé; le père Grévy passera second consul sans s'en apercevoir, et ensuite, s'il est sage, on le fera archi... quelque chose, comme l'autre fit Cambacérès archichancelier et Lebrun architrésorier; pour le troisième consul, j'ai envie de prendre le major Labordère.

Je vous répète que je travaille pour vous plus que pour moi. Ne me combattez pas; ce serait vous trahir vous-mêmes et retarder le moment d'être ministres, ambassadeurs, chambellans, ducs, comtes, car vous y viendrez comme nos pères et nos modèles. Toi, Francisque, que veux-tu être? Veux-tu être Fontanes? Il me semble que ça t'irait, gros sensuel! Encore du foie gras, tiens, et je ferai pour toi ce que Napoléon fit pour Cambacérès, la permission aux courriers des malles-postes de voiturer pour lui seul les denrées comestibles de tout l'empire.

Arthur, je te nomme duc d'Otrante.

Et toi-même, Louise, à quoi penses-tu, de déblatérer contre moi? Je t'ai fait sortir pour ce soir de la prison, où tu devras, comme Cendrillon, rentrer avant minuit pour ne pas compromettre le directeur. Où veux-tu en venir? Tu sais bien que tu ne m'assassineras pas. Charlotte Corday ne menaçait pas Marat. Tu n'as que de la langue. Compare le sort d'Olympe de Gouges et de Théroigne à celui de Joséphine; en voilà une qui a été heureuse! Quand on pense que Napoléon, c'est Bourrienne qui le raconte, a payé pour elle une note de trente-huit chapeaux pour un mois! Voilà les femmes de la Révolution qu'il faut imiter. Dans ton rôle de tricoteuse, tu as des rivales : Paule Minke, qui ne tardera pas à se faire mettre en prison pour ne pas te laisser l'avantage, et une nouvelle Louise — Louise Biros — qui s'est fait arrêter avec toi; reprends le rôle et les grâces de ton sexe; tu n'es plus toute jeune; mais en te requinquant, en te maquillant, ça ira encore; je te le répète, imite Joséphine.

LA VOIX. — Louise, ne t'y fie pas; il aidera Naquet à faire prononcer le divorce.

LOUISE. — Alors fais taire Naquet.

— Décidément, il y a ici un intrus. Je m'exerce dans le rôle de Bonaparte, je prends du tabac dans la poche de mon gilet, je pince l'oreille de mon secrétaire Armault.

Quand je fais mes petits voyages, je me fais renseigner comme faisait... l'autre, quand il devait passer une revue ; il se faisait à l'avance désigner de vieux soldats dont on lui disait le nom, les services, la famille, le régiment, le rang dans sa compagnie, et, en passant devant les rangs, il s'arrêtait tout à coup et disait : — Tiens, te voilà, un tel, je te reconnais; tu étais à Aboukir, ou à Wagram, ou à Austerlitz. Comment va ton vieux père? Tu n'as pas la croix? voici la mienne.

Moi je choisis dans mon auditoire. — Ah! ah! ah! tu étais à mon discours de Baudin, tu étais à Cahors, tu étais à Cherboug, ou au banquet des mastroquets ou des Gaudissarts.

Aidez-moi tous; c'est vous aider vous-mêmes. Nous ferons rouler l'argent de cette bonne France, qui n'en sait que faire ou l'emploie bêtement; ça la moralisera.

Voyons un peu ce que faisait l'autre... et aujourd'hui il y a bien plus d'argent, et on est plus accoutumé à en donner.

On lui reprochait d'avoir porté le budget de quatre cents millions des anciens rois de France à quinze cents millions, et nous serons bientôt à trois milliards, et on n'en dit rien.

Son Sénat a reçu 77 903 579 francs, chacun des membres du Corps législatif a touché 54 000 francs et les membres du Tribunat chacun 97 000 francs.

Aussi c'est une honte aujourd'hui de voir la misérable indemnité de vingt-cinq francs par jour aux députés; nous allons y mettre ordre.

Puis la révision et le scrutin de liste joueront à notre profit le rôle qu'ont joué les grenadiers qui ont fait sauter à Saint-Cloud les Cinq-Cents par les fenêtres lors de l'exécution du Directoire exécutif.

Alors, nous continuerons le rôle. Mes ministres successifs auront tout détruit. Farre, l'armée; je n'ai pas osé achever son œuvre en lui donnant Pyat pour successeur; mais son tour viendra après Campenon, qui peut-être n'est pas à la hauteur. Cazot au moins va être continué contre la justice. Bert après Ferry abat la religion.

A propos, Bert, je suis content de toi; viens ici que je te pince l'oreille. Je ferai pour toi, entre autres faveurs, ce que, selon la Genèse, l'Éternel fit pour le patriarche Abraham, qui s'appelait Abram, et auquel il dit : — Tu ne t'appelleras plus Abram, mais Abraham.

De même j'allongerai ton nom, et j'en ferai celui d'un des fidèles compagnons de Napoléon; tu ne t'appelleras plus Bert, mais Bert — rand.

LA VOIX. — Merci, Macaire.

— Tu dis?

Paul Bert. — Ça n'est pas moi.

— C'est intolérable.

Quand tout aura été bien renversé, je relèverai tout, j'amnistierai Dieu; et, comme Napoléon, le jour de son sacre, je jurerai par le Dieu de saint Louis.

Mais, je le répète, il faut m'aider. Bonaparte a réussi grâce à des dévouements intelligents. J'aurais besoin de deux dévouements intelligents, le premier pour jouer le rôle que joua, le 30 avril 1804, le membre du Tribunat Curée, — un nom prédestiné, — en proposant de nommer Bonaparte empereur. Je ne serais pas plus nigaud que... l'autre, qui nomma Curée sénateur, membre de la Légion d'honneur.

La voix. — Ça sera bientôt mal porté.

— Et comte de La Bédissière en 1807.

La voix. — Comte de La Bêtisière!

— A la porte!

— Je continue : Un autre dévouement serait de me débarrasser de Jules Simon, qui m'agace.

La voix. — Il faudrait le pichegruiner.

— Encore! — Quant au peuple, nous referons ce qui n'a été fait qu'une fois pour lui, le 10 juin 1810, à propos du second mariage de Napoléon. On fit une distribution de dindons; grâce à cette distribution, le peuple apprit sans murmurer, quelques jours après, par un décret du 3 août, qu'il n'y aurait plus qu'un journal par département. Je ne vous cache pas que, ainsi que Napoléon le dit à son ancien camarade Bourrienne, je saurai bon gré à mes anciens compagnons de brasserie de ne plus me tutoyer.

Une imagination de je ne sais quel folliculaire fit un très heureux effet vers 1804, un anagramme avec les lettres des mots *révolution française*; en retranchant le mot *veto* qui s'y trouve éparpillé, on forma ces mots : *un Corse la finira*.

Je compte prier Victor Hugo, qui est tout à fait des nôtres, de chercher — et, pour ce grand poète, chercher c'est trouver — quelque chose de gentil pour moi dans les mêmes mots ou dans d'autres, par exemple : le fils de l'épicier génois fera la gloire et le bonheur de la France, ou, comme on l'a dit de... l'autre :

Dieu créa... Léon et se reposa.

Donc, mes bons amis, à la révision et au scrutin de liste.

LA VOIX. — Quand par la révision et le scrutin de liste tu auras une Chambre des députés et un Sénat également serviles, rien ne t'arrêtera sur la pente de ton ignorance, de ta présomption, de ton incapacité; tu feras faute sur sottise, imprudence sur bévue, et, par suite, beaucoup de mal à la France; puis tu seras culbuté, et ton Sénat avili, en termes dédaigneux, prononcera ta déchéance comme fit le Sénat de Napoléon, le 2 avril 1815.

Il te restera, comme à lui, la piètre consolation de secouer la poussière de tes souliers en disant : « Le Sénat oublie que j'ai tiré une partie de ses membres de l'obscurité, et protégé l'autre contre la haine de la nation. »

Ton Sénat, comme le sien, oubliera, tout — excepté de tâcher de conserver ses gages et émoluments, — ce que fit le Sénat conservateur érigé en gouvernement provisoire en 1814. Il décréta une nouvelle Constitution dont l'article 6 était ainsi conçu : « Les sénateurs actuels sont maintenus, la dotation du Sénat et les sénatoreries leur appartiennent. »

XXXIII

ET NABUCHODONOSOR FUT CHANGÉ EN BÊTE

Comme le Nabuchodonosor II dont il est parlé dans la Bible, au livre de Daniel, la soi-disant République qui nous gouverne a des pieds d'argile.

Comme Nabuchodonosor, elle est en train de se changer en bête, et, comme dit l'Écriture, Nabuchodonosor mangea du foin, — d'où cette locution proverbiale : bête à manger du foin, — *fœnum comedit*.

Nabuchodonosor s'était déclaré dieu et faisait jeter dans la fournaise ceux qui n'adoraient pas la statue d'or que lui-même s'était élevée. Quant à manger du foin, la République prudente en a mis assez dans ses bottes pour ne pas craindre la famine.

C'est une pierre lancée de la montagne, *de monte abscissus lapis*, qui brisa les pieds d'argile de la statue, la fit tomber et la mit en morceaux. Par la *montagne*, on peut entendre les intransigeants, qui ne se font pas faute en ce moment de jeter des pierres à Nabuchodonosor.

Mais Nabuchodonosor a un plus terrible ennemi que les intransigeants : c'est Nabuchodonosor lui-même.

Je l'ai déjà comparé à un danseur de corde, à un funambule qui s'amuserait à couper la corde sur laquelle il marche, gigotte et gambade.

Je suis tellement convaincu que ce fantôme de République n'est pas né viable, que je m'occupe beaucoup moins d'elle que de ce qui devra lui succéder.

Une des grandes difficultés qu'elle léguerait à ses successeurs, ce serait la menteuse, ridicule et dangereuse institution du suffrage dit universel. Le peuple français ne s'en sert pas, — voir le nombre des abstentions, — mais ne veut pas qu'on y touche ; il semble un de ces vases de fleurs artificielles que certains bourgeois tiennent sur leur cheminée sous des globes de verre. Ce sera pour le pouvoir futur un danger, une crise que l'abolition de cette mortelle bêtise. Et cependant il n'est pas non seulement de gouvernement, mais pas de société qui puisse résister à l'exercice de cette folle et absurde invention ; il n'y aura pas moyen de reculer, et le moins qu'on puisse faire sera de substituer à ce qui a lieu aujourd'hui le suffrage à deux degrés.

Eh bien, voici que la soi-disant République, voici

que Nabuchodonosor se charge de l'opération.

En effet, le scrutin de liste est la négation complète du suffrage universel; avec le scrutin de liste, les élections se feront à Paris ou à Ville-d'Avray; une petite coterie choisira ses candidats, leur imposera les conditions, dont la première sera d'adorer Nabuchonodosor et de lui obéir.

La moitié des électeurs pour le moins s'abstiennent aujourd'hui, l'autre moitié verra bientôt qu'elle n'a rien à faire aux urnes et ne se dérangera plus. Il doit y avoir encore au Havre des personnes qui se rappellent que, en 1848, l'escamotage exécuté au moyen du scrutin de liste fut si scandaleux que, lors d'une réélection, cinq mille électeurs refusèrent de voter et notifièrent leur abstention motivée par une protestation qui fut déposée sur le bureau de la Chambre des députés par Victor Hugo, qui alors était contraire au scrutin de liste. Le dégoût du vote en est déjà à ce point que dernièrement, pour une élection municipale, il ne se trouva à la mairie et devant l'urne que deux électeurs; ils attendirent pendant quelque temps; puis, ne voyant venir personne, ils se nommèrent réciproquement à je ne sais quelle dignité ou fonction.

On dit vulgairement que pour faire un civet il faut d'abord un lièvre. La prétendue République s'élève contre ce préjugé et l'affronte. Elle fait une République sans républicains.

Car, de bonne foi, il y a de tout dans ce ramassis qui s'intitule effrontément le parti républicain. Il y a beaucoup d'avocats, pas mal de médecins, des marchands de peaux de lapins, des commis voyageurs, des bavards, des hableurs, des marchands de vin, des harangères-harangeuses, des tricoteuses, etc., des banquiers de bonneteau, des défroqués, des repris de justice, scélérats, voleurs, incendiaires, assassins, des vaniteux, des avides, des ignorants, des incapables, des ivrognes, des gobe-mouches, des souteneurs de filles et de ministères, des détrousseurs de ministères et de passants attardés, des négociants en chaînes de sûreté, un petit nombre d'honnêtes gens et d'hommes d'un certain talent, quelques soldats, des moutons de Panurge, des jobards, des tigres, des singes, des hyènes, des caméléons, de tout enfin dans cette arche de Noé. Je me trompe, une seule espèce manque : c'est un républicain.

Une République sans républicains, un civet sans lièvre : si l'on faisait une gibelotte? Il n'y a pas même un lapin. Il faut se contenter de quelques chats écorchés.

Quant à ceux qui prennent indûment ce nom, leurs vices mêmes et leurs ridicules, leurs crimes même ne leur appartiennent pas ; pas une idée, pas un tempérament. Voici le major Labordère sénateur qu'est-ce qu'un sénateur, senior? Un homme auquel l'âge et surtout la pratique de la politique, des affaires et de la vie ont donné l'expérience sérieuse et la sagesse froide nécessaires pour voir les choses et les hommes sans illusion, sans enthousiasme irréfléchi, pour mettre une digue aux ambitions, aux folies, aux bévues. Le Sénat ne peut pas être un théâtre de débutants; le titre de sénateur doit couronner la carrière d'hommes qui se sont illustrés et fait honorer dans diverses branches de la société et ont acquis le droit d'être écoutés. Or M. Labordère n'est que soldat, soldat parvenu dans la maturité de l'âge à un grade relativement subalterne, médiocre soldat et homme peu intelligent.

En effet, c'est une triste et terrible chose que la nécessité des armées et des armées permanentes; pour l'homme, tout autre homme est un loup, dit un ancien, *homo homini lupus*. On n'est pas arrivé, arrivera-t-on jamais à décider qu'il n'y a qu'une morale et qu'une probité identiques pour les sujets et pour les rois; que la politique doit être l'art de gouverner et non de tromper les hommes, *ars regendi et non fallendi;* que toute guerre est un immense malheur même pour le peuple vainqueur, et je dirai même surtout pour le peuple, car son chef, qu'il admire et applaudit bêtement, prend le *goût* de la guerre, comme l'avait pris Louis XIV, de l'aveu de madame de Sévigné, comme le prennent tous les héros, conquérants, cueilleurs de palmes et moins souvent de lauriers, et autres fléaux et pestes, etc., tandis que le peuple vaincu est obligé de rentrer dans une vie paisible et laborieuse.

Mais enfin, puisqu'il faut une armée, faut-il qu'elle soit... une armée; une armée sans discipline, sans obéissance hiérarchique, n'est dangereuse que pour le pays qui la paye et la nourrit. M. Labordère est donc dans l'échelle des êtres un des plus piteux et des plus inutiles, un mauvais soldat. Quant à l'intelligence, il est prouvé qu'il n'avait pas même compris l'ordre qu'il a refusé d'exécuter, comme : Tournez à droite. — Non, je ne danserai pas la polka, plutôt mourir. Et ce soldat, qui refuse d'obéir à ses chefs et s'en fait neuf mille livres de rentes, six mille francs de plus qu'à élever des lapins, obéit aveuglément aux farceurs, aux orateurs de clubs et de brasserie. Déjà comique, le major Labordère a dépassé les limites ordinaires du grotesque lorsqu'il a écrit : « N'attendez pas de nous un émule des Hugo et des Barodet (attrape, ô Victor! c'est bien fait!). » Je crois avoir trouvé ce qui cause la sympathique admiration du major pour M. Barodet : c'est que le Lyonnais Barodet est un Labordère retourné. Barodet est l'anagramme de Labordère ; avec les lettres du nom du major, on fait le nom de Barode...l, comme dans les lettres du mot « aimer » on trouve le doux nom de « Marie ».

Le major Labordère est ce qu'on appelait sous la Restauration une « baïonnette intelligente », c'est-à-dire l'invention la plus absurde qu'aient jamais trouvée les orateurs de balcon.

Nabuchodonosor est changé en bête.

Un des griefs qu'on peut le plus raisonnablement émettre contre le pouvoir despotique, c'est la chance de voir le despote prendre le goût de la guerre.

Napoléon III, pour ne pas remonter plus haut, fait deux ou trois guerres heureuses et termine son règne par la guerre de Prusse. La République la prend à continuer, plus extravagante et plus criminelle que l'empire, car l'empire pouvait dire : J'ai été trompé, et je me suis trompé; mais M. de Freycinet et M° Gambetta pouvaient voir, comme tout le monde, que cette continuation ne présentait aucune chance favorable et ne pouvait amener — comme M. Thiers, qui ne devint leur complice qu'un mois plus tard, le leur disait en pleine Assemblée — qu'un seul résultat : doubler nos pertes en argent, en territoire et en hommes.

Vous croyez que ces deux hommes n'ont qu'à cacher le reste de leur vie; loin de là, ils s'en font un titre à la faveur publique; ça s'appelle « ne pas avoir désespéré de la fortune de la France »; ils sont ministres, et on ne prend même pas contre eux de précautions pour les empêcher de nous rejeter dans les aventures, on envoie promener la Chambre qui gênait bien peu, mais un peu, et l'on fait la guerre de Tunisie, et on compromet nos possessions d'Afrique; la Chambre revient, on croit qu'elle va exprimer son indigation et armer la France de lois qui la mettent à l'abri de pareilles incartades; du tout, l'homme qui a prolongé et doublé nos désastres de 1870 prend sous sa protection la guerre de 1881, et c'est tout.

Nabuchodonosor devient bête, son museau s'allonge.

M⁰ Gambetta a l'audace de demander le scrutin de liste, de dire à chaque député : Au lieu de boules de vote rondes, comme les anciennes balles de fusil, voici de belles petites balles coniques, pointues, pénétrantes, perforantes, térébrantes, comme celles qu'on emploie pour les armes nouvelles; amusez-vous à percer la carène du navire qui vous porte, que chacun fasse son trou, et vous verrez comme nous flotterons et nous naviguerons !

Eh bien, il n'est pas tout à fait certain que la majorité de la Chambre refuse les boules coniques, beaucoup de membres les accepteront, et personne peut-être ne les lui jettera au nez.

Nabuchodonosor est à quatre pattes.

Une des trois « blagues », — pardon du mot, je ne l'avais jamais accepté, mais depuis l'avènement de la troisième République j'ai compris qu'il était nécessaire, indispensable, — une des trois « blagues » du parti républicain, c'est l'égalité.

Eh bien, en république, à ce qu'ils disent, personne ne pense à limiter la puissance, le despotisme de l'argent : on maintient une latitude monstrueuse, arbitraire, la mise en liberté d'un prévenu sous caution, moyennant le dépôt d'une certaine somme.

Notez que, dans certains cas, ce dépôt est illusoire; il n'y a pas longtemps qu'un banquier, arrêté sous de graves inculpations, fit déposer par ceux de ses amis qu'il n'avait pas encore dépouillés une caution qui lui permit de rester en liberté provisoire et de disparaître. La caution fut confisquée.

Il n'y a pas longtemps non plus, une fille entretenue, accusée de je ne sais quoi, obtint sous caution sa liberté provisoire. L'argent était à elle, elle se présenta à l'audience. Mais si le cas avait été plus grave, ou si l'argent avait été à d'autres?....

Pendant ce temps, un pauvre diable, une pauvre diablesse sont inexorablement claquemurés, tandis que l'agioteur qui a assez volé, la fille qui s'est assez prostituée obtiennent leur liberté provisoire et, si ça en vaut la peine, l'impunité sous caution.

La métamorphose avance beaucoup. Nabuchodonosor grogne et aboie, et il mord... quand il a soif ou quand il a bu, car autrement il n'est pas brave.

Après 1870, supposant possible l'avènement d'un gouvernement sérieux, honnête et fort, d'un gouvernement désireux de reformer la nation et la société et de les relever, je disais :

— Il faut contenir la génération actuelle et élever celle qui la suit.

Comme ce qui nous est échu sous le nom de gouvernement n'est ni sérieux, ni honnête, ni fort, et ne songe à réformer que la forme de scrutin qui le gêne pour achever d'asservir, de ruiner, d'abrutir et déshonorer la France, on a fait précisément le contraire de ce que je demandais. On a rappelé les voleurs, les assassins et les incendiaires. On les honore et on leur donne quelques miettes avares du gâteau. Quant aux enfants, on les a laissés grandir dans l'abandon et dans le vice, et on peut remarquer aujourd'hui que les rôdeurs, les voleurs et les assassins qui font de Paris, la nuit, la ville la moins sûre du monde, sont presque tous des adolescents de dix-huit à vingt-deux ans. C'est encore une génération perdue qu'on ne peut plus que contenir, si on le peut et si on l'ose.

Seul, M. Bonjean, le fils d'une des victimes assassinées par les communards aujourd'hui libres, respectés, menaçants, s'est occupé des enfants des assassins : il a créé un asile pour « l'enfance abandonnée ou coupable », d'où il sort de bons sujets et d'utiles citoyens. L'action de M. Bonjean est une des plus belles et des plus nobles qu'il soit donné à un homme d'exécuter; j'ai été bien heureux de lui serrer la main à mon dernier voyage à Paris; si j'avais osé, je l'aurais embrassé en pleurant d'admiration.

Eh bien, croyez-vous que M. Bonjean soit universellement honoré, aimé? croyez-vous que le peuple se groupe autour de lui? croyez-vous qu'on l'ait supplié de se laisser faire député ou sénateur? Ah bien oui, parlez-moi de Labordère, de Gent, etc.

Et dans les rangs du peuple, à chaque instant, vous appréciez des traits de probité admirable : de pauvres ouvriers ont trouvé une bourse, un bijou, un portefeuille, une fortune, et ils perdent une demi-journée pour en retrouver le propriétaire.

D'autres exposent leur vie pour sauver un noyé, pour aller chercher un enfant, une femme, un malade dans une maison incendiée, etc.

Croyez-vous que ce sont ceux-là que le peuple choisit pour ses chefs qu'il écoute

Nullement : il se presse autour des bavards, des hableurs, des dentistes en plein vent.

Il ne croit pas en Dieu, mais il est dévot à M⁰ Gambetta ou à ce vieux fou de Blanqui, qui est mort sans s'être bien disculpé de l'accusation d'avoir trahi ses complices.

De sa mémoire, on a fait comme de la peau du chef de hussites Zisca : un tambour pour donner le signal des combats, — du plus funeste des combats : de la guerre civile.

Nabuchodonosor est devenu bête, bien bête, tout à fait bête.

P.-S. — A propos de la vente des diamants de

la couronne dont je parlais il y a quelques jours, j'ai oublié une revendication très singulière.

En 1814, Napoléon, partant pour l'île d'Elbe, pria le général Koller de porter une réclamation aux empereurs d'Autriche et de Russie.

Le Directoire avait mis en gage chez des juifs de Berlin le fameux diamant le Régent pour quatre cent mille écus. Napoléon l'avait retiré en remboursant les juifs de ses propres fonds ; il considérait ce diamant comme sa propriété.

FIN

TABLE

		Pages.
I.	— Voyage en Normandie	1
II.	— Les grenouilles.	11
III.	— Le duel.	23
IV.	— Quelques alinéas.	38
V.	— Une mesure a prendre.	53
VI.	— L'arbre de Cracovie.	56
VII.	— La moelle des lions.	66
VIII.	— Humble remontrance.	85
IX.	— Dieu protège encore la France.	101
X.	— M. Jules Ferry et les infusoires.	118
XI.	— Au chant du coq.	130
XII.	— A propos de certains discours	144
XIII.	— Gabeurs et gobeurs.	155
XIV.	— Manitous et mamamouchis.	168
XV.	— Insurrection des vertèbres.	182
XVI.	— De plusieurs choses et de plusieurs personnes.	193
XVII.	— La marée monte.	204
XVIII.	— Orviétan, thériaque et autres panacées. . .	215
XIX.	— Révélations.	228
XX.	— Plus ça change...	240
XXI.	— Rengaînes.	254
XXII.	— Fin.	265
XXIII.	— Dix minutes d'arrêt.	276

XXIV. — Sur plusieurs sujets.		287
XXV. — Un entêté borné.		296
XXVI. — Heautontimorumenos.		301
XXVII. — Parenthèse.		311
XXVIII. — César toqué. — Brahmanes et soudras.		314
XXIX. — Pour changer.		325
XXX. — Brindilles		336
XXXI. — Quelqu'un de gai		347
XXXII. — Le banquet.		363
XXXIII. — Et Nabuchodonosor fut changé en bête		375

FIN DE LA TABLE

Coulommiers. — Typog. PAUL BRODARD.

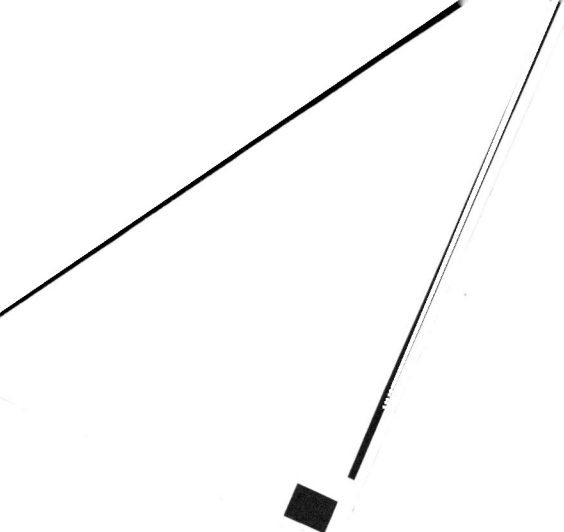

www.ingramcontent.com/pod-product-compliance
Lightning Source LLC
Chambersburg PA
CBHW052046230426
43671CB00011B/1811